广州市哲学社会科学发展"十四五"规划2022年度课题：广州建设可亲可爱的儿童友好型城市研究：基于城市社区治理多元互动的视角（2022GZGJ45）

转型与赋能

—— 我国幼儿体育政策的系统结构与市场化调适

李 寅◎著

·广州·

版权所有 翻印必究

图书在版编目（CIP）数据

转型与赋能：我国幼儿体育政策的系统结构与市场化调适/李寅著. —广州：中山大学出版社，2022.8
ISBN 978-7-306-07531-4

Ⅰ.①转⋯ Ⅱ.①李⋯ Ⅲ.①体育教育—教学研究—学前教育 Ⅳ.①G613.7

中国版本图书馆 CIP 数据核字（2022）第 076528 号

ZHUANXING YU FUNENG

| 出 版 人：王天琪
| 策划编辑：张 蕊
| 责任编辑：张 蕊
| 封面设计：林绵华
| 责任校对：贾艳润
| 责任技编：靳晓虹
| 出版发行：中山大学出版社
| 电 话：编辑部 020 - 84111997，84113349，84110283，84110779，84110776
| 　　　　　发行部 020 - 84111998，84111981，84111160
| 地 址：广州市新港西路 135 号
| 邮 编：510275　传 真：020 - 84036565
| 网 址：http://www.zsup.com.cn　E-mail：zdcbs@mail.sysu.edu.cn
| 印 刷 者：广州市友盛彩印有限公司
| 规 格：880mm×1230mm　1/32　9.25 印张　275 千字
| 版次印次：2022 年 8 月第 1 版　2022 年 8 月第 1 次印刷
| 定 价：68.00 元

如发现本书因印装质量影响阅读，请与出版社发行部联系调换

专家推荐语

　　幼儿体育政策是幼儿体育权利的重要保障，是幼儿体育事业持续、高质量发展的指挥棒！本书充分解构了幼儿体育政策形成的过程，梳理其历史脉络，基于实证发现问题症结，运用跨学科视角提出了推进政策的有效路径，实属这一领域的开创之作。

——国家体育总局青少司全国幼儿亲子体育高级别专家、北京大学妇女儿童体育研究中心主任、北京幼儿体育协会会长　董进霞 教授

　　儿童发展是世界性的共同话题，十几年前我在研究中提及过"幼儿体育政策表现出'政策流'现象"。随着时代的变化，作者将这一观点进行了基于事实的结构性系统研究，形成了创新性的理论研究视角。作者将问题聚焦到国家宏观治理当中的健康与体育领域，发现体育政策制定中的一些盲区，并以小切口的方式进入国家健康政策、体育政策的研究领域，又以跨学科的开放视野对这一问题进行了重新梳理和定义。本书具有真灼洞见，值得细读。

——首都体育学院休闲与社会体育学院院长　郝晓岑 教授

　　幼儿体育，是被忽略的重要议题。近年来，这一议题逐步被关注和重视，从国家发布的一系列政策中可见其端倪。本书作者热爱幼儿体育事业，从实践真知中剖析当前幼儿体育存在的一些问题，解构了幼儿体育政策形成的过程，梳理其历史脉络；同时，基于实证发现问题症结，提出了推进政策的有效路径。本书具有管理学、体育学、社会学交叉学科的研究视野，长时间的田野调查也使这部作品充满了生机，难能可贵。

——中国人民大学公共管理学院　何艳玲 教授

该书用全新的视角和方法对幼儿体育的政策研究做了开疆拓土的尝试，值得细读！

——贵阳幼儿师范高等专科学校校长 翟理红 教授

少年儿童是祖国的花朵，是社会主义建设接班人。幼儿的成长需要重视身心健康，体育教育是幼儿成长阶段的重要工作，也是国家治理和公共服务的重要内容，需要进行系统而深入的研究。本书对我国幼儿体育政策的研究具有跨学科的理论视角，多元化的研究设计和理论联系实际的学术发现，构建了政策分析和市场调试的框架，开拓了本领域研究的最前沿，展现了作者对幼儿教育的热情投入、独到见解和深刻认识，是值得学术界和实践界共同赏读的佳作。

——中山大学政治与公共事务管理学院 叶林 教授

前　言

"没有全民健康，就没有全面小康。"《"健康中国2030"规划纲要》提及，全人群和全生命周期的健康不仅是全面建成小康社会的重要保障，对加快推进社会主义现代化建设也有着十分重要的意义。儿童、青少年是祖国的花朵，民族未来的希望。毛泽东同志曾说，"文明其精神，野蛮其体魄"，促进儿童青少年健康是实施健康中国战略的重要内容。站在国家事业发展、薪火传承、后继有人的战略高度，需要高度重视儿童体质健康和体魄强健。

我国改革开放四十多年来，学前教育迎来了空前的发展契机。但是，由于偏重九年义务教育与高考改革，国家的教育政策对学前教育还未给予足够的重视，这导致学前教育与国家战略之间的矛盾日渐突出。作为学前教育的重要部分，幼儿体育政策触及了幼儿体质健康下降暴露出的深层次制度和体制问题，我们需要从公共政策的理论和实践角度进行系统的探讨和分析。

本书以我国学前教育背景下的幼儿体育政策发展为时间轴，以经典的公共政策多源流与政策网络为理论视野，对这两种理论进行文献梳理，并结合可行性分析后发现，两种理论存在内在逻辑和外在联系，需要有效地互相补充。在研究中，笔者通过文献资料、数据统计、政策比较、案例分析及问卷访谈等研究方法，梳理我国幼儿体育政策的发展过程和脉络，运用多源流理论就幼儿体育政策的问题源流、政策源流、政治源流的形成过程进行研究，剖析幼儿体育政策的重要性及其政策制定的缺失，发现我国对幼儿体育的概念或内涵缺乏明确的定位，这导致在学前教育中占重要地位的幼儿体育政策缺乏有效的落实、政策的推动和相关部门的协同支持，并出现了理念不清、执行不力、动力不足等系统性问题。

随之，本研究进一步采用政策网络理论对我国幼儿体育教育的多源流结构未能洞察的政策问题进行更为深入的解构，对幼儿体育政策网络中的行动者的互动关系进行探讨和梳理，并且对每一组行动者圈层的资源占有和政策执行情况进行比较，推演出其互动关系。同时，"市场化之手"是我国幼儿体育政策未能合理布局实施的重要原因。笔者通过对政策制定和执行中的市场化调适现状进行探究，分析市场对公共政策形成的张力和反噬；同时，选取典型案例对主要政策圈层的行动者进行调查，全面分析幼儿体育政策存在的系统性问题。

在对幼儿体育政策多源流分析的研究基础上，笔者发现了政策网络及其中的行动者构建形成了多源流的核心条件，对于理清各源流之间的关联性和局限性十分重要，进一步发现了市场化力量对幼儿体育政策的实施带来的复杂冲击，需要将其系统纳入政策的讨论中，由此构建多源流结构、政策网络分析和市场化调适的多维度视角，推进通过多元角度对公共政策进行分析的理论发展。笔者通过构建完整的政策分析框架，对多源流理论在公共政策分析中，特别是在中国语境下所需要关注的政策网络和市场力量提出了理论支撑，并在幼儿体育政策的分析中得到了实证的检验和贯彻，形成理论和实践层面的研究发现。

目 录

第一章 绪论 ································· 1
一、研究背景 ································· 1
二、研究目的与意义 ··························· 18
三、研究思路与方法 ··························· 19
四、研究创新与不足 ··························· 25

第二章 文献综述 ···························· 28
一、学前教育与幼儿体育政策研究 ··············· 28
二、学前幼儿发展权、体育权及其政策体系 ······· 41
三、实现幼儿体育权的政策过程理论 ············· 50
四、研究问题与分析框架 ······················· 84

第三章 我国幼儿体育政策的发展 ·············· 90
一、我国学前教育政策的发展背景 ··············· 90
二、我国幼儿体育政策的历史沿革 ··············· 96
三、我国幼儿体育政策的内容分析与政策属性 ····· 115
四、本章小结 ································· 119

第四章 我国幼儿体育政策制定的多源流分析 ···· 120
一、问题源流：幼儿体育教育缺失的多元动因 ····· 120
二、政治源流：从人口控制到公众健康的转型 ····· 141
三、政策源流：理论方案与政策企业家的倡导 ····· 150
四、我国幼儿体育政策多源流演进的理念转变 ····· 170
五、本章小结 ································· 174

第五章　政策网络要素与多源流框架调适 178
一、多源流政策网络环境框架 179
二、政策网络行动者要素分析 187
三、政府部门行为的协同机制 203
四、市场嵌入下的多源流框架调适 215
五、本章小结 238

第六章　结论与展望 244
一、研究结论 244
二、未来展望 247

参考文献 249

附录一　幼儿园园长及教师调查问卷 266
附录二　幼儿家长调查问卷 270
附录三　政策相关者访谈提纲 274

后记 276

图片 279

第一章 绪　　论

一、研究背景

（一）幼儿教育、人口健康和国家发展战略

儿童是国家的希望，3～6岁幼年期是人生的奠基阶段，大脑机能和身体机能的变化会影响人的一生。一般来说，儿童期是人类接受教育最合适的时期，因为人类在这个阶段成长的速度最快，具有极高的可塑性。著名的德国发展心理学专家保罗·巴尔特斯（Paul Baltes）曾对生命的成长发展做出了研究并基于此提出了7个经典的关键性假设，对人类的发展做了全方位的解读。他提及在人类的生命历程里，任何一个年龄阶段都会有一些能力在增加，当然也会有一些能力在消退。对于幼儿期的儿童而言，其体质的基本健康为幼儿成长提供了基本的物质基础，同时，也是生物基础特征发展的前提条件[①]。在人类的多个人生阶段中，幼儿承载着国家和民族发展的希望。因此，当前幼儿的体质健康状况已成了社会关注的焦点。幼儿的体质不仅对于塑造人的终身体育习惯具有重要影响，而且影响着国家人口的健康基础和身体素质。人民体质健康是国家综合实力发展的重要基础，是人才战略的重要组成部分。处在学龄前阶段的儿童，其身体素质的优劣关系着国民体质的发展和民族的未来。

当前，幼儿、青少年时期的生理和心理发展是国家教育事业和学术界研究和探讨的热点。幼儿教育是教育事业得以顺利开展的核心内容，也是青少年教育事业稳定发展的关键基础。幼儿教育是整个人生

---

① 联合国教科文组织国际教育发展委员会：《学会生存：教育世界的今天和明天》，上海译文出版社1979年版，第252页。

教育投资回报率最高的阶段，2000年诺贝尔经济学奖得主暨美国芝加哥大学经济学教授詹姆斯·赫克曼（James J. Heckman）曾从微观计量经济学的角度提出"不同时期教育回报率"的理论，在人生各教育阶段投资教育1元钱的对应回报中，0～3岁时投资1元钱，成年后回报率为18倍；3～4岁时投资1元钱，成年后回报率为7倍；小学阶段时投资1元钱，成年后回报率为3倍；而大学阶段时投资1元钱，回报率仅仅是1倍。"高瞻－佩里计划"曾提出：接受过早期教育的儿童和没有接受早期教育的儿童有明显差异，主要表现在毕业率、犯罪率、结婚率、生育率这些关键指数上。[①]

著名的学者西奥多·W. 舒尔茨（T W Schultz）是人力资本理论的开创者之一。他在20世纪60年代就开始针对西方世界存在的宏观经济增长问题进行深入的研究与分析，分别基于教育发展、专项培训、卫生保健、人力资源配置等展开论述，明确上述因素与经济增长之间存在的实际关系[②]。在他看来，人力资本的概念可以表述为，在投资活动开展过程中与人们相关的知识理论、技能水平以及健康因素的集合。因此，发达国家在学前教育方面出台了诸多的法律法案，通过政府干预保障学前教育顺利实施，这为我国学前教育政策发展提供了借鉴。

对学前教育发展的重视不应仅仅停留在表面，更为重要的是要对幼儿实施全人教育，使其多方面均衡发展。如果根据所需的人力资源的类型来划分，人力资本可分为初级人力资本和高级人力资本。初级人力资本概念可以概述为人自身拥有的知识理论、体力以及历史经验。高级人力资本概念则表述为人自身拥有的独特才能以及天赋等。需要明确的是，初级人力资本对应人的认知能力，高级人力资本对应人的非认知能力。幼儿的体质健康和运动能力属于非认知能力，学界称之为"动商"。"体质健康从娃娃抓起。"幼儿体育对体质健康的促

---

① 郝晓岑：《中国幼儿体育政策研究：权利保障与权利救济》（博士学位论文），北京体育大学，2013年。

② SCHULTZ T W: Capital formation by education. In *Journal of political economy*, 1960, 68（6）：571－583.

进作用毋庸置疑，这在我国学前教育发展中是非常重要的。

从国家的发展来看，幼儿以及青少年的体质是增强国力的重要手段之一。然而，随着信息化发展，人们使用电子产品的时间逐渐增多，面临家庭结构、环境污染等带来的冲击，幼儿、青少年的户外运动和家庭亲子运动的时间逐渐减少。一些发达国家的国民身体素质检测数据显示，各国儿童、青少年的体质在信息化社会发展的30年里一直呈现下降趋势[1]。各国政府也积极推出一系列的政策、法规，对提高儿童、青少年身体健康水平做出规定和提供保障。体质健康问题低龄化的趋势，使3～6岁幼儿的体质发展成为各国关注的焦点，并上升到重要的公共政策议程。以提高对幼儿体质问题的重视程度为目的，制定相关的法律法规政策作为保障，是应对幼儿体育及体质发展问题的一个系统工程。

（二）幼儿体质现状

1. 幼儿体质重要性及国家战略定位

人民的体质健康与国家综合实力之间存在密切关联，不仅是国家生存与发展的基础条件，同时还是践行人才战略的核心内容。学龄前儿童（3～6岁）及青少年等一直都是国家实现可持续健康发展的主要力量，其身体素质与民族发展息息相关，应该得到足够的关注与重视。人口整体质量提升的首要任务是关注其基础。基于这个基础任务，早在20世纪90年代，我国就提出了全民健身推广计划。这是国内大众体育逐步兴起的标志，意味着全民健身迈入了全新的阶段，突显了幼儿体质健康在全人计划中的重要战略地位。2012年10月，教育部针对当时学前教育的发展情况，下发《3～6岁儿童学习与发展指南》这一重要文件。该文件定义了幼儿运动发展的基本概念，提出幼儿体育的基础是寻找幼儿个体的生长规律，旨在推动幼儿全身心

---

[1] 国家体育总局：《2014年全民健身活动调查公报》，见中国网（http://sports.china.com.cn/quanminjianshen/quanminjianshenbaogao/detail1_2015_11/16/472008.html）。

发展教育，让幼儿的体质得以改善，并且明确指出在学前教育阶段，体育运动的育人功能是不可或缺的，更是一条提高幼儿体质健康的有效途径[①]。

然而，我国目前改善青少年健康的措施所产生的效用微乎其微。从研究数据可见，我国幼儿的体质素质情况不甚良好。同时，在7岁至22岁这个年龄阶段，城市户籍男生相较于30年前，肥胖率增加了将近24倍，在乡村户籍男生里，这一比例甚至可达近44倍[②]。除此之外，来自城市或者乡村的女生，肥胖率也提高了大约12倍。随着年龄的增长，大学生在耐力等方面的素质趋于下降，形势严峻。同时，近些年来青少年视力不良率均居于较高的水平，且低龄化问题突出[③]。早在2015年，我国便有关于青少年参加体育活动时的调研报告——《2015年中国体育人群调查研究报告》。这份根据5340位年龄在6～19岁青少年的活动报告显示，一些学校开设的体育课程没有重点，学生无法完全掌握体育项目；体育服务体系不够健全，导致青少年的课后运动需求无法得到满足；青少年因害怕课业学习和体育运动无法兼顾而放弃参与体育活动[④]。

2. 国外幼儿体质调查情况

从20世纪中叶开始，多个国家相继针对幼儿体质开展大量研究，对其发展概况进行了解，在研究的过程中发现规律，明确具体的问题

---

① 教育部：《教育部关于印发〈3～6岁儿童学习与发展指南〉的通知》，见中华人民共和国教育部网（http://www.moe.gov.cn/srcsite/A06/s3327/201210/t20121009_143254.html）。

② 李芳菲：《我国幼儿身体素质变化的成因分析及对策研究：基于2005—2014年我国3～6幼儿的身体素质测试项目数据》，载《成都师范学院学报》2020年第2期，第68–74页。

③ 李健：《3～6岁幼儿体质研究文献综述》，载《体育科技》2006年第27卷第2期，第68–71页、第78页。

④ 尼尔森：《2015年中国体育人群调查研究报告》，见尼尔森网（https://www.nielsen.com/cn/zh/insights/article/2015/unleashing-the-consumption-power-of-china-s-emerging-sports-enthusiasts/）。

所在,并采取相关措施进行妥善处理。在该类型研究上取得重大成果的国家包括美国和日本。

美国把体质定义为"体适能",分为健康体适能和技能体适能,是指个体在工作生活中能有效活动的状态。美国一直以来都对国民的体质监控给予了更多的关注。美国前总统卡特多次表示:体质发展具有重要意义,可以理解为收益最大的投资[①]。美国早期针对大量国民的体质进行专项测试与长期监控,并每年发布国民体质健康报告书。1975年,美国选择本国的20个州作为研究范围,2~19岁的公民作为研究对象,结合多项身体形态指标的设计开展测试活动,基于测试获取的数据进行分析,以此作为设计标准体育测试规范的参考依据,评价国民的体质水平。美国1980年制定了针对体质的健康测试设计指标体系。1985年,美国健康、体育、休闲以及舞蹈联盟(AAHPERD)根据不同人群的发展,在原有标准的基础上进行升级,将其明确为体质测试的最优指标体系。美国开展体质测验的目的在于,通过体质测验的类别划分,针对不同的对象进行体质测验,以此作为评价国民体质水平的依据。从1995年开始,到2000年结束,在这段时间内,2~5岁儿童的超重比率为10.4%[②];1988—2000年,美国儿童出现超重现象的数量不断增长。在2003—2004年的调查中,17.1%的美国儿童和青少年超重,且超重的儿童和青少年的身体活动量明显不达标,久坐时间过长[③]。为了对儿童、青少年体质健康进行更精准的检测,2018年《美国身体活动指南(第二版)》正式发布使用,对儿童、青少年运动量进行了规范。

日本对体质的概念进行界定,将其表述为"体力"。日本政府以及相关部门下发的《学校体育用语辞典》定义了"体力"的基本含

---

① 李健:《3~6岁幼儿体质研究文献综述》,载《体育科技》2006年第27卷第2期,第68-71页、第78页。

② 郝晓岑:《中国幼儿体育政策研究:权利保障与权利救济》(博士学位论文),北京体育大学,2013年。

③ 张赫、唐炎:《美国2013版〈K-12体育教育标准〉的特征及启示》,载《沈阳体育学院学报》2015年第34卷第2期,第115-119页。

义,即人在正常生活状态下表现出来的心理承受能力、身体活动能力、疾病抵抗能力等①。日本在"二战"前,就以为军队培养优秀后备军为主要目标,重视国民的身体素质和体质健康,并从幼儿阶段就对其进行体育教育;在"二战"结束后更加重视国民体质的提升,以此为基础,实现民族振兴。日本学者针对国民体质也进行了大量的科学研究,在该领域取得了丰硕的成果。在他们看来,国民体质对民族振兴和国家兴衰有直接的影响,因此需要对国民体质的提升给予更多的关注与重视。早在19世纪,不管是日本政府,还是其国内的中小学校,都相继针对儿童、青少年体质测试开展深入的研究与探索,并结合实际情况设计出完善的体质监测体系。从1964年开始,日本在年中阶段针对国民进行大范围的体能测试,采集相关数据进行整理,并系统地向国民公示,基于获取的测试数据开出"运动"处方,国民根据政府公布的数据和开出的运动"处方"进行身体锻炼。这一套完整的测试和监控体系使日本国民的体力得到显著增强。1999年,日本文部省正式推广"新儿童体质测定预评价方法"。研究专家经调查后发现,现代化电子产品的大量普及使日本儿童在户外玩耍的时间、空间以及伙伴减少,也是儿童体质下降的主要原因②。

3. 我国幼儿体质调查情况

我国于1975年开始调查和分析青少年的体质,在这一年首次由原卫生部、教育部以及原国家体育运动委员会等相关机构联合开展调研活动,选择年龄为3～6岁的幼儿作为研究对象,对其开展科学的体质监测。随着监测工作的实施,其测试指标体系不断被完善。1982年,我国体质研究机构针对体质作出定义,将其表述为"人体质

---

① 周爱光:《日本体育政策的新动向:〈体育振兴基本计划〉解析》,载《体育学刊》2007年第2期,第16-19页。
② 黄亚茹:《日本小学生的体质与测试》,载《中国学校体育》2006年第10期,第61-66页。

量"①。这也是我国当前针对体质概念进行解释的主要理论。体质与遗传因素、营养摄入、周围环境、体育锻炼等存在密切关联，科学合理的锻炼能使国民增强体质，呈现良好的身体状况。

　　直到2000年，国家体育总局、原卫生部、教育部、统计局、财政部等相关机构正式设立与国民体质监测相关的领导组织，选择年龄为3~6岁的幼儿、中小学生、年纪较大的老年人作为研究对象，开展大范围的国民体质监测活动，获取丰富的测试数据，为后续的评估与分析奠定基础。数据显示，此次参加测试的一共有53万多人，其中幼儿数量将近5万人，测试的内容除了身体方面的机能和综合素质，同时也会加入其他的指标，最为重要的几项指标是家长的年龄、幼儿出生时的体重和照顾方法等。在2005年，我国组织了第二次全国幼儿体质检测，从这些数据中挑选3~6岁的幼儿样本进行分析。整个测试的过程主要可以分为两个不同部分，首先是常规医疗检测，其次是问卷调研。结果显示，常规的医疗检测数据跟2000年的数据并没有显著差异。问卷调查的具体内容主要参考2000年5项指标，并在此基础上进行升级，监测指标的数量上升为24项，主要包括对幼儿自身的生活方式、家长职业以及父母双方的学历和相关人员是否会进行相应的体育锻炼等方面进行考察。我国在2010年展开了第三次的体质检测，但是在这次调研测试当中依旧没有包含生活习惯等重要内容的检测，所以对于国民身体机能的考察不够全面，缺少详尽的依据。

　　近年来，我国幼儿、青少年的体质水平呈现显著的下降趋势，政府和社会逐渐意识到这一问题的严重性，因此，幼儿体育受到相当大的关注。比如，肥胖会对儿童健康造成长期不良的影响，已经被纳入严重的公共卫生问题范围。世界卫生组织2014年的数据显示，中国5岁以下儿童的超重率或肥胖率约为10%，远高于20年前的水平，

---

① 李健：《3~6岁幼儿体质研究文献综述》，载《体育科技》2006年第27卷第2期，第68-71页、第78页。

视力也严重下降,并往低龄儿童发展①。大学生在运动中均表现出耐力不足、爆发力不够、速度慢和力量弱等问题②。2014年,我国还调查了国民健身的状况,并对5万多名儿童和青少年进行了深入考察,发现学校体育课程虽然很多,包括田径、球类等运动,但是有些课程没有相应的老师进行专业指导,因此无法满足学生的学习需求,而且学生因为担心学习成绩受影响而不参加体育运动的问题尤为突出。

2019年首都体育学院李林、康进东和朱一力对我国24个省(直辖市、自治区)119178名3~6岁儿童身体素质展开调查,基于《国民体质测定标准手册(幼儿部分)》的标准,主要对身高、体重、立定跳远、走平衡木等8个指标进行测查,数据显示,我国幼儿体质呈现较多问题③。第一,身体形态方面总体符合幼儿自然生长发育标准,这项指标表明幼儿成长所需要的营养和生活环境良好。从身体素质方面来看,在速度、力量、平衡方面,小班年龄阶段男幼儿均高于女幼儿,中班年龄阶段女幼儿高于男幼儿;在柔韧素质方面,女幼儿高于男幼儿;在协调性指标中,小班、大班年龄阶段男幼儿高于女幼儿,而在中班年龄阶段当中,女幼儿的表现要优于男幼儿。第二,在3~6岁幼儿体质测试过程中,女幼儿得分比男幼儿要高。在幼儿的成长过程中,6岁时的体质评分是最低的,这可能与幼小衔接"小学化"后活动量减少的作息方式有关。第三,我国3~6岁幼儿的体质健康水平指标不乐观,近20%的幼儿体质测试不合格。此外,中西部地区的幼儿体质健康水平高于中东部地区。

甄志平和李晗冉等于2020年对北京市一批4~6岁儿童进行体态和体质测试后发现,体态的问题会严重影响孩子的身高发育和身体素质的发展。在对北京幼儿进行体态评估的报告当中,样本的数量是

---

① SWINBURN B, VANDEVIJVERE S: WHO report on ending childhood obesity echoes earlier recommendations. In *Public health nutrition*, 2016(1): 1-2.

② 刘扶民、杨桦:《中国青少年体育发展报告(2016)》,社会科学文献出版社2017年版,第43-72页。

③ 李林、康进东、朱一力:《我国3~6岁幼儿体质健康现状研究》,第十一届全国体育科学大会,2019年。

227名，全部都是4～6岁的幼儿，其中男幼儿为122人，女幼儿为105人。结果显示，体质评估的合格率是77.6%，而不良体态率则是63%。此外，研究发现，在幼儿的体态测定数据中，女幼儿体态异常检出率要高于男幼儿①。研究还发现，幼儿的体态跟身体素质之间存在着紧密的联系，久坐、缺乏运动以及肥胖是导致体态不良的直接因素，专业且有针对性的早期运动干预是改善这一年龄段儿童体态和促进体质发展的重要手段。

2017年，我国华东师范大学与日本研究单位进行深入研究合作，对中日两国的儿童和青少年进行了体质测试和数据对比，发现中国的青少年在营养获取上要优于日本，但是在身体各项机能上的表现则要比日本差，具体表现在身体的协调性、心肺能力以及柔韧性等②。近年来，我国学生群体体格的发育水平明显提升，但在体能方面，包括力量、速度、耐力等方面呈明显的下降趋势，特别是心肺功能的指标有进一步下降的趋势。

从以上的调查报告可以看出，我国3～6岁幼儿体质情况不容乐观，特别是肥胖与营养不良的儿童比例在不断上升。青少年及儿童的身体素质持续下降已成为社会热点问题。这是对我国幼儿体育教育发展的严峻考验，也说明本书研究幼儿体育教育政策的重要性和迫切性。我国幼儿体质健康在基础阶段已亮起了"红灯"，亟须政策关注，加强幼儿体育教育已迫在眉睫。必须加强落实国家现有的有关幼儿体育的政策要求，严格执行学前教育对幼儿每天两小时户外活动时间等体育活动的要求，尊重孩子参与体育运动的权利，守住孩子健康成长的底线，将体育游戏还给孩子，有效实施监管和科学评估。

（三）国内外幼儿体育的发展

幼儿体育是随着学前教育的兴起而蓬勃发展起来的，国际上很多

---

① 甄志平、李晗冉、蓝一青等：《北京市不同体态儿童体质发育特征研究》，载《北京体育大学学报》2020年第43卷第10期，第68－81页。

② 袁翔、尹小俭、张婷等：《中国日本儿童青少年身高体重发育状况比较》，载《中国学校卫生》2019年第11期，第1611－1615页。

发达国家幼儿体育的发展就是基于学前教育的总体大发展。日本早在1946年就已经颁布了"学前教育法",其中规定了儿童教育中以"培养儿童的健康,取得各项机能的发展"作为幼儿教育5项目标中的首位培养目标。英国在1816年就已经开始把体育与军训课程纳入幼儿培养目标中。法国则认为身体发展是幼儿教育的基础,幼儿应从体操运动开始学起。当今世界各国的教育界普遍认同的观点是,幼儿阶段作为人生的开端,在这一时期进行体育教育有着不可替代的重要作用。

1. 国外幼儿体育的发展

幼儿体育是根据人群的生物年龄而划分的概念。不同于小学体育、中学体育、大学体育、成人体育、老年体育,幼儿体育有其自身的阶段性特点。在幼儿体育这一概念上有比较多的说法。本书从幼儿的年龄和相关的幼儿体育类型对各国幼儿年龄段划分及名称进行比较,详见表1-1。

表1-1 各国幼儿年龄段划分及名称比较

国家	制定机构或文件	划分阶段
美国	美国儿科学会	婴儿和学步儿(出生~3岁) 学龄前儿童(4~6岁)
美国	国家运动和体育教育协会	学步儿(1~3岁) 学龄前儿童(3~5岁)
英国	健康及社会医疗部	不会行走的婴儿 5岁以下会行走的儿童
加拿大	运动生理学会	婴儿(出生~1岁) 学龄前儿童(3~4岁)
澳大利亚	国家健康部	学步儿(1~3岁) 学龄前儿童(3~5岁)

(续表1-1)

国家	制定机构或文件	划分阶段
德国	幼儿运动教育手册	婴儿和学步儿（0～2岁） 学龄前儿童（2～6岁）
中国	儿童权利公约	婴儿（0～3岁） 幼儿（3～6岁或7岁）

从表1-1可以得知，世界各国对幼儿这一阶段的年龄有不同的划分，主要是依据学龄前或学龄后、婴儿期和学步期来划分。我国著名心理学家林崇德经过研究表示，"幼儿"可以代表那些年龄为3～7岁的儿童。在这个阶段，儿童大多开始接受学前教育，可称此阶段为幼儿期或学前期①。幼儿体育研究者开展的研究中通常会选择这个时期的幼儿当作研究对象。幼儿体育在形式类型上有着不同的区分，在学界形成了对幼儿教育各类范畴的不同理解和说明。例如，在国内有儿童体育或者幼儿运动等不同的说法。美国等国家通常会使用"Children's Physical Activity"来表示幼儿运动，很多学者也将其称为体力活动。加拿大组建的生理学会提出的儿童运动指南和美国《促进儿童和青少年体育运动综合性指导》(*The Physical Activity Guidelines for Children and Adolescents*)② 中多次强调，儿童或青少年需要定期进行适量的体力活动。

美国、加拿大、澳大利亚和欧洲是国际幼儿体质健康研究的重要国家和地区，其中，美国的研究占主导地位且成果颇丰。从2009—2018年研究幼儿体质健康的重要学术期刊的发文量来看，美国、澳大利亚、加拿大、英国、德国占据前五位，其中美国的发文量是1208篇，远高于其他国家。中国排名第九，发文量仅为80篇，数量

---

① 林崇德：《发展心理学》，人民教育出版社1995年版，第195页。
② TWISK W R: The physical activity guidelines for children and adolescents ［2016-01-20］. http://www.cdc.gov/HealthyYouth/physicalactivity/toolkit/youth_pa_guidelines_combined.pdf.

与排名前五位的国家相比存在着较大的差距①。

2. 我国幼儿体育政策的发展

自新中国成立以来,我国政府以及相关部门陆续下发多项政策法规,希望为幼儿教育提供法律保障,这些在诸多学术成果中多次提及②。以我国为例,针对儿童体育、幼儿体育、幼儿运动、幼儿体育活动等概念,也有一批专家给出了定义。曾任教于广州体育学院的庄弼教授,在对多个概念进行比较研究后发现,"幼儿体育活动"是幼儿体育教育目标和内容概念方面最为准确的描述。在他看来,"幼儿体育活动的概念可以表述为,针对年龄在3~6岁的幼儿来培育幼儿身体最为基本的活动能力",相较于"幼儿体育","幼儿体育活动"体现的竞技性大大降低,而强调了幼儿体育中的活动和游戏体验③。著名幼儿教育家黄人颂在其开展的相关研究与实践过程中,定义了幼儿体育:幼儿体育主要是指基于幼儿自身生长发展的客观规律,为实现其体质的增强,达到提升幼儿自身健康水平的目的,从而进行的相关教育活动④。顾荣芳在其相关研究中指出,从广义的层面来讲,幼儿体育可以概述为,照顾幼儿的日常生活或是引导幼儿进行适量的身体锻炼;从狭义的层面来讲,幼儿体育的概念则表述为,基于合理的动作训练,实现幼儿身体能力提升的活动⑤。

幼儿是幼儿体育教育的主体,在理解幼儿体育时,我们应该从幼儿教育出发,正因为其是整个教育过程中必不可少的重要部分,在政策设计和执行时应重视这一基本观点。幼儿体育教育的价值体现在很

---

① 张程飞、张军霞、刘亚等:《基于 Citespace 的国际幼儿体质健康前沿热点分析》,载《体育研究与教育》2020 年第 35 卷第 6 期,第 77-86 页。

② 庞丽娟、韩小雨:《中国学前教育立法:思考与进程》,载《北京师范大学学报(社会科学版)》2010 年第 5 期,第 14-20 页。

③ 庄弼、任绮、李孟宁等:《幼儿体育活动及其内容体系的思考》,载《体育学刊》2015 年第 6 期,第 64-70 页。

④ 黄人颂:《幼教五十年》,载《幼儿教育》2003 年第 15 期,第 12-22 页。

⑤ 顾荣芳:《从幼儿健康教育活动目标谈起:幼儿健康教育与各领域教育之关系探讨》,载《幼儿教育(教师版)》2005 年第 2A 期,第 26-27 页。

多方面，主要是健康、德育、团结、适应、社交、成功、快乐，以培养正确的生活习惯为主要目标。我国在幼儿教育的年龄阶段划分上还出现了不同的看法。有人认为幼儿体育应当是3～6岁学龄前阶段。有人认为0～3岁的孩子在家庭里已经接受了不同程度的体育教育。由于孩子生理发展有一定的规律，"敏感期"与"天窗期"对于此阶段体育教育的意义更为重要，因此对幼儿体育的年龄划分阶段应该是0～6岁，即义务教育学龄前阶段，包括幼儿园有组织性的与家庭分散性的体育教育的总阶段。

结合上述研究中幼儿体育含义来看，笔者认为，幼儿体育应该是依据3～6岁学龄前儿童生长发育的自然规律，通过科学系统的身体技能模式发展学习，提高其身体素质和运动技能水平的体育教学形式。

由于体育政策的概念和定义较为复杂，本书主要关注与教育相关的学校体育政策。对于学校体育政策来讲，其可以表述为国家政府以及教育部门为了学校体育工作的顺利开展所制定的指导方案和保障的机制性文件，是促进学校体育发展改革的重要内容，并随着我国总体教育的改革不断深化。有学者针对学校体育政策给出了定义：一些学者认为，"学校体育政策的概念应该是国家处于特定阶段中，为了达成当前或今后的体育教育目所设计提出的命令、法规、办法、措施、计划等"[1]；还有一些学者认为，"学校体育政策的含义可以概述为，与学校自身体育利益相关的政治指导方针或政治活动准则"[2]。

根据当下的体育政策，我们发现校园的体育活动形式既包括日常的体育教学，同时也包括校园体育比赛、跨校体育活动等。国内的体育政策通常是面向青少年的政策，是由政府部门和相关机构共同颁发的指导性文件来构成的。根据前文所述，我国青少年的体质不容乐

---

[1] 王鹏：《论学校体育政策的内涵及延伸》，载《内蒙古师范大学学报（教育科学版）》2014年第8期，第159－160页、第172页。

[2] 洪嘉文：《台湾学校体育政策制定之巧究》，台湾师范大学2003年版，第10－26页。

观,在速度、耐力等方面的水平持续下降,这引起国家和社会高度重视。目前,我国学校体育的主要目标是达到定期发布的《国家学生体质健康标准》中的要求,如学校应定期在校内开展"阳光体育"活动、对学生进行学业减负、学生每天至少锻炼1小时、定期在校内开展运动会、健全体育设施、加强家庭和社区体育的督导评估。《国家学生体质健康标准》将学校视为开展青少年体育工作最为重要的阵地,有效地提升了学校体育的功能、作用和地位[①]。但是,该政策实施的主要对象是大学生和中小学生,学前教育中的幼儿体育政策不包含在内。

当前有关幼儿体育政策的研究比较缺乏,学术界对其概念定义比较模糊,教育和体育部门对幼儿体育的定义也未作出官方解释。笔者根据体育政策和幼儿教育政策的概念内涵和外延释义对幼儿体育政策进行定义。有关体育政策的相关定义在上文已有详细阐述,幼儿教育政策从定义上来看,是由国家机关制定,然后以文件的形式颁布的指导意见。所有的文件会推动幼儿体育教育的发展,同时进一步规范体育教育的内容和形式。因此,在此次研究中我们认为可以将幼儿体育政策理解为国家为了保障幼儿身体素质以及运动技能达到一定水平而出台的一系列指南,或者在这一方面可以发挥相关法律效用的指导性文件的总称。幼儿体育政策是学前教育的一部分,属于公共政策的范畴。

(四) 公共政策、政策过程与政策模型

从政策理论、政策科学的视角出发,国内外学界从学前体育政策的讨论和议定等不同方面来深入研究和分析幼儿体育政策。公共政策是政府为推进相关目标常用的手段和工具,目的在于更好地管理公共事务,解决社会经济生活问题。公共政策作为一个学科,兴起于"二战"后的西方国家,主要以美国为代表,是工业革命后的一个新

---

① 刘小鹏、崔怀坤:《多源流视域下我国学前教育立法的可行性思考》,载《教育探索》2016年第4期,第136-143页。

兴学科。美国著名政治学家哈罗德·拉斯韦尔（Harold D. Lasswell）提出的"政治科学"被学界人士所普遍接受，但在政治研究中，公共政策却没有在学界达成同一共识，学者们对"公共政策"提出了不同的定义，表1-2对这些定义进行了总结。

表1-2 公共政策的定义

学者	定义	出处
拉斯维尔和卡普兰（Lasswell and Kaplan）	具有目标价值与策略的大型计划	《权力与社会》，1950
托马斯·戴伊（Thomas Dye）	凡是社会决定做的或不做的事情就是公共政策	《了解公共政策》，1987
罗伯特·艾斯通（Robert Eyestone）	政府机构和它周围环境之间的关系	《公共政策的线索：政策领导研究》，1971
戴维·伊斯顿（David Easton）	公共政策是对全社会价值作权威性的分配	《政治系统》，1953
夏坎斯基（Ira Sharkansky）	政府的重要活动即为公共政策	《公共政治学：政府机构中的政策制定》，1972
詹姆斯·安德森（James Anderson）	公共政策是由政府机关或政府官员制定的政策……政策是一个有目的的活动过程，这些活动过程是由一个或一批行为者为处理某一问题或有关事物而采取的	《公共决策》，1979
陈振明	国家政治机关、政党及其他团体在特定时期为实现或服务于一定社会政治、经济、文化目标所采取的政治行为或规定的行为准则	《政策科学：公共政策分析导论》，2003

(续表1-2)

学者	定义	出处
谢明	社会公共权威在特定情境中,为达到一定目标而制定的行动方案或行动准则,包括法律法规、行政规定、命令、国家领导人口头或书面指示、政府规划、具体行动计划及相关策略等	《政策透视:政策分析的理论与实践》,2004
孙效良	由政策决定主体制定的,为调解人们的思想、行为及由此构成的社会活动而采取的强制性规定,它包括三个要素:政策方向、政策目标和实现政策目标的政策措施	《政策科学论纲》,2012

通过国内外一直以来对于公共政策的释义,该概念被认为是:根据政府方面或者在政府工作的权威人士等共同制订的相应计划以及即将采取的相关行动内容,这并非一种独立的决议,而是由一系列的学术讨论以及学术活动共同组成的决策过程,有着明确的、单一的指向性目标,涉及整个社会各阶级、各群体的利益分配关系。

一般来说,我们可以用"输入—转换—输出"这一结构及其动态过程来表达公共政策系统的良好运行和运转,可分为政策过程的循证、决策、执行和评估等过程。政治子系统的决策主体是国家、政党,他们通过公开讨论,决定公共资源的分配和再分配,因此决定了不同人民、不同群体的利益。政策决定过程中要遵行一定的步骤,并且严格执行。叶海卡·德洛尔在其《公共政策制定检讨》中针对公共政策决策的制定过程进行阶段的划分,具体包括初期政策制定、中期政策制定、后期政策制定以及信息反馈四个阶段[1]。

---

[1] YEHEZKL D. *Public policymaking reexamined*. Chandler Publishing Company, 1966.

拉斯韦尔在其《决策过程》等相关论文中对政策过程进行功能活动的分类，主要包括情报采集、建议提出、规定颁布、职能行使、合理运用、绩效评价以及功能终止等内容[①]。琼斯（Charles O. Jones）在其《公共政策研究导论》一书中把政策过程划分成不同阶段，针对不同环节的具体功能一一进行概述，将涉及重点部分内容进行汇总、感知、定义、建立相应组织、确定方案形式、设计议程、评估预算、评估绩效、执行相关操作、调整或者终结等。安德森对政治政策过程的相关功能性环节进行了概述，具体涵盖了问题的产生、相关政策的制定、对方案的审批，以及对政策的最终执行、政策效果评估等[②]。结合国外学者对正常过程定义的解读，我国学者在此基础上提出综合的、符合我国国情的观点，即决策由5个环节构成，分别是政策制定、执行、评估、监控、终结。决策过程是政治权利按照政治程序和规则运行的过程。作为对现实世界进行简化描述的一种表现形式，政策模型是一种真实存在的物质性的表现形式，是政策内部运作方式的外显缩影[③]。

在政策研究中运用政策模型，有助于简化并厘清对政治和公共政策的解读与分析；对政策问题的中心思想进行识别，了解其关键问题；对公共政策的概念进行深入的解析，明确核心概念问题；基于对公共政策的阐述实现预测效果的提升。各个模型都会从不同的角度进行思考，从而解释各类政策形成过程的原因。常见的模型有理性主义、利益集团行为、精英偏好以及博弈冲突等。这些模型可以描述和解释待定的公共政策，解决不同的问题。在研究政策问题时，一个议题通常是多因素共同作用的产物，而不是一种模型就可以解释或呈现的。

[①] LASSWELL H D: *The decision process: Seven categories of functional analysis*. University of Maryland Press, 1956.
[②] ［美］詹姆斯·E. 安德森:《公共决策》，华夏出版社1990年版。
[③] 丁煌:《发展中的中国政策科学：我国公共政策科学发展的回眸与展望》，载《管理世界》2003年第2期，第27－37页、第57页。

二、研究目的与意义

(一) 研究目的

本研究聚焦幼儿体育政策的研究，运用公共政策议程及过程理论解析幼儿体育政策问题。同时，本研究还对发达国家的幼儿体育政策的形成机制及相关政策，以及对幼儿体育教育的具体实践进行了系统的梳理，在此基础上更进一步地研究我国幼儿体育政策的形成时机和改革契机，在理论上拓宽了幼儿体育的研究视角，解释幼儿体育政策形成的制度条件，对政策"天窗期"的成因进行科学分析。根据政府的主要职能定位，社会公共政策涉及调节社会成员个体动作，构建政府治理体系，对资源进行分配。

在本研究中，幼儿体育政策是学前教育政策中的一个重要组成部分，幼儿体育政策包含在学前教育政策中，而教育政策属于政府公共政策服务的重要部分。从公共政策理论视角研究幼儿体育政策的制定过程，就其政策形成的必要条件和形成机制进行理论论证，并运用公共政策的研究模型对真实世界政策形成的过程做出的呈现。

(二) 研究意义

学前教育在我国的教育体系中占有重要的地位。目前，我国幼儿园入学率为70.4%，在入园率持续攀升的前提下，幼儿园的规模和数量以及教师的配比也在显著提高，除了保教以外，体育成为幼儿教育的重点。从人的发展史来讲，幼儿阶段是身体发育、大脑发育最快的阶段。生理的发展和心理的发展密切相关，我国青春期青少年身体体质明显下降，情况严峻，幼儿的体质问题同样十分严重，幼儿园的办园质量、保教水平、教育理念，各个地区城乡的差异，政府的财政投入和教师的稳定等，直接影响了幼儿园的教育水平，导致幼儿体育教育的理念和教学方法良莠不齐。优秀的幼儿体育政策会直接影响学前教育的质量，同时也会对幼儿的成长、学习带来重要的影响。在幼儿发育的早期，一些动作技能的培养会很快使幼儿形成肌肉记忆，重视该阶段的教学，才能保证幼儿群体在奠基阶段就能发育良好。幼儿体育政策在现行的学前教育阶段被弱化，其中既有制度环境的问题，也存在政策供给缺失的问题。

三、研究思路与方法

（一）研究思路

学前教育是我国基础教育阶段的短板，经过20多年的艰苦发展，在中国共产党第十八次全国代表大会后，在新时代教育"四位一体"发展观下，学前教育也迎来了前所未有的发展契机。在中国开放"三孩政策"、试行普惠性学前教育政策的双驱动下，学前教育的发展正式步入快车道。从国家人口素质和国民大健康的国家战略出发，以及从学前教育内部育人观来看，幼儿体育位列第一，在基础教育中发挥着不可替代的作用。在政策发展阶段，对幼儿体育进行科学规划、制度建设、理念创新显得尤为重要。本书正是在国家战略与人才战略的基础上，从新时代教育发展观的高度，对学前教育中幼儿体育政策进行系统性的梳理和制度上的研究。研究的目的是以政策为抓手，通过当前我国学前教育幼儿体育制度的缺失现状、发展脉络来发现长期固有的停滞因素，并从权力和政策动力因素来讨论其背后的原因，系统分析学前教育幼儿体育政策逻辑，从公共政策的视角对幼儿体育政策以及学前教育政策提供创新性的方法论视角。

本书以公共政策议程和过程理论为基点，探讨西方经典的多源流理论框架，构建政策过程中的分析逻辑。结合政策网络理论分析在我国相关幼儿体育政策形成过程中，政府网络部门中各个主要职能部门与市场的利益团体间的互动关系和力量影响的推动力，从经验理论层面对政策在执行过程中的情况做出理论上的回应与判断，对研究的背景和现状做出历史性的梳理，再从经验资料中洞悉我国相关幼儿体育政策的深层问题。总体来说，运用多源流理论分析我国学前教育政策的形成和发展逻辑，进而映射出幼儿体育政策的形成脉络。从问题源流挖掘幼儿体育政策的形成基础，随着时代的进步和发展，中国学前教育备受关注，新时代教育工作重新部署，学校体育政策重新定位。在此背景下，我国幼儿体育迎来了相关政策流，从政治"原汤"中形成政治流，并通过"三流耦合"的理论，推断出幼儿体育政策"天窗期"的形成原因，为研究我国学前教育政策、幼儿体育政策提供了新思路。

（二）研究方法

为了深入探究幼儿体育政策的形成过程和执行情况，本书采用实证研究的方法、定性和定量相结合的研究方法，结合问卷调查、个案访谈和案例描述，在自然情景场域中对人或由人构成的团体的行为或经历进行背景探究，解释其中蕴含的深意，如接触中的语言、图像、文字、参与观察的记录，以及科学性的逻辑①。公共行政学关注对组织或组织中人的研究，实证研究是公共行政学问题的常用研究方法②。在定性研究中，由于缺乏一些数据，还原事实案例时，使用"溯因法"将现实演绎和归纳法相结合，因此在面对复杂困难问题时能呈现出一种新的方法视角。这也是已有理论在更广泛领域的应用，形成更持久的结合，并且可以更多地与"新"的假设相关联③。溯因法对难题的分析中有助于促进探索性推理，过程当中可发展出最恰当拟合的解释，结合演绎与归纳的特点，可产生出理论与实证相印证的真知灼见④。定性的案例研究方法能更加细致地在研究最前沿收集真

---

① 牛美丽：《公共行政学观照下的定性研究方法》，载《中山大学学报（社会科学版）》2006年第3期，第76–79页。

② 张梦中、马克·霍哲：《定性研究方法总论》，载《中国行政管理》2001年第11期，第39–42页。

③ MANTERE S, KETOKIVI M: Reasoning in organization science. In TAVORY I, TIMMERMANS S, eds. Abductive analysis: Theorizing qualitative research. University of Chicago Press, 2014.

④ KLAG M, LANGLEY A: Approaching the conceptual leap in qualitative research. In *International journal of management reviews*, 2013, 15 (2): 149–166.

实、详尽的一手资料，对现实情形和事件细节进行深度的挖掘，最大限度地在公共行政管理过程中还原真相、加深理解[①]。在案例研究中获取的"经验知识"为公共行政学科在本土的应用和理论建构提供了有力的支持[②]。同时，由于幼儿体育的研究目前在我国还缺乏大样本的数据库以支持定量分析，需要采用一手资料，尽量地贴近现实、贴近问题，因此，本研究采用了以下收集资料的方法。

1. 问卷法

在本研究中，研究者对涉及幼儿体育教育这一领域的相关人员进行了问卷调研。调研分别向两个与幼儿体育教育密切相关的群体发放问卷，对象主要包括幼儿家长和幼儿园教师、园长，覆盖地域包括北京市、上海市、广东省、贵州省、四川省、山东省、山西省等。幼儿园主要有公办、民办两类。2019年，通过"问卷星"对幼儿的家长共发放1307份问卷，回收1256份，回收率达96%。

笔者调研期间在贵阳市幼儿体育专家工作站开展指导工作，对贵州省内的幼儿体育开展情况非常了解，并与很多幼儿园建立了良好的关系。因此，在地区抽样中选取贵州省作为样本地区，抽样主要根据职业身份进行针对性分类，一类是幼儿园的管理者即园长，另一类是省、市、县、区的教育局负责人。2021年，笔者通过"问卷星"对幼儿园的园长及教师发放了800份问卷，回收768份，回收率达96.1%；对教育局负责人发放80份问卷，回收51份，回收率达63.7%。

2. 访谈法

在定性研究中，参与者反馈是一个极为有效的调查内容，研究者能够通过被调研对象表现出来的行为或者其他结果来了解他们实际的想法，从而提高研究的可解释度。研究采用访谈记录，访谈对象包括

---

① 王富伟：《个案研究的意义和限度：基于知识的增长》，载《社会学研究》2012年第27卷第5期，第161-183页。

② 郭小聪、琚挺挺：《案例研究与理论建构：公共行政研究的视角》，载《江苏行政学院学报》2014年第4期，第107-112页。

幼教领域的专家学者、教育部门主管领导、体育部门主管领导、幼儿园园长、幼教行业的资深体育名师。首先，从相关幼儿体育政策的内容切入，以提高幼儿体质为基础来推动这个体育行业的发展。接着，深入了解幼儿体育政策落实的具体情况，如针对现有的文件对调研的各个城市、乡村、公办、民办的幼儿园的执行情况进行了解。最后，了解幼儿体育政策存在的问题，给予一些建议与诉求，并对未来进行展望。问题类型为半开放性问题。访谈在两种情景下进行：一是通过访谈问卷的形式，回答者通过录音回答，笔者再进行文字转录；二是按照事先拟定好的访谈提纲进行面对面的访谈对话，访谈结束后及时根据录音再转述为文字记录，并反思访谈中遇到的问题。

3. 参与式观察法

研究者利用自身在体育教育行业的便利身份，直接通过田野调查的方式，亲自深入幼儿园与一线教师、园长进行交流，所调研的幼儿园包括城市幼儿园、县级乡镇幼儿园，在田野中观察幼儿体育教育的实施情况，随时记录所观察到的情况，及时发现问题并做好记录。本研究以政府、社会、市场的全景视角对幼儿体育问题进行探讨，其中，市场化的推动是重要关注点，通过对幼儿体育产业中的行业著名企业、上市公司的发展历程和商业成果进行叙事性客观描述，由市场化环境切入探索幼儿体育的资源配置和机会窗口。从而理解企业在市场经济环境下对幼儿体育资源配置所起到的重要作用，进一步从供需关系的角度探究幼儿园、普通适龄儿童家庭对幼儿体育的巨大需求，折射出政府对幼儿体育公共资源配置的不足，幼儿体育政策对幼儿体育教师、教材、教法缺乏必要的规定和支持。

（三）章节安排

第一章，介绍了我国学前教育政策和幼儿体育政策的概念，并概述了二者的关系及发展。对比了国内外幼儿体育政策的研究现状和实施情况，说明我国相关幼儿体育政策研究的背景、研究目的和研究意义，对本书的研究路线进行梳理，说明本研究与其他研究的不同之处与创新点。

第二章，对本研究的基础理论和与之相关的研究现状进行了系统的文献综述。首先梳理了幼儿体育问题的研究现状和政策现状，然后介绍了公共政策议程和过程理论、多源流理论、倡议联盟框架、政策网络理论，为本研究提供了理论支持。以幼儿体育的发展根源及其变迁过程中的价值转变为线索，对应现状的形成。从儿童发展权与体育权的视角探讨幼儿体育的必要性。与国际社会西方发达国家较为完善的儿童权和体育权比较，我国在观念意识和政策法规上，对儿童权、体育权的理解有待提高。从渐进主义的角度揭示了幼儿体育政策形成的过程，梳理了学前教育政策在形成发展的历史过程中与幼儿体育政策的相互关系，为进一步深入研究幼儿体育政策形成过程开辟了道路。此外，本章还全面介绍了我国幼儿体质的问题，从历史到现状都做了详细的分析梳理，并与国外幼儿体质的情况做了对比。对我国的体育政策进行了梳理，从历史角度对体育政策形成的过程进行研究，再对幼儿体育政策的内涵和外延与国外幼儿体育政策进行对比研究，分析了幼儿体质健康与幼儿体育的必然关系，从对比研究的视角探讨幼儿体育的必要性。追根溯源把幼儿体质问题与幼儿体育、幼儿体育政策关联在一起，并将我国对幼儿体育与体质健康的定位，与历史形成的关于幼儿体质健康的政策文件进行条块化的梳理分析，厘清幼儿体育相关的政策形成的过程。

第三章，根据前一章对"学前幼儿"群体的定义和对儿童发展权和体育权的详尽解释，以研究的基本理论为支撑，进一步梳理幼儿体育政策与学前教育政策之间的相互发展关系。从宏观角度梳理我国幼儿体育政策各个时期发展的特点，并说明其发展的路径以及内容。以我国学前教育政策的历史发展为时间线，探究幼儿体育政策与学前教育政策的并行关系，通过一个个历史节点探究幼儿体育政策发展的历程，从多源流框架中分析政治源流、问题源流、政策源流在推动幼儿体育政策中的相互作用，研究先从纵向的维度解析了学前教育政策发展带来的政策红利，它促使了幼儿体育政策的同步发展。接着，进一步从横向的维度，研究国家大健康战略和人口战略以及中小学体育政策的外溢性对幼儿体育政策的影响。在渐进发展的过程中，多源流中各个源流也在不断地演进，并在不同的时期交替发挥不同的作用。

第四章，运用多源流理论论述我国幼儿体育相关政策问题，首先从多源流理论对中国教育政策的适用性进行了探讨，得出的结论是西方经典的多源流理论比较适用于开放的政策制度环境。进入新时代，我国国家治理树立了新目标和新理念，大众媒体开放，互联网媒体高速发展。多源流理论在研究中国政策问题上，需要有相对于我国实际情况的有效补充或修正。本研究从实证研究中得到第一手材料，继而进一步从问题源流、政策源流、政治源流方面，对幼儿体育政策的脉络走向进行了阶段性的分析，并解释了当下在新时代的教育改革中，幼儿体育政策和学前教育政策的变化机制。对多源流中各个源流之间是否相互独立或者存在相关性进行了论证，回应了前面关于多源流理论在研究我国政治体制下政策形成的不足，需要进行修正的观点。

第五章，首先，运用政策网络理论对幼儿体育政策相关政策网络中的各方网络力量进行定性分析，并对各个网络行动者的影响力进行比较研究。其次，从多源流理论下三源流形成的内部要素结合实践加以分析和整理，发现各个源流的形成是政策网络中各个行动力量博弈的结果，同时催生出政策网络嵌入多源流的概念。再次，从横向与纵向上对幼儿体育政策进行全方位的论证，找到了又一影响多源流形成的要素变量，即市场化力量在政策推进的路径和在推进过程中的机制和影响。从典型案例入手分析政策网络主体间的利益诉求和合作机制，找到幼儿体育政策在形成过程和实施中困难的制度和体制根源。最后，经过对幼儿体育政策中相关的政府职能和利益团体的分析，将文化、制度、组织、能力等要素进行比较，提出横向组织结构（教育部门、体育部门以及市场企业）在推进幼儿体育政策中需要不断调适。

第六章，结合上述分析，总结研究成果，回应理论问题，聚焦幼儿体育政策，将公共政策分析中多源流理论和政策网络理论相结合，建立应对市场化调适张力的分析框架，提出研究的理论和实践创新点，指出当前研究的局限性，为未来的研究打下基础。

四、研究创新与不足

(一) 研究的创新

1. 研究内容上的创新

本书所研究的幼儿体育政策是学前教育政策的重要组成部分。我国在逐步放开人口政策后,人口结构的改变成了幼儿教育政策发展的强大驱动力,健康中国的战略需要更加关注幼儿素质的全面发展。以幼儿体育教育为重点的学前教育政策是当下中国教育政策改革中的重要方面,促进儿童、青少年健康成长是实施健康中国战略的重要内容。本研究创新性地提出从公共政策的角度研究我国幼儿体育政策,弥补了我国在此领域的研究不足,推进了对理论和现实问题的理解。

2. 研究理论框架的创新

多源流理论与政策网络理论是公共政策分析的主流理论。本研究对3种不同的源流进行深入分析,但是对多个源流之间的政策网络作用未给出具体的定义和解构。本研究认为,在政策动态发展的过程中,决策的形成不是3个源流独立作用的过程。政策网络嵌套的互动机制不可忽略,这种机制包括不同决策参与主体(本研究中的幼儿园管理人员、老师、家长和政策企业家)和决策部门(教育和体育等部门)之间的互动网络,作为推进问题流、政策流、政治流形成的动力和过程。

3. 研究对象的创新

从文献数量来看,政策研究当中关于幼儿体育政策的行政管理的宏观分析较多,我国语境下市场力量对幼儿体育领域的渗透较少提及。在教育政策体系中,我国的学前教育由于不属于义务教育,市场化程度较高,这种市场力量给幼儿体育政策多源流的形成和政策网络的运作带来了显著的影响,是幼儿体育政策分析不可或缺的要素。本研究将其作为专门的视角，深入剖析问题发展的内外部环境及行政与市场力量的调适。

4. 研究方法的创新

本研究在文献内容综述、政治源流分析等部分，尝试采用了文献热点图、留言板大数据爬取等方法，将系统文献阅读与对历史文献的计量比对相结合，准确地找到现有研究在过去 20 年的关注点变化，由此挖掘本研究的要点和基础。同时，通过充分考量新媒体环境下多源流的形成和发展，发现可以通过加速 3 种源流的耦合，推动政策"天窗"的打开。通过实证研究中的问卷、访谈和案例等多种方式，在传统的多源流分析结论基础上，研究政策网络的嵌套如何整合多源流的演变，发现"市场化之手"是我国幼儿体育政策未能合理布局实施的重要原因，通过引导市场力量的发展，推动形成政策演进的合力。

5. 研究视角的创新

幼儿体育政策在传统意义上属于教育学和体育学等学科的研究视角。然而，现有研究忽视了幼儿体育政策也是真正意义上的公共政策，其未能合理布局实施的重要原因在于政策的制定和执行未能形成系统的框架。因此，本研究通过经典的公共政策理论，厘清幼儿体育政策网络的发展，通过多源流的分析视角，从公共政策及行政管理的理论和实践角度，得到了实证的检验，形成了突破性的研究发现，实现了学科研究视角的创新。

（二）研究的不足

首先，本书从公共政策的角度对幼儿体育政策进行研究，其理论视角和分析框架都比较新颖，前期十分具有针对性的文献研究资料比较少，研究缺乏前人的经验和材料作为参考和佐证。定量研究文本数量和数据库资料甚少，对于研究的焦点不能直击论题主题。本书尝试搜集了多方面主体的问卷，然而受发放渠道和时间等的局限，在样本量和问卷内容上还有较大的提升空间;在利用网络爬虫获取信息材料时发现,对于变量的统计还不够精准。这些都可以在下一步的研究中继续推进。

在理论研究方面,笔者尝试突破以往国内学者对教育政策的"宏大叙事",更多地通过跟踪访谈做定性分析,这也需要时间进一步开展深入研究。笔者将在后续的研究中弥补本研究的阙如,不断完善所研究的议题,为我国乃至全球范围内的幼儿体育政策研究拓宽研究路径。

第二章 文献综述

本书旨在研究和分析幼儿体育政策，了解我国的幼儿体育政策的实施基础和政策现状。在我国及世界大部分国家，幼儿体育政策首先是学前教育政策的一部分，因此，对我国的学前教育政策进行探讨是本研究开展的前提，梳理相关的研究现状可以为本研究提供翔实的研究材料。因此，本章首先介绍国内外对幼儿体质的调查情况及现状，以学前教育的发展为前提，在了解了我国幼儿体质现状的基础上，梳理我国幼儿体育政策的发展过程，并与国外主要国家幼儿体育的发展进行对比，从而更好地分析相关政策的执行环境和问题痛点。在梳理幼儿体育发展研究和幼儿体育政策研究的现状之后，介绍本书应用的基础理论，通过对经典理论的梳理为本研究的开展提供理论基础，并指导研究的开展。

一、学前教育与幼儿体育政策研究

（一）国外幼儿体育政策研究

在人一生的成长学习当中，学前教育是基础，也是实现终身教育的前端。学前教育政策在教育政策中实施得更具体、更特殊，是为了完成基础学前教育的全面培养目的，全面贯彻落实学前教育的战略方案，也是一项完整规范的行为准则，规定了个人和集体在什么样的环境下做什么事情的权利和义务[①]。一般来说，财政基础投入政策等是关于学前相关教育政策的主要内容。制定政策将从高位着手，偏重于顶层设计。幼儿体育政策是学前教育中的重要组成部分，可以

---

① 杨莉君：《学前教育政策法规概论》，湖南师范大学出版社2008年版，第11页。

说学前教育涵盖了幼儿教育。如果从政策的角度来分析,学前教育政策其实就是对幼儿体育做出整体规划和指导。目前,针对幼儿体育而颁布的政策主要是幼儿运动的各项细则要求。在学前教育当中,不仅有幼儿体育的指导建议,同时也有发展幼儿其他行为各方面的教育建议。

从20世纪90年代开始,我国就开展幼儿体育教育的研究,并在1995—2010年进入了研究的高峰期。学前体育政策对儿童户外身体活动的影响,主要是幼儿园对体育课程和户外设备的有效投入[1]。同时,学前环境特征和政策对3~5岁学前儿童体育运动有显著影响[2]。美国从1965年的《开端法案》开始,确定了对贫困家庭环境的孩子的学前援助计划。此项计划一直延续至今,对美国的学前教育政策影响深远。《开端法案》强调对孩子早期的身体健康的关注,包括科学的喂养保教、身体的运动与保健等。随后的历届美国政府,从约翰逊一直到克林顿、奥巴马时期,都出台了相关的学前教育法案。其中,克林顿政府在《2000年目标:美国教育法》中重申,幼儿教育中体育的作用是无法取缔的。

英国体育事业的发展更加先进,英国也被称为是当代体育的起源地。其体育事业从最初的属于绅士阶层发展至后来的由全国人民共同拥有,然而最早给予幼儿体育事业发展支持的国家并非英国;20世纪后,在英国学校体育才正式受到重视。自1989年、1998年《儿童法》的出台及"国家儿童保育战略"项目开始,英国政府加大了对学前教育的投入,同时进一步推进相关立法。1989—2004年出台了关于幼儿教育的立法——《儿童法》,形成了步步推进的发展,有效地提高了幼儿教育的社会地位,也使幼儿教育获得了快速发展的良好契机。2004年,政府正式出台了《儿童法案》,并在

---

[1] DOWDA M, PATE R R, TROST S G, et al: Influences of preschool policies and practices on children's physical activity. In *Journal of community health*, 2004, 29(3): 183-196.

[2] DOWDA M, BROWN W H, MCIVER K L, et al: Policies and characteristics of the preschool environment and physical activity of young children. In *Pediatrics*, 2009, 123(2): E261-E266.

其中明确了"良好发展"的概念,包括幼儿体质、智力以及情感等不同方面的发展。

俄罗斯的第一家幼儿园创建于1860年。1959年,苏联将本国的托儿所以及幼儿园进行了合并,并且全部划归至教育局名下,由教育局进行统一管理。1985年,苏联发布了《幼儿园教育与教学大纲》。2006年,俄罗斯又在此基础上推出了具体的内容和规定:确保儿童生命安全的同时,开发儿童的身体与运动能力,促进智商和社交能力,培养儿童对众多运动项目的兴趣,促进机体各项功能的发展。俄罗斯还是世界上为数不多的开办儿童体育学校的国家,这为俄罗斯的专业体育人才培养后备队伍。在"健康的孩子—健康的俄罗斯"这一号召之下,俄罗斯的幼儿体育发展日渐繁荣。

日本在"二战"之后,尤其是1964年举办东京奥运会,使其有了更好的发展体育事业以及实施体育政策的契机。同年,日本颁布了第一部体育法——《体育振兴法》。在该项法案的实施和落实过程中,政府对于公民的日常保健和运动参与、体育公共设施的建设和学校体育的设置都做出了一系列的政策改革。日本政府在2000年提出了体育振兴战略。该计划反映出日本之后10年内体育事业的整体规划目的以及发展战略,对民众参与体育运动的发展进行了详细的规划,将社区、学校、俱乐部结合起来,使其联运作用得到高效地发挥。从1995年颁布的《全国儿童计划》到2000年颁布的《幼稚园教育要领》,对幼儿的体育活动做出了规定,提出在幼稚园教育阶段要提高儿童的身体素质,以多种多样的户外游戏形式增强儿童体育锻炼和健康。[①] 表2-1是上述几个国家主要幼儿体育政策的演进过程。

---

① 日本学校保健会编:《学校保健动向》,财团法人,2011年。

表 2-1　国外幼儿体育政策

国家	时间	政策法案
美国	1955 年	艾森豪威尔总统提出"提高儿童和成年人的身体素质水平"
	1960 年	约翰逊总统提出"身体素质对个人健康成长以及民族兴衰是极其重要的大事"
	1980 年	《提前开始法》《家庭援助法》
	1990 年	《儿童保育与发展固定提款法》《全美儿童保护法》《美国 2000 年教育战略》
	2011 年	《健康青少年户外法案》
英国	1989 年	《儿童法》
	1998 年	《应对保育挑战》
	2003 年	《每个儿童都重要》（绿皮书）
	2004 年	《儿童保育十年战略》
	2006 年	《儿童保育法》
俄罗斯	1860 年	俄罗斯第一所幼儿园创建
	1959 年	苏联将幼儿园与托儿所合并
	1985 年	《幼儿园教育与教学大纲》
	2006 年	《幼儿园教育与教学大纲》（修订版）
日本	1990 年	文部省颁布《幼儿园教育纲要》
	1995 年	《全国儿童计划》
	1997 年	《儿童福利法》
	2000 年	《幼稚园教育纲要》
	2003 年	《下一代培育支援对策法》
	2005 年	《天使计划》
	2012 年	《强制性儿童运动指导方针》

西方国家的教育政策都是以已颁布的法令为基础，因为其会对政策的保障和执行形成权威性的约束。关于学前教育的相关政策，英美等国家都在其中贯穿了政府的法治思想。但是，在我国学前教育阶段临近的中小学阶段，只有《义务教育法》是政策落实的保障。教学

教育方面并不存在法律方面的行事准则。所以，在顶层设计上，我国的学前教育政策还缺少法律性的保障和约束，在此前提下制定出的政策效力受到很大的限制与约束。

（二）我国学前教育政策的文献研究

依据相关的政策范围可将我国的公共政策分为 3 个层面——政策措施、经济措施以及文化措施。其中，文化部分则包含了体育等方面的措施，并且幼儿体育是学前教育中至关重要的构成之一。对幼儿体育教育来说，它与学前教育措施是息息相关的。因此，研究幼儿体育政策对研究学前教育政策意义重大，两者是包含的关系，在幼儿体育政策方面，后者发挥重大作用，其对前者制定的范围、方向以及内容上的总体规划和背景都有着重要的影响。从这一角度来讲，为了对影响幼儿体育政策形成的主要因素进行分析，理清详细的发展脉络，本书对当前学界的诸多研究成果进行整理与总结，基于整体性的发展视角来展开研究。通过系统地对学前教育相关政策进行研究，对幼儿体育相关政策有了进一步的了解。

为了了解我国学前教育政策现状，本书以 CNKI 1984—2020 年的相关期刊以及硕博士学位论文信息库为检索数据库，然后用"学前教育政策"等不同的关键词来检索，一共有 859 条结果，并检索到 389 篇相关文献，从中剔除没有关联性的参考资料和期刊，文献发表的情况如图 2-1 所示。

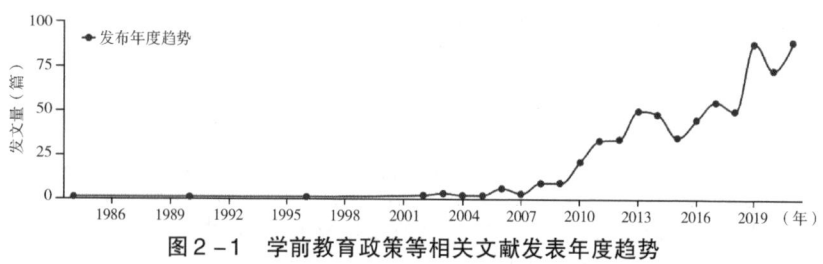

图 2-1　学前教育政策等相关文献发表年度趋势

从图 2-1 可以看出，1984—2001 年，在这个时间段里学前教育政策的相关研究几乎一片空白，在 CNKI 上没有搜索到任何有关的文献资料。2002—2009年有所发展，但查找到的也只是很少的研究文献。在这个阶段出台的政策以"试行"为主要关键词，如2004年颁布的《幼儿园教育指导纲要（试行）》等文件就是这类探索性的指导意见，以及2003年国务院转发的相关文件等。这些文件并没有长久的效力，这从侧面反映出政府对学前教育不够重视。学前教育政策研究在2012—2015年达到巅峰，虽时有起伏，但文献数量占总体数量的84%。可以说，社会各界人士在这段时间的学前教育研究上花费了大量的时间和精力。另外，相关的硕博士学位论文也在这一时间段涌现出来，无论数量还是质量都有了很大的提升。这也说明该领域储备了大量有深度、有独立思考能力的学者。自1984年起，关于学前教育方面的政策研究开始呈现快速发展趋势，这表明社会各界对其越来越重视。

对此展开深入研究以后，还发现该政策研究内容数目的增长和政府出台的有关政策措施的时间是相对应的。例如，在2010年，为使教育规划纲要更加彻底地被执行，同时让《国务院关于当前发展学前教育的若干意见》[①]也得到切实执行，使众多幼儿教育以及父母对3～6岁孩童的学习以及成长特征等有更深入的了解，教育机构安排有关人员研讨并编制了《3～6岁儿童学习与发展指南》相关政策类文书[②]。这是我国首次为幼儿成长设定正式的标准，具有历史性的意义。由此可见，政府文件的出台大大激励了该领域的发展和市场活动的活力，使相关的幼儿学前教育研究走上了正轨。

（三）我国学前教育研究的政策发展和改革历程

在我国，"入园难、入园贵"是一个关乎民生的问题，也是长期制约学前教育发展的顽疾。一项基础教育服务对象满意度调查显示，

[①] 国务院办公厅：《国务院关于当前发展学前教育的若干意见》（国发〔2010〕41号），2016年。

[②] 林崇德：《发展心理学》，人民教育出版社1995年版，第195页。

家长对不同办园性质幼儿园之间的教育质量反馈差异较大①。普惠性学前教育呼之欲出。2013年,在党的十八届三中全会上明确了普惠金融发展的方向,进一步规范了我国的金融市场。其中,普惠金融还包括教育方面的扶持性政策。受众的普遍性、过程的均等化和质量的标准化是"普惠性"的特征②。普惠性学前教育的政策设计或制度构建一直是学术领域讨论的焦点,如普惠性幼儿园的价格标准采取弹性定价机制重构的方法③。普惠性办园体制的建立说明学前教育正式被纳入政府的公共服务体系。教育部在2020年颁发了学前教育法制订的意见稿,希望社会各界人士提出自己的意见,这也弥补了我国在这方面的空白,进一步完善了学前教育的体制。该文件还确定了学前教育的重要地位,"学前教育是我国教育体制内学校教育制度的起始阶段,是组成国民教育体系的重要部分,更是一项不可或缺的社会公益事业"④。

在研究当中,我们需要梳理学前教育的概念和价值,同时理解相关政策的指导性意见,为研究幼儿教育打下良好的基础。随着学前教育的相关研究逐渐开展,形成了相对成熟的研究问题。通过对目前我国学前教育相关研究文献的梳理,可以看出学前教育政策的内容研究主要围绕以下几个方面。

1. 学前教育政策研究的作用和影响

目前,有关学前教育的政策发展研究较为丰富,形成了多样化的研究成果,学界普遍认为学前教育会在多方面影响个人的成长与发展,主要包括心理、品格、大脑、性格等。庞丽娟等学者提到,学前

---

① 崔保师、曾天山、刘芳等:《基础教育服务对象满意度实证研究》,载《教育研究》2019年第3期,第80—89页。
② 谢玉华、刘晶晶:《"普惠性、基础性、兜底性民生"的内涵及本质特征研究》,载《社会主义研究》2020年第4期,第78—85页。
③ 冯婉桢、吴建涛:《普惠性幼儿园弹性定价机制构建》,载《教育研究》2019年第40卷第5期,第94—102页。
④ 湛中乐:《学前教育法(草案)笔谈》,载《湖南师范大学教育科学学报》2020年第19卷第6期,第1—14页。

阶段的教育不管是对幼儿品格还是心性方面或者其他方面的发展都有着极大的影响,尤其是从心理学角度来说,人类从出生至6岁这个阶段,无论是身体所有的机能还是大脑智商等方面都在飞速发展,此阶段也是习惯、性格等养成的关键时期[①],其对于认知发展又是最敏感的时期,也是幼儿今后的继续学习与基本知识结构发展形成的关键时期。基于此,无论对教育事业,还是对家庭或者社会来说,学前教育所起的作用都是无法取代的。林崇德认为,幼儿时期的教育不仅是人类对于普遍认知的接受,而且是大脑形成的关键期。此阶段幼儿大脑的神经元以及神经突出发展速度相当于成年人的20倍,每一天都在发生极大的改变,不过,从外表看来变化并不明显,在此阶段的科学素养形成,必将对他们将来的发展,特别是运动以及语言方面的发展具有极为关键的影响。从发展变化的层面来说,国家需要颁布更多关注以及重视幼儿教育的政策,使幼儿教育的稳健发展获得更好的政策性保护[②]。

2. 学前教育政策的改革历程

姚国辉等在研究了学前教育之后,认为近几十年来虽然我国的经济水平在不断发展进步,但是相应的学前教育政策却没有进步,当下的政策很难满足实际的需要,行为与政治理念之间落差巨大。此外,从政策发展中自身存在的系统性出发,基于其表现的前后继承性进行分析,并结合政策环境展开论述,明确学前教育自身存在的政策历史性特点。对学前教育长期发展过程中的特点进行总结,以此为基础,展望未来[③]。申毅和王纬虹在其开展的相关研究与实践过程中明确表示,自改革开放以来,幼儿教育的改革包括3方面:教育理念的改

---

① 庞丽娟、韩小雨:《中国学前教育立法:思考与进程》,载《北京师范大学学报(社会科学版)》2010年第5期,第14-20页。
② 林崇德:《发展心理学》,人民教育出版社1995年版,第195页。
③ 姚国辉:《中国学前教育政策史系统分析研究》(硕士学位论文),陕西师范大学2008年。

革、课程改革以及体制改革①。邢利娅和白星瑞针对新中国成立以来的学前教育政策进行分析，明确其价值取向的变化过程。我国当前现行的学前教育政策历程从重整体规划高度统一，到注重个性化发展、关注儿童特殊年龄阶段需求，从教育理念上偏重社会需要到注重儿童全面发展，反映了教育现代化要面向世界发展趋势，符合我国社会体制变革的实际需求②。在学前教育的变革之中，学前教育政策的发展是最为重要的部分之一，其重要使命在于引领学前教育发展变革，并使其服务于当今时代。

3. 学前教育政策研究的价值取向

孙绵涛所著的《教育政策论》中，对教育相关政策进行了类别划分，关于这方面的研究包含了下述几点：①对学前教育政策的含义进行研究；②对其价值方面进行研究；③对其与法律制度之间的关系展开研究；④对该类政策的制定与颁布进行研究；⑤对该类政策实施方面进行研究；⑥对其进行评价；⑦政府对学前教育方面投入的财政资金等进行研究③。然而，国内的学前教育研究依然跟发达国家存在较大的差距，研究的内容不够细化。同时，学前教育的质量取决于政策落实的效果，对于民办学前教育的实施效果等方面需要进一步开展相关的研究与探索④。当前，与幼儿体育政策关联的研究屈指可数，但是现实的严峻性再次表明幼儿体育政策研究应受国家政府和专家学者们的重视。

学前教育价值取向是学前教育实质内核的起点。国家对教育体系科学布局的理论依据，是通过学前教育政策在不同历史时期所体现出的价值取向的透析，是探究学前教育的本质所在。学前教育政策主要

---

① 申毅、王纬虹：《幼儿教师专业发展》，西南师范大学出版社2008年版，第34页。
② 邢利娅、白星瑞：《建国后我国学前教育政策价值取向的演变》，载《学前教育研究》2008年第3期，第13–15页、第40页。
③ 孙绵涛：《教育政策学》，武汉工业大学出版社2009年版，第22页。
④ 阳曼超、孙启进：《论当前农村学前教育发展面临的困境与出路》，载《江苏社会科学》2012年第1期，第11–15页。

分为4个方面的内容。一是从公平和质量的角度审视研究学前教育政策。国际社会通常会选择将教育公平作为核心的价值理念,并将其作为学前教育广泛普及的重心。从国务院下发相关文件开始,基于学理层面研究分析学前教育的实际理念也是当下众多学者非常重视的内容,可以从不同区域、阶层来探讨幼儿园多种体制的发展路径①。此外,国内的学前教育研究从学术到政策的参考作用得到了体现,从起点、过程、结果的公平3方面做了大量的实证研究。二是学前教育政策研究符合服务社会的时代变革需求。自2016年"全面二孩"人口战略政策出台后,新时代学前教育资源配置随着"二孩潮"的到来将迎来新的挑战②。据此,不少专家学者对学前教育发展有了新的视野,以对应于预测学前适龄人口变化趋势,从供需矛盾的视角预测未来学前教育资源的发展方向③。三是学前教育事业自身建设过程中存在的问题应该得到明确,并将其视为学前教育政策研究的主要内容。从我国整体教育体系发展情况来看,学前教育在教育发展进程中的各个时期均是最薄弱的环节,从"拨乱反正"到快速发展,现在进入关键的时期。学前教育政策研究者的核心问题和难点问题一直是专家学者研究的焦点,如普惠性学前教育资源不足、学前教育财政投入、幼儿园教师队伍建设滞后等。④ 四是学前教育政策研究对于政策中的多元利益主体开始逐步关注。近年来,政策研究中多元利益主体的重要性越来越受到研究者的关注与重视,其中也包括从新公共管理理念视角出发,开始对幼儿园教育质量保障中的重要外部利益相关者的诉求进行深入考察,从诸多利益相关者的不同诉求出发,构建各个利益

---

① 王彦峰:《区域学前教育均衡发展:概念释义、问题归因与实现路径》,载《湖南师范大学教育科学学报》2015年第6期,第91-96页。

② 杨顺光、李玲、张兵娟等:《"全面二孩"政策与学前教育资源配置:基于未来20年适龄人口的预测》,载《学前教育研究》2016年第8期,第3-13页。

③ 刘国艳、陈圆圆、陈玮玮:《教育公平视角下不同家庭背景幼儿教育机会获得研究:基于深圳市的实证调查数据》,载《教育与经济》2016年第5期,第23-29页。

④ 洪秀敏、马群:《区域学前教育公平的权责博弈:基于城乡政府履职的差异分析》,载《北京师范大学学报(社会科学版)》2015年第6期,第68-79页。

主体之间的圈层关系,探讨其在幼儿园场域中应该担当的社会责任①。

4. 学前教育政策研究的改革方向

袁振国指出,基于宏观层面,学前教育财政政策主要受幼儿园体制改革的直接影响,从而呈现显著的阶段性特点。一直以来,国家都对学前教育自身应有的公益性进行强调,不过从实际情况来看效果不尽如人意。当前的学前教育主要经费来源包括举办者出资、家长投入和社会捐助等。国家对于学前教育给予税收上的减免,这也在某种程度上促进了学前教育的发展②。蔡迎旗认为,基于财政学理论进行分析可知,我国当前的财税制度需要参考国外的先进经验,选择最优的幼儿教育财政政策,对其效果进行考查,明确其在现阶段存在的问题,并采取有效措施进行解决。吴传毅、刘建发强调,对于我国学前教育来说,当下所面对的问题是对投入缺失的探讨,在国外优秀成熟的立法经验上逐步制定出能够契合我国实际教育发展情况的法律体系③。

储朝晖指出,对于我国当前的农村学前教育政策来说,其实施过程中出现的主要问题包括以下几点:农村大部分地区缺少幼儿园,幼儿教育经费投入不足,这些因素造成了"入园难"的重要问题,公办园偏少,从而导致出现"入园贵"的现象,同时,农村等偏远地区的师资力量匮乏,教育质量得不到有效提升,甚至还有所下降。这也表明农村幼儿教育在立法上还存在较多缺陷和问题④。

我们从学前教育的发展中能够发现,学前教育已经成了我国教育体系当中不可或缺的重要部分。随着国家的发展,在不同的历史时

---

① 胡耀岗、张玉暖、王亚丽:《我国普惠性学前教育的发展研究》,载《教育探索》2016年第5期,第49—53页。
② 袁振国:《中国学前教育发展战略研究》,教育科学出版社2010年版,第100页。
③ 蔡迎旗:《幼儿教育财政投入与政策》,教育科学出版社2007年版,第1页。
④ 储朝晖:《中国幼儿教育忧思与行动》,南京师范大学出版社2008年版,第86—162页。

期，对于学前教育的关注和建设重点都显著不同。从现实的落实情况可以看到，学前教育的财政支持与保障也逐年完善。总体上，学前教育正在与我国教育发展的时代背景接轨，对于因历史问题和教育理念导致的落后现象，也正在弥补修正中。幼儿体育在此等大背景下也渐入佳境。之所以在学前教育中体育能位于第一，除了本身具有的对孩子成长发育的育人功能外，从"人"的发展角度来看，人格品性塑造以及在教育中的发展价值到底是什么，则是需要更深层次理解的问题。

（四）我国幼儿体育政策研究基于 CiteSpace 的可视化分析

为了更好地分析我国幼儿体育政策的相关研究，本书利用 CNKI 硕博士论文以及期刊数据库索引 1995—2020 年的关于幼儿体育研究的文献进行统计，并对此期间的幼儿体育研究文献做可视化研讨。以 CiteSpace 作为研究工具，用图谱形式将研究的重点、趋势展现出来。结果显示，1995—2020 年，共有 1884 篇文献（如图 2-2 所示），将关键词匹配、词频分析、引文索引、树图结构分析等作为研究方法，按照不同的研究重点绘制出相关图谱。

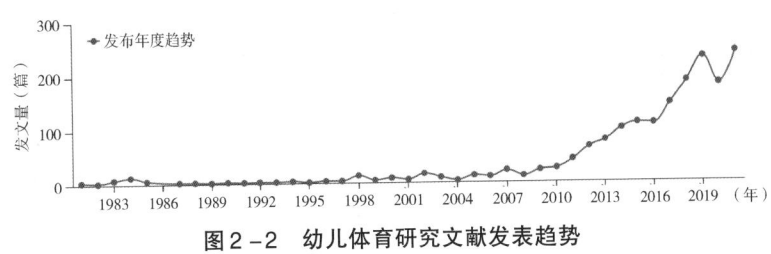

图 2-2 幼儿体育研究文献发表趋势

对于文献数目来说，其年代以及时间的分析能够体现出某研究对象文献在时间以及数目上的某种关系，从而发现这一领域的研究情况以及发展状况等，最终得出历史发展趋势并推测其将来发展的趋势。2004—2020 年，有关幼儿体育教育的文献数量一直呈增长的趋势。这表明由于社会的发展进步，人们越来越关注和重视幼儿体育教育问题。

利用关键词匹配统计的方法,通过主题分布可以梳理出在幼儿体育中,"活动性游戏""个性心理特征"是关注度较多的话题。

以时间作为维度来分析研究方向的变化,采用关键词搜索查找的方法形成对文献的聚焦分析,点的大小对应研究热度(即词频),数字代表研究文献的数量,连线代表研究热度发展趋势(如图2-2所示)。结果显示,从1995年开始,幼儿体育教育领域逐渐受到了关注,并且这一领域的研究方向日趋趣味化、专业化、机械化。由此我们可以看出,在早期,这一领域存在研究人员较少、研究深度和广度不足等问题,研究也处于起步状态。

随着时间的推移,幼儿体育教育开始被众多学者作为重要的研究点,幼儿体育游戏成了众多学者的研究对象,包含通过幼儿体育活动,催生出"器械的运用""动作的发展""相关形式的分析"等众多主题词,对幼儿体育问题的探究和研究开始向全面的领域拓展和发散。幼儿体育越来越成为学前教育的重点。针对幼儿园教师、幼儿园建设、体育活动等方面的研究呈增长的趋势。

2010年之后,幼儿体育研究领域受到越来越多的关注,而且其发散的主题越来越广泛。怎样才能让幼儿体育活动更具专业性和趣味性成了人们新的研究方向,如从感觉综合训练(2012年)、认知训练器械(2015年)等,能够看出关于幼儿体育方面的研究已经向系统化趋势发展,形成了系统的研究领域和主题。

另外,在幼儿体育课程安排、幼儿体育教师培养上也有相关的研究。通过关键词关联聚类分析的方法,我们发现,幼儿体育教程科学化,幼儿教师专业化,幼儿培养趣味化、器械化,幼儿活动形式多样化。2018—2019年的相关研究中,还提及了运用大数据、物联网、人工智能与相关幼儿体育活动器械结合的研究,这就要求未来幼儿体育课程朝着这方面改进,幼儿教师要适应新的教学模式。

如图2-2所示,从横轴可以看出,随着时间的推移,幼儿体育类研究数量逐年增加,这说明该研究领域越来越受到人们青睐。从纵向可以看出随着研究的进行、时间的发展,研究的深度、考虑的维度都在增加，这说明该研究领域日渐趋于全面，引起了越来越多人的重视和关注。

二、学前幼儿发展权、体育权及其政策体系

在前一节对我国学前教育和幼儿体育政策的文献分析研究基础上，为了更深入地认识我国幼儿体育政策的发展与局限，需要在现有的文献和政策分析基础上，从发展权和体育权的基本视角，充分认识幼儿体育在个人和社会发展阶段中起到的本质作用，为进一步分析我国幼儿体育政策提供更加坚实的理论基础。

（一）儿童发展权

人类文明的发展，在这一过程中最为基本的权利就是作为人的生存和发展的权利，只有在这两项权利被满足后，人们才能感知和享受到其他的人权。马克思、恩格斯认为，"人类得以生存的基本前提在于创造历史，只有能够正常的生活，才有其他的发展"[1]。联合国颁布的《发展权利宣言》中强调，"所有人权中，最基本的就是发展权利，其不可被剥夺，不能被侵犯。正是有了这种权利，公民才能够实现自身的发展"。假设国家发展、社会发展或是个人发展受阻，那么其人权就失去了意义。《儿童权利公约》中指出："作为缔约国，需要对儿童的基本生命权进行保护。缔约国需要为儿童的正常生活和发展提供支持与保障。"《儿童权利公约》与其他的人权政策都对儿童的生命权进行了界定，同时还添加部分与生存权或发展权相关的重要规定，也就是说，儿童自身的生存与发展权需要得到有力的保障。除此之外，该公约还通过平台的搭建为儿童的生存与发展权提供辅助与支持，主要基于经济发展、社会进步和文化建设等相关权利发挥作用。

---

[1] 马克思、恩格斯：《马克思恩格斯全集》第3卷，人民出版社2002年版，第31页。

《儿童权利公约》的核心理念在于：作为儿童，应该和成人一样享有基本的平等权，儿童和成人之间不存在相关权利的差异。儿童同样是单独的主体其和成人之间应该保持平等和自由。儿童从一生下来，就已经拥有合法的人权，这点无须成年人对其进行界定和认可，不管儿童的年龄多小，不管其是否成熟，都存在独立的人格。全社会的相关主体，都应该对儿童的基本人格权利表示尊重，同时肩负起保护儿童、促进儿童健康发展的重大责任。对于每一个儿童来说，其理所当然是人类生命发展周期中客观存在的要素。针对这一情况，儿童应该得到国际人权两公约的肯定与认可，为其提供有力的保护与帮助。国际人权事务委员会经过商讨后表示，对于儿童来说，其应该以个人的形式享有公约中涉及的全部权利。

　　在我国当前阶段践行的教育活动中，儿童的基本权利还未得到完整的保障，比如运动权、游戏权和部分活动权。《儿童权利公约》中明确表示，作为儿童，理应享有一定的休息权，应该参与适合自己特点的活动，并根据自身意愿选择是否参加生活、文化或艺术形式的活动。从儿童的角度来说，他们可以根据自己的喜好选择相关活动并参其中，这是儿童的基本权利，同时还是其健康发展不可或缺的重要条件。作为成人，需要给予儿童的行为活动足够的理解与尊重，同时为其活动的参与提供支持与保障，创造有利的外部条件，提供多元的平台或渠道。作为成人，应该基于对儿童活动权利的尊重，对其进行合理的引导，帮助其实现自身的健康发展。需要明确的一点是，上述的引导只限于活动的开展，并非对儿童的权利进行限制，而是进行合理化的引导，成人需要对儿童进行辅助，但最终的决定权还是掌握在儿童手中。

（二）幼儿体育权

　　1978年，联合国教科文组织颁布的《体育教育和体育运动国际宪章》第1条明确规定："参加体育活动是所有人都享有的发展全面人格所不可缺少的一项基本权利。"国际奥委会在1996年7月修订的《奥林匹克宪章》中，在"基本原则"部分增加了一条规定："每个人根据自己都有能力的需要进行体育运动。从事体育运动是一项人权。"在我国,有学者认为,"公民体育权,就是一项虽然在《宪法》'公民的基本权利和义务'并未明确列举,但却能够推定出来的一种公民该享有的宪法权利"①,"体育权利是一种'准基本权利',也是我国公民应该享有的宪法权利"②。随着时代的进步发展,体育权将得到越来越多人的重视,并且不断衍生出更多的脉络,所涉及的范围、内容也在不断扩展和完善,已成为一项综合性的权利③。在体育权中,儿童、女性、残疾人、难民等弱势群体的体育权是需要特别关注的,法律上需要保障这些弱势群体参与体育活动的权利。而在2015年修订的《国际体育教育,体育活动与体育运动宪章》中提到学龄前儿童以及妇女、残疾人等群体是平等享有体育权利的,同时在该宪章中还特别强调了女性的体育权利需要进一步落实。

儿童是不完全行为群体,处于弱势地位,由于其心智不成熟,并且处在身心发展的基础阶段,对自己所享有的一切权利认知不足。因此,在保障儿童权利促进身心发展中,他们的各项权利是被关注的焦点。儿童的体育权也包括在其中,儿童天生享有参与体育运动、促进身体成长、塑造健康的身体和健全人格的权利。通过体育权的保障,有助于儿童更好地融入社会,在体育活动中增强其社会交往能力和团队协作能力④。

《儿童权利公约》对儿童的合法人权表示足够的肯定和认可,该文件指出,儿童作为权利的执行主体,除了受保护之外,应该让其可以自主选择是否参与某些活动。儿童在实践过程中会形成大概的法律概念。儿童的体育权利是公民的必要权利,公民权利则可以表述为人

---

① 高景芳:《论公民体育权的宪法属性:一个"半真正未列举权"的视角》,载《武汉体育学院报》2016年第50卷第8期,第39—43页。
② 黄明涛:《我国宪法"体育权利"的文本表述与制度实现》,载《体育文化导刊》2017年第4期,第11—14页、第20页。
③ 徐剑:《论公民体育权利的历史演变及其性质》,载《体育研究与教育》2014年第29卷第6期,第6—8页。
④ 徐翔:《体育权:一项新兴人权的衍生与发展》,载《体育学刊》2020年第27卷第4期,第21—28页。

类社会发展过程中的必然产物,对社会成员自身的意志进行形象化的体现。公民权利在形成过程中是在逐步变化的,且存在于公民生活的各个方面,随着人类政治、经济、文化的发展,公民权利的数量和种类也相应地逐步增多,包括公民的体育权利。由此可见,公民的体育权利,也同样随着经济和文化的发展被逐步纳入公民权利当中。

在现代社会,体育对人类社会生活的影响与日俱增。体育活动的强身功能对每一个人的成长起着至关重要的作用,由此体育权利在使用功能和文化体系当中产生被纳入公民权利体系的时间点。因此,在实践过程中,学校体育能为公民体育权利的享有提供保障,创造良好的外部条件,设立充分的学术空间。在国际范围内,《国际人权公约》于1966年在联合国大会上正式通过,在后续的发展过程中发挥着重要作用。以其中的《经济、社会、文化权利国际公约》为例,其重点强调"缔约国应该对公民的人权表示足够的尊重,结合体质发展以及心理健康情况制定合理的标准"[1]。1978年,联合国相关部门正式下发《体育运动国际宪章》,为公民自身"体育权利"提供保障,明确具体的理念以及核心思想,同时做出以下规定:①公民应该享有自主选择体育运动进行参与的权利,为其个性发展提供保障;②公民应该享有基于自身民族传统自主选择体育运动进行参与的权利,实现体质的增强,或是展现各自的天赋;③作为国家政府以及相关部门,需要为年轻人创造更多的机会,帮助其结合自身的实际需求开展体育活动,通过体育锻炼塑造人格,表达个性。此文件的第三个观点为幼儿体育权利提供了政策和理论的支撑,强调了体育在个人发展中的重要作用。从国际社会的视角出发,体育权利从最初的提出到后续的被认可,可以理解为是人类社会发展的必然结果,不存在偶然性,也不是人为因素能够干预的事件。在实际的发展过程中,体育权利会表现出两个关键的特征:①"终身体育"与"身体素养"的概

---

[1] 黄金荣:《〈经济、社会、文化权利国际公约〉的中文文本问题及其可能化解途径》,载《法治研究》2018年第3期,第134–144页。

念被广泛接受,对体育的育人和保健等①功能的公众认知已经打开,体育文化的形成与发展的认同;②体育已经不再仅仅是一项单一的活动,而是经过长期的发展逐渐被纳入社会事业管理、社会活动公共服务等重要体系当中,同时,作为国家政府以及相关部门,需要通过法律手段的合理应用对公民自身的体育权利以及义务关系进行适当的调节,保证其能得到法律的保障,享有基本的体育权利。

自改革开放以来,随着市场经济的发展和法治建设的步伐加快,我国体育法的修订也逐步展开。1995 年,我国正式颁布施行《中华人民共和国体育法》,其中指出:"体育活动的开展目的在于实现人民体质的增强,实现体育事业的健康发展,在实践中不断提升公民的体育运动水平,为社会主义的精神文明和物质文明建设提供支持与保障。"② 相关法律的出台,为我国幼儿体育的发展奠定了理论基础与现实依据,为幼儿体育权提供了基本保障。

(三) 幼儿体育权的缺失

为幼儿自身的体育权利提供保障的主要目的是实现儿童的健康发展,这与幼儿参与身体运动、身体营养、娱乐活动、居住环境以及幼儿保健等方面都有着无法分割的关系,这些方面都是在幼儿成长发展过程中不可或缺的因素。幼儿体育游戏在幼儿成长阶段带给幼儿的不仅是身体素质、体质、机能方面的全面促进,在培养孩子的社会适应能力、团队协作能力以及孩子的智力方面也有着显著的促进作用。幼儿的情绪常常会因为身体缺乏活动而不稳定,从而无法将精力集中在学习认知上,甚至患上某些精神疾病。

虽然体育的育人功能与幼儿体育的基本权利有一些权利的规定,但是从实践上来看还是处在 "边缘化" "淡漠的状态",这主要表现在两个方面。一方面,中国的传统文化过于关注 "伦理纲常" 等理

---

① 黄金荣:《〈经济、社会、文化权利国际公约〉的中文文本问题及其可能化解途径》,载《法治研究》2018 年第 3 期,第 134 – 144 页。

② 谭小勇、姜熙:《全球体育法引论》,载《体育科学》2011 年第 11 期,第 78 – 84 页、第 93 页。

论,经常把"家国本位"的传统观念放在优先地位。在中国的传统文化中,儿童即使遭受父母的打骂,父母也不会受到人们的非议,多数人普遍将其认定为常规的教育方法。也就是说,受传统意识观念的影响,很少有人会从儿童的角度去思考问题,儿童无法享有基本的独立权。

从幼儿发展权的角度看,儿童是家庭的希望和未来,从出生的那一刻起,就肩负太多责任,因此,部分家长经常会忽视孩子的真实意愿,不关注孩子的真正喜好,经常强制性地约束孩子参加培训班,美其名曰"为了孩子的将来考虑""不让小孩输在起跑线上"。殊不知,这种教育方法在潜移默化中就已经扼杀了孩子的兴趣和爱好。另外,在长期传统文化的影响下,幼儿被视作家庭的"附属品",缺少自我意识和自主权利,这使幼儿只能享有道德层面的体育权利,无法受到有力的法律保护,从而出现了下位政策的设计不足,并产生一系列的"资源受限、配置不足"等情况。

综上所述,儿童发展权与体育权的缺失是相关政策不足所导致的直接结果,对幼儿的身体发展和人格成长均会造成恶劣的影响。因此,制定完善的幼儿体育政策,有效保障幼儿的发展权和体育权是当前幼儿体育教育的燃眉之急。

(四) 我国青少年及幼儿体育政策的顶层设计

进入新时代,在我国体育的发展从竞技体育的奥运争光计划到全民健身计划,再到《体育强国建设纲要》的职能功能转变过程中,青少年体育教育从原先的重视人才单一模式慢慢转向于构建多种主体并存的人才模式。在 2018 年举行的全国青少年体育工作电视电话会上,国家体育总局明确指出,需要基于全面改革对青少年的体育工作给予更多的关注与重视,确保体育事业能得到有效的改革和稳定的发展,呈现良好的发展局面。因此,对于我国青少年体育事业来说,其顶层设计需要基于国家体育行政部门颁布下发的相关文件,详情可参考图 2-3。

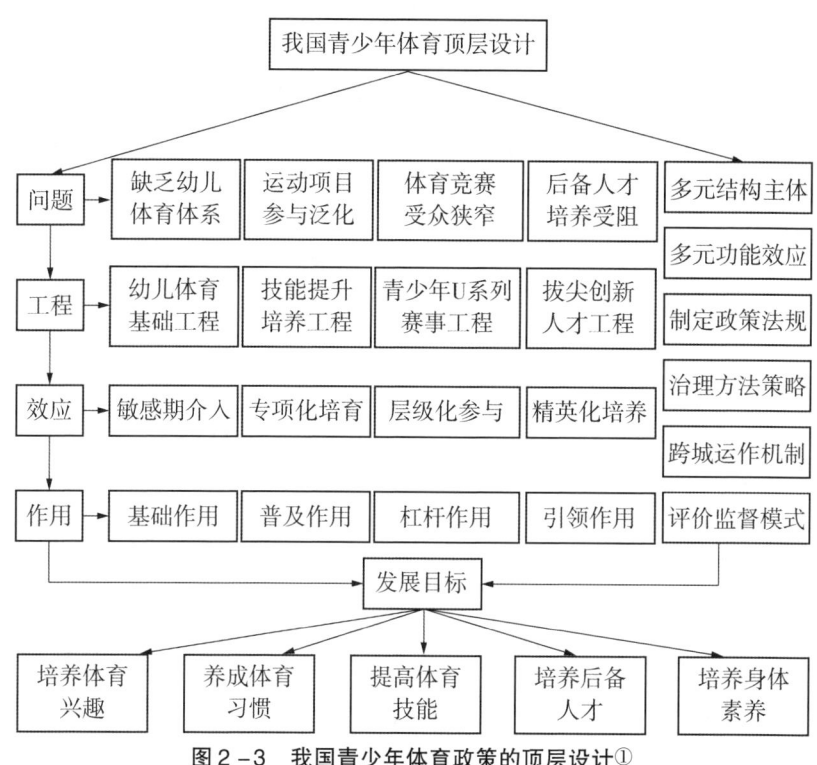

图2-3 我国青少年体育政策的顶层设计①

综上所述,设计与青少年体育有着紧密联系的重点工程,包括幼儿体育建设的基础工程、对技能方面的提升培育工程、青少年U系列的赛事工程以及拔尖创新人才的培养工程。这四大工程主要基于夯实基础、扩大受众、组织跳板、引领创新4个维度为青少年体育横向建设规划蓝图,其目的是遵循运动发展的客观规律,从幼儿运动技能基础培养的早期介入慢慢转向为更大普及面的专业化培养,从而更好地发挥出各类青少年体育赛事的统筹作用,帮助我们挖掘出更多的精英体育人才。这其实是比较有利于从上到下分层管理的,同时还可以

---

① 柳鸣毅、王梅、徐杰等:《我国青少年体育重点工程建设与创新发展对策》,载《体育科学》2018年第38卷第11期,第17-27页。

降低管理的难度,使原先的横向管理变为纵向管理,逐步完善我国青少年体育治理的新格局。

从人的发展观来看,幼儿阶段是人生的奠基期。什么是幼儿体育?我国教育界、体育界目前对此还没有明确的定义和描述。著名学者陈莹、王凯珍、王沂定义了幼儿体育教育的基本含义:"以我国为例,其幼儿体育教育具体代表的是,基于体质增强、健康水平的提升、基本动作的规范、良好生活习惯的养成等,针对国内幼儿园中年龄处于3～7周岁的幼儿开展丰富的体育教育活动。"① 林崇德教授也明确了幼儿期的基本定义:幼儿期具体代表年龄处于3～7岁的特定时期,也称为幼儿期②。幼儿体育的研究对象是学龄前3～7岁的儿童。著名学者霍华德·加德纳(Howard Gardner)在幼儿教育的研究领域做出了很大的贡献,同时融合认知心理以及现代教育学等学科的研究成果,最终创建了"多元智"的教学理论。该理论主要涉及数理逻辑、个人发展的语言、身体运动、空间、音乐、人际、内省、自然探索8个范畴③。幼儿体育是在我国大健康人才战略背景下人口素质和健康的基础。在幼儿阶段对其进行积极的身体运动能力开发,增强幼儿体质健康的同时塑造健全的心理,为人的全面发展打下良好的物质基础和心理基础。因此,我国幼儿体育教育事业逐渐产生围绕幼儿体育政策表现的顶层设计,基于幼儿体育项目、幼儿体育组织、幼儿体育人才、幼儿体育活动、幼儿体育器材等内容,完成系统化工程体系的构建(图2-4)。

---

① 陈莹、王凯珍、王沂:《建国以来我国幼儿体育教育的发展历程》,载《运动》2011年第5期,第3-6页。

② 林崇德:《发展心理学》,人民教育出版社1999年版,第195页。

③ 霍华德·加德纳、沈致隆:《多元智能理论二十年:在美国教育研究协会上的演讲》,载《人民教育》2003年第17期,第7-11页。

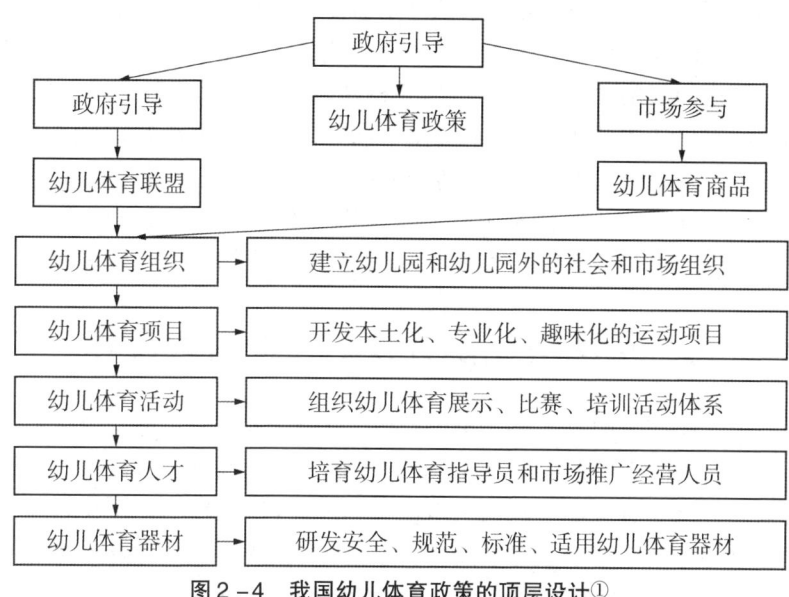

图2-4 我国幼儿体育政策的顶层设计①

该政策框架主要由政府政策进行有效引导,建立多种不同类型联盟体制,吸收大量的幼儿体育组织参与,其主要内容包括幼儿体育组织、体育项目、体育活动、专业人才和体育器材。幼儿体育组织主要参考相关发展指南,围绕公立与民办幼儿体育幼儿园的联合创办,设计科学合理的管理条例,对当前阶段的幼儿体育培训活动进行市场化的升级,使其朝着商业化的方向发展,构建完善健全的幼儿市场化体育服务体系。幼儿体育项目包括推动全国性体育赛事联盟和体育组织开发幼儿体育的课程教材、运动技能、专业教师、专项器材等资源,如快乐体操、幼儿足球、幼儿篮球等,倡导发展幼儿体育游戏化、地域化、家园共育,打造符合幼儿身心发展规律的标准化、体系化、科学化培训体系,引导幼儿科学、健康、有序地开展丰富的课余体育锻炼活动。在幼儿体育活动方面,以幼儿体育技能为基础的比赛、展示

---

① 柳鸣毅、王梅、徐杰等:《我国青少年体育重点工程建设与创新发展对策》,载《体育科学》2018年第38卷第11期,第17-27页。

大会、指导培训等完成教育活动体系的构建,开展丰富多元的技能比赛,保证幼儿体育指导培训能够发挥其应有的作用。不断幼儿体育组织与国内知名的幼儿体育设备厂商构建良好的合作关系,开发新产品,满足幼儿体育教育的实际需求。同时,需要着重培养幼儿体育相关的人才,建设先进、科学的专业团队,对其进行有针对性的专项技能培训,保证幼儿体育人才培育模式朝着市场化和商业化的方向发展,形成政府与社会共同推动的幼儿体育政策设计与执行体系。

三、实现幼儿体育权的政策过程理论

进入21世纪之后,我们可以发现公共政策在社会发展过程中发挥出来的实用价值越来越大,发展成了一门专业的学科。可以说,公共政策已经成了研究社会管理当中最重要的学科构成内容。与此同时,其还是处理相关公共管理各类问题的重要办法之一。公共政策的实施被定义为公共管理组织经由制定对应的措施来处理各方面的公共事务问题,并不断对实施的政策加以跟踪、落实、反馈,再加以修正,达到社会善治和公共利益最大化的目标。在一定程度上,政策体系的运转即为政治过程。对于公共决策来说,通常认为它是国家或者政府机构为了调控宏观经济或者社会的发展而做出的选择,其主体通常为国家或者政府机构,经由政治环节来做出关于资源在各公共组织间的分配,或者是做出社会权益在各阶层以及群体之间的配置决策。政策各相关方及其环境的互相连接和互相限制,使政治体系犹如动态体系在运转。以伊斯顿的政治体系说法来说,它就是一个持续进出并且转化的流程。由政策的环境将政治主体(比如国家)的各种支持以及规定输入这个系统当中,当中的成员或者整个团体为了达到目的或者获得权益,将其主张向国家层面提出,而支持者(也就是团体或者成员)依照法律要求认可政府组织为达到其目的而做出决策等进行的相关活动[1]。研究政策决策过程中,多源流模型是经典的政策模型,被运用

---

[1] EASTON D: *The political system*. Knopf, 1953.

到多个领域的政策分析中,是解释现实世界政策制定的过程途径,也是对政策世界模糊性的探究。多源流解决的是决策系统不平衡的内部动态。在多源流内部贯穿着问题、政治、政策3条源流,3条源流相对独立。只有当3条源流在一个特定的时期形成"耦合"的时候,"政策天窗"才会被打开。从3个方面揭示政策议程的"黑箱":一是在众多的议程中,政策制定者是怎样关注到某一项议程的;二是思考问题是怎么逐步变成社会焦点的;三是考虑问题是如何发现和解决的。本部分对政策过程的相关理论进行梳理,为本书的研究开展提供理论支持。

(一)议程设置理论

对于公共政策来说,其决策环节是一种整体行为,由各要素在不同时期的发展组成。叶海卡·德罗尔在《公共政策制定检讨》一书中将公共政策分为包括元政策在内的四个时期[1]。拉斯韦尔在《决策过程》一书中则从功能方面另辟蹊径将其分为包含数据等在内的多个方面[2]。琼斯在《公共政策研究导论》里,对包含从合法化到评价等在内的11个功能过程进行了细致的阐述和说明[3]。

针对公共措施进行的决策是一种集体性行为,它是政治权的运转变化,依照各种政治流程以及准则来运行。在现代社会中,公共措施决策分为民主决策体制和非民主决策体制两种模式。事实上,非民主决策体制相当于独裁性质的决策,也可以说是"少数精英"派机制,其表现为公共政策的决策或公共物品地供给取决于个人偏好或者是少数人偏好,他(们)对外宣称是代表广大的民众愿望而实行该项政策,实际上保护的也是他本人的权力以及利益,这种体制违背了公共利益,给社会带来不安定因素,社会的公共权利遭到破坏,人民的利

---

[1] DROR Y: *Public policymaking reexamined*. Chandler Publishing Company, 1996.

[2] LASSWELL H D: *The decision process, college park, Md. Bureau of Governmental Research*. University of Maryland, 1956.

[3] JONES C O: *An introduction to the study of public policy* (3rd ed). Brooks/Cole Publishing Company, 1984.

益受损,甚至会遭受灾难和损失。此外,民主决策体系可以分为两种不同的形式,分别是直接民主以及代议民主。如果是前一种制度,那么公共资源的分配应该是由所有的公民进行公投来决议。因此,公共政策以及物品的供应情况应取决于公民的偏好。此决策的成本支出很大,不过可以将公民的偏好很好地体现出来。而在后一种制度下,公共政策以及物品的供应则由公民等选派的代表(比如议员等)来做出最后的选择。选民没有直接参与选择,而是把决策的权利交给了他们所选举出来的代表来行使,这是一种简洁地参与公共决策的程序过程,是公民偏好与政策成本相对一致的平衡设置,还是一种较为同行的政策体制模式。

决策方式体现在政策在决策过程中的科学方式,政治科学是人类社会的科学设置,影响国家社会宪政制度的先进性和优越性。一个科学的政策决策过程,能真实地反映人们对公共政策和公共物品的需求,能真实地反映经济社会中的优良配置或者是配置偏差,也是执政人员实施策略时的一种合法性保障。在制定政策的过程中,政府是怎样关注公众通常比较关注的问题?在形成问题后做出了哪些举措,又是怎样处理的?如何去解释或打开这个"黑箱"并窥探里面的运行规则?这些是学者们一直在研究的问题。而从学者金登的研究成果来看,该议程的设置是为了让相关人员可以集中讨论某些问题,解决举措落实过程中的难点[①]。学者麦金塔仕在"政策生命周期模式"的应用实践中指出,公民参与政策决策的过程主要包括5个阶段,首先即为议程设置,负责政策的制定和修改[②]。议程设置理论是研究学前体育政策制定过程的"前决策过程"的经典理论,对政策如何成为焦点有非常深刻的适用性。在讨论议程的时候,需要专注于行政当局目前所面临的问题,同时忽略一些无关紧要的问题。在这一过程中,关注度是最为关键的变量之一。相关研究对此的解释是,在信息不对称

---

① [美] 约翰·W. 金登:《议程、备选方案与公共政策》,丁煌、方兴译,中国人民大学出版社2004年版。

② MACINTOSH A: Characterizing E-participation in policy-making. The proceeding of the 37th Hawaii international conference on system sciences, 2004.

的时候,因为某些政府部门缺乏对某些问题的关注,从而使其在进行决策时改变,关注点转移就会影响议程的设置。

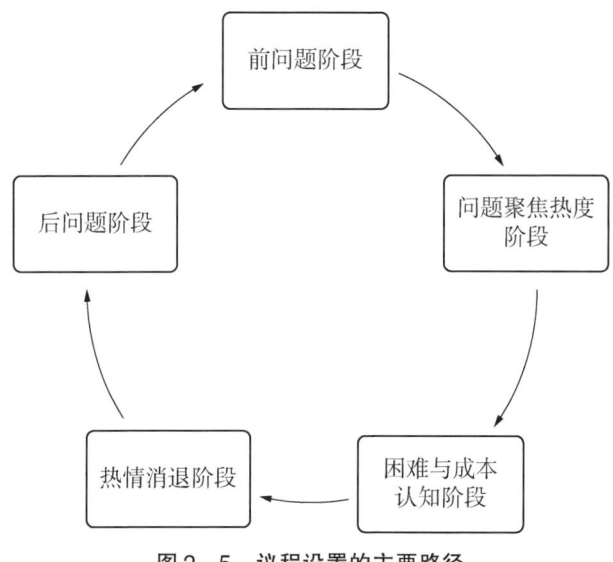

图2-5 议程设置的主要路径

如图2-5所示,议程设置表现为循环的路径,整个议程可以分为5个不同的步骤,处于一种循环的状态,这种连贯性难以被打破[①]。5个阶段是从对问题的假设阶段(即前问题阶段)开始;但随着媒体对相关问题的报道增多,社会的舆论会逐步被引导,从而使民众的关注度增加,舆论发酵后就会反向对政府部门施以压力,这一阶段我们称之为问题聚焦阶段;而在解决问题的时候需要支出的成本和产生的矛盾被外显之后,就到了成本或者困难认知阶段;接着,社会上的媒体会将目光集中到新的社会热点事件而淡忘此前的议题,这就是热情消退阶段;最后,这个问题淡出了社会视野,并且会引发人们对于该问题的深入思考,于是进入了间歇性反复发作阶段。

---

① DOWNS A:Up and down with ecology:The issue attention cycle. In *The public interest*, 1972(28):38-50.

此外，一些研究者将研究的焦点放在做出决策的过程中的时机上，对不同问题的思考方式、对相关支持者的动员，以及对相关制度结构的改变都可能成为转移制定政策的人为因素，从而导致议程设置的变化。同时，大部分激烈的政策变迁是由于混乱、意外、偶然或运气所致。

议程设置呈现的是一个动态性的过程。整个议程步骤涵盖主流的社会媒体较为关注且能引起公众注意力的新闻事件，在透过议程面向多方面的交互作用的同时，议题或者事件的重要性被作为指标和影响人际沟通的因素。著名的学者戴维·伊斯顿认为内部政治体系会回应外界所提出的诉求，这也是整个政治系统运转的核心。不管在什么样的社会环境下，系统中的元素都会影响各类政治作用的发挥。在这套理论当中，我们可以将政治系统分为两个环节，一个是输入，另一个是输出。此外，我们还可以将输入环节分成4个方面内容：一是社会的公共资源分配、税收管理等输入要求；二是政治资源的输入，包括公民投票或者选举结果等数据；三是社会公民借助法律来维护政府的合法性；四是系统当中的管理决策人员的个人影响，也叫内输入[①]。此外，政治系统的输出则主要是指行为管制、优质资源提取、公共产品分配等。

从社会学角度出发，可以发现议程设置往往会根据社会整体性来进行分析，这会倾向于社会问题和发展规律，一些个体的事件发生是难以引起系统变化的。而只有当发生了群体性事件，特别是其中有大型团体加入，政府才会重视这部分群体的诉求。韦伯等学者指出民主管理的重心在于政策主体能够参与政策制定，但是命令型的权力需要控制在最小的范围内，很多核心政策需要全体讨论来决定，而一些日常的事务则交由行政部门来打理[②]。

结合我国的实际情况和政治特点，可以将我国政策议程设置的路

[①] [美] 戴维·伊斯顿：《压力下的政治系统》，载杰伊·沙夫里茨等主编《公共政策经典》，彭云望译，北京大学出版社 2008 年版。

[②] [德] 马克斯·韦伯：《经济与社会》（下卷），林荣远译，商务印书馆 1997 年版。

径分为两类,一类是问题捕获,即具备一定条件的社会问题被政策制定者多次强调,最终被接受。对于社会问题来讲,其无须接受利益主体的引导就能参与议题备选,这也被当作核心议程来进行考虑。另一类是在社会问题被广泛讨论之后,会让利益主体重视该问题的演变,推动政策决定者来解决该问题,促使其出台相关的具体法规以及政策,这个时候问题已经进入多方协商、博弈的过程。在此之后,具有一定条件的社会问题就会进入公共政策的决议过程中,成为议题的备选项。随着我国舆情传播现状的变化,第二类路径在议程设置过程中越来越常见,并且实现有效的政治过程[①]。因此,公共政策的运作可以汇总为一种周期性的构成流程,主要包括以下 5 个环节。一是政策制定,创建议程以及定义问题、策略的制定以及结果的推测等各种时期和环节。二是政策执行,即实施策略的环节,是将政治理念以及观点变成事实的一个过程,包含策略的议定、解说、实验、沟通等时期。三是政策评估,指依照特定的准则以及流程,对相关政策的实施成效进行评价,对其成效、收益以及优势不足等进行判定,找出政策有效或者失败的问题所在,包含评估策略制定、对相关内容进行分析、对评估的成果进行研究以及制定评估报表等。四是政策监控,对于实施政策的环节以及其想要实现的推测目的进行监测和管控,使其权威性得到保证。五是政策终结,即评估实施的政策之后,发现任务已完结,时效已过,运用策略将其终结的手段。随后,新一轮的政策制定又将在此基础上开始,循环往复。

(二) 多源流理论

1984 年,美国著名政治学家约翰·W. 金登在其开展的相关研究中第一次引入多源流理论,其实质是将"组织选择的垃圾桶模型"进行修正后得到的一种全新的模型。此理论的关键点在于其提出的包含问题、政策、政治在内的 3 条源流这个概念。这样的结构由多个方

---

① 崔传奇:《论我国公共政策议程设置的实现路径》,载《管理观察》2019 年第 24 期,第 99 – 102 页、第 106 页。

面构成，它包括问题的选择以及问题受到关注进行决策时的环境两方面的寻找，也包括发现事情需要做的决策者等。与此决策构架密切相关的是相互独立的源流，也就是问题、处理方法、决策人员以及可选项，并且各条源流都有其特征并且关联性并不强。这个模型的逻辑机构包括一些完全不关联的源流，其贯穿整个决策过程，而源流相互间的融合情况在某种程度上造成了很大的影响，也就是说，问题处理方法的融合状况、解决措施的偶尔缺失、不制定解决措施以及决策人员的互动与沟通等决定了最终的结果。多源流理论研究的重点在于制定公共政策的前两方面，即阐述备选措施以及创建议程，它们属于公共政策的前决策环节部分①。

议程的创建即为公共政策过程的第一个时期。根据金登的理论，议程设置是政府人员和外界其他人员保持良好沟通的同时，在某个既定的时间段之内，对公共管理中产生的所有问题依照其受关注不同展开次序排列。其中，多源流理论揭示了决策之前的问题以及背后的规律和要求。一是决策者对各种问题注意力分配的问题，即哪些问题更容易引起决策者的关注而被提上议程，哪些问题不会被关注也形成不了议题。二是在备选方案中，哪些方案可以受到重视而被选中，哪些备选方案则会被放弃。在问题本身成为焦点到受到重视成为备选议案，再到最终为政策决策者所采纳的过程中，内在联系和行为逻辑的过程模型示范，关系焦点和政策的外溢作用。对于这个问题，金登提出了问题流、政策流、政治流这3条会对公共政策决策过程产生影响的源流。从问题流中回应了前面的第一个问题，并不是每一个问题都会被重视，那些指标化、焦点问题、热点事件或者反馈突出的问题更容易浮现出来，引起政策决策者的关注。政策源流中，可以回应前面的第二个问题，并不是每一项政策建议都会被重视。那些符合技术可行性和价值可接受、被公众默认接受、政府官员的接受度更高的政策要比那些缺乏这些标准的政策更容易被采纳。在政治源流中环境和事

---

① ［美］约翰·W. 金登：《议程、备选方案与公共政策》，中国人民大学出版社2004年版。

件并不是相同的，有些群体的资源要弱于另一些群体，相互都有不对等的资源关系，公众的情绪也会摇摆不定，而且在执政官员调整上更有可能发生。

1. 问题源流

问题源流是指为何是某一问题而非另一问题吸引了当局者的关注，是现实社会问题所形成的源流。社会问题是否能引起当局者的关注，可以从指标、热点问题、反馈3个方面进行判断。

(1) 指标

实际上，在形成问题之前，对问题的关注需要相应的指标，具有一定指标就可以表明一些情况。一是指标可以评估哪种状况的重要程度（如一种教育政策的受益人群或者是一个项目的成本），并且用来了解某些状况下发生的变化。变化越重要，越会引来官员和各媒介的重视与关注。二是对问题的变化趋势进行观察与分析。假设指标呈现的问题过于重要，或是形势紧迫，相关部门一定会有所察觉，导致问题被纳入政府议程的进度受到影响。但是，假设出现特殊情况，指标是无法直观地识别出各种问题的，若是在使用之前没有详细鉴别的话，出错是很常见的。基于此，在运用指标判定问题需不需要进入议程的时候，必须关注对其背景方面的深度研究以及判定。

(2) 热点问题

一系列的焦点事件，包括热点问题、灾难、极端事件等可以使公众的关注度从他们原来所关注的事件转向这些事件。最后，政府官员会依据当前阶段项目实施状况的反馈来获得对其的了解，反馈途径分为正式以及非正式两类。识别问题是议程当中至关重要的一个环节。若某个即将成形的政策意见正好和某个重要问题有联系，那此政策进入议程的可能性必将显著增加。除此以外，某些被视为非常紧迫的问题，本身就可能成为独立的议程。

(3) 反馈

事情以常规方式发展下去，制定政策者能够得到当下项目运转状况的数据反馈。他们会对财政、项目的实施以及进展等展开监管,同时对此项目的实施状况和收到的项目运转当中的有关看法及意见进行监控以及评价。这些反馈会在一定程度上引起他们的注意,例如,项目没有按照计划的程序运行,执行不符合某些法律法规的解释,一些新的问题是由项目偏离计划得到的结果呈现出来的。政府官员会通过几种渠道来获取信息反馈,一是对项目进行系统的监控和评估研究报告得到反馈信息,例如,教育部门就是通过定期关注学生的入读数量、幼儿园、中小学生体质健康、高考升学、职业学校就业等数据,来监控教育质量和政策的落实情况。二是相关部门同样会选择经由部分非正式途径获得反馈内容。例如,小区业主对于垃圾处理站和高压电线的抱怨、对于社区医院的医疗条件的不满。基于此,他们获得的部分人员真实反应会更有现实意义。三是政府官员除了可以从公众处获得反馈的信息,也可以通过自身在日常管理中的管理经验,对于管理过程中产生的问题得到某项政策运行的信息反馈。

综上所述,前面提到的3个机制有助于使问题更快地浮现在政府官员的面前,也会大大提高问题进入政府议程的概率。这很直接地体现了政府人员的关注点是在哪一个问题上。一是他们运用指标来权衡评估某个问题的重要程度以及改变。他们对指标的解释过程比对事情的直接评价更为复杂。二是热点事件包括危机、灾害、突发事件、个人经验,虽然热点事件非常重要,但是事件本身要和更确定的指标内容或与其他先前备案中的事件结合,才能形成"有效的事件浮现"。三是反馈能够很客观地提供部分与法律制度或者行政意识不相符的内容,即便对内容进行了处理也是很勉强的。若是某个问题无法被解决,那结果必然是受到挫折,进而去处理另外一个处理难度更小的问题。一些问题之所以会消失,原因在于这类问题的增长率已达到平衡,人们的注意力已经转移,也可以说是人们已经习惯了该类问题的存在。

2. 政策源流

当问题逐步被识别和关注时,与问题相关的政策源流便会出现。

政策源流是指为解决问题而制定、改进和筛选的政策建议、方案和主张。政策源流能对部分备选方案的设计过程进行描述。有效的备选方案即使无法促进问题参与政策议程，也可以通过提供解决方案增加其可能性。由此可见，对于我们国家来说，一定要高度重视当前时期的政策源流构成，因为它是政策意见的提供、探讨以及再次评议和被重视的过程。这个过程多是在专业人员的共同体内所发生的，而这部分专业人士组成的小团体，有可能非常牢固，也有可能极为分裂。这些因素造成的后果表现为政策不连贯、缺乏共同的取向、议程不稳定。金登进行研究后提出，将政策源流和别的源流融合起来是促使问题被选入决策议程的最佳办法。换句话说，对于政策源流来说，其包含的备选措施若是发现了政策意义以及事实问题，可选择运用政治源流的融合，这会比别的方式的融合更高效地加大其选入此次议程的可能性。

对于政策源流来说，从公共措施的前期决策中备选措施的阐述以及创建议程的逻辑和决策参考方的特征看来，备选方案、政策建议以及解决方案都是在专业的官僚机构和人员共同体中产生的，比如学者、政府官员和为政治团体提供服务的分析者等都属于这个共同体。当某项议题进入议程后，在众多可供选择的潜在备选方案中，人们会针对该类问题将关注点逐步聚焦缩小到几项实际关注的备选方案。然而，不同专业的政策共同体也有着很大的差别，他们分为可见的参与者和潜在的参与者，他们彼此之间也会相互联系，从而产生互动关系。可见，参与者实际的指向是政府公开的官员，以及大众媒体。潜在的参与者包括学术专家、政协委员、资深新闻人、无党派人士等。在这两种参与者中我们会发现，可见的参与者对议程有很大的影响力，而潜在的参与者对备选方案有影响力。因此，若是某项政策被可视的参与小组提到，则其被选入议程的概率将会大幅度提高。如果一项政策主题被他们忽视，则被提上政府议程的机会就会大大减少。在这个过程中，政府决策者会从技术可行性、价值可接受度等多方面因素去考虑这些备选方案，并且会对这些备选方案排列顺序，排序越靠前的方案，被选中的可能性就会越大。

(1) 政策共同体与"政策原汤"

在政策共同体内有很多思想的汇集,其中有许多思想在一定的阶段得到了重视。对于这个团体来说,所有的成员都期待自己的提议获得认可,同时也会期待其备选措施最终能够被选定。基于此,他们一定会全力以赴地用自己的理念去说服其他人。在这里有些政策建议会被保留下来,而有些则会被舍弃,或者以某种形式留存下来。共同体内相当广泛的思想都汇集于此,形成"政策原汤",而且这些思想在某种程度上都受到了重视。这个阶段的备选方案要比最后要做出决策之前考虑到的方案更多。"政策原汤"中的这些观点和意见要符合一定的标准和通过检验才能逐渐显现出来。

政策企业家。有一些倡导者的措施类提议和观念会产生巨大的社会影响,这些倡导者被称为政策企业家。这些人也许会在政府的内部或者外部,也许仅仅置身在利益集团中或是某一领域的专家学者。为了加快推进政策建议和备选方案顺利进入决策者们考虑的范围,他们不惜投入自己的资源(人脉、资金、时间、声誉)来实现自身的价值和公共影响力。他们与共同体内的专业人员一样,是推进政策建议和备选方案进入议程的主要力量。从某种程度上来说,他们也具有"催化剂"的作用。

思想的重组。在"政策原汤"中,有许多的政策建议都是可行的,思想会以不同的方式随机受到检验,也会在"政策原汤"中进化,进化不是发生质的改变,而是在某些方面提出重新组合发生的裂变。事实上,全新的理念并非突然产生的,正好相反,人们会将熟知的因素进行重组而变成全新的政策提议。这也在客观上说明了政策思想在"政策原汤"中不是一成不变的,它们会因外部环境的变化或者内部专业人员的重新思考而发生碰撞,从而形成更加理性的新思想。

"软化"。此过程的目的是清除阻碍。对于"政策原汤"来说,当中的思想理念是非常丰富的,并且是呈漂浮状态的,不过其倡导者并不愿意一直处于漂浮状态中。政策思想家通常会为了倡导自己提出的思想而进行游说,通过不同的论坛去说服和"软化"那些受惯性思维约束并且有可能会抗拒重大变革出现的政策共同体，与此同时，他们还会去"软化"更多的公众，使其接受新的习惯或者思想，从而逐步接受相关的建议。

(2) 思想幸存的标准

技术可行性。对"政策原汤"中的理念以及备选措施进行检测的标准之一就是技术可行性指标。对于提出政策意见的人来说，他必须研究细节，将所有的不一致内容一一剔除，高度关注其可行性，还要阐述其在真实运用中的现实制度。可行性就如专业人员经常谈论的大量涉及的执行环节。若政策意见是重要的，最后一定会被高度重视，不过需要将其明显的不足剔除以后方能获得认可。对执行细节的关注有时也未必会对所通过的政策有效，问题常常是很复杂的，政策的制定者不能完全预料到因其行动而产生的所有后果。然而，为了受到更多的关注，政策制定者会对该项提案的各个细节加以推敲，在技术层面相信提案政策的可行性，努力排除各种干扰和异样的情况，使被检验过的可行性高的政策提案留存下来并受到重视。

价值可接受性。想要使备选措施以及理念得到保存，其中一个评判指标就是其价值方面的可行性。留存在政策团体当中的政策意见通常都会与制定政策的专业人士价值观比较相符。不过，专业人士并不完全持有一样的价值观，若是意见不同，将会造成极大的矛盾，严重的话可能会扩展到更大的环境之中。但是，在一些方面，大多数的专业人员会以某种特定的方式来看待世界，绝大多数情况下共同体内部的成员会在价值层面上形成基调一致的偏好。有时，一些政策思想建议与备选方案经过媒体的宣传，可得到公众的支持，具备非常好的群众基础，似乎下一步就能得到实施。然而，这些政策方案如果未能获得专业人士的认同，也不能真正代表主流的思想，最终还是会被淹没在"政策原汤"中，甚至被摒弃。因此，那些符合共同体中专业人士的偏好、符合他们价值观的政策和意见比其他不太符合价值取向的政策方案，获得留存的机会更大。

未来约束条件的预期。由于各种创新措施的开展，政策团体里的专业人士都清楚,若是此政策意见被采纳,必然会有限制。以此逻辑看来,政策团体成员对未来限制条件的推测便成了验证政策是否被采购的最后一个评判指标。有一些思想的前途是"暗淡的",是不能引起专家重视的,而另外一些之所以能够留存下来,是因为这些思想符合专业人士的检测标准。

3. 政治源流

关于议程的高低概率的另外一个释义就是政治源流。政治事件是独立于问题识别和政策建议提出之外的,并按照自己的动态特性和规则向前推进流动。

政治源流的重要元素之一是新一届政府或执政者的更迭。如果新一届的领导班子在组阁之前已经是某些问题的提出者或参与者,那么前一届所关注的政策问题就会得到这一届政府的推行。反之,如果新一届政府强调自己对问题的看法和自己的政策建议时,那么前政府遗留的一些当时重要的政策观点很有可能不会再延续至这一届政府的议程当中,除了原则性的政策。处于政治源流当中,能否达成共识,这个过程实际上就是讨价还价、相互说服的一个流程。在这一过程中,会将整理出来的问题呈现出来,针对这些问题提出相应的建议,并判断这些建议能否达到逻辑检验标准。

国家政策与战略也是政治源流的重要表现。在一定的历史发展阶段,国家一般会基于当前阶段的治国理念和发展战略,对相关公共政策在社会中的作用与功能做出总体规划和要求,具有统揽性和战略性。国家一般不会制定详细的执行标准,而是蓝本式的纲领性文件。在我国,国家在特定阶段的工作路线和任务目标也是由党的执政理念所决定的。因此,议题的轻重缓急是否符合执政理念,决定了问题进入政策议程的先后顺序。地方政府依据中央政府制定的方针政策,根据本地的具体情况制定的相关政策,带有强烈的地方性特征,是对国家政策的实践性补充。

同时,行政系统中的关键人物在政策议程的推进和执行中扮演着非常重要的角色①。这类政策之窗可以分为两种不同的打开情况，一类是由于社会上突然出现了某一类问题，而另外一类则是由于政治源流当中产生了某些突发情况②。我们知道在公共决策当中，政策之窗的出现与关键领导有着莫大的关系，因为问题与政治源流都可以直接打开政策之窗。无论是问题源流还是政治源流主导，政策方案都是议程的必需内容。

关键人物在政治源流形成中是一个变量条件，通常是指最高级别的党和国家领导人通过重要指示、批示、考察和重要讲话，推动紧急或者是非常重大的国家治理问题迅速进入议程通道。关键人物的关注和决策提高了议题和政策建议被采纳的概率，缩短了社会公众议程被识别的时间，使之进入政策议程的流程更加高效。同时，推进被社会关切、民生建议的问题直接向实际政策转化，促使社会焦点问题直接在短时期内快速得到解决。

在重大战略和关键决策的推动下，近年来公众舆论也成了公共政策的政治源流的一大要素。公众舆论并不一定是具体的事物，多数情况下是民众的一些感知，夹杂着很多情绪和盲目的诉求，在受到外力的作用下会变得摇摆不定，政府通过公开收集公众意见，在社区内进行抽样调查，运用互联网媒体、社会运动、定期接待居民代表等方式来感知国民情绪。国民情绪是政治源流中的重要因素之一，公众舆论能有力地促使一些议程在政策议程中获得更多的关注而居于显著位置。同时，可以让更多的项目不会受到社会关注的影响，从而顺利进入议程当中，这些需要加强内部人士对社会舆论的感知能力。

随着互联网的发展和普及，大多数公民更希望能够表达自身的意愿，同时，网络政治参与也成了政治生活的主要渠道，发挥着越来越

---

① 杨志军、支广东：《完全还是有限：政策议程建立的型构条件与耦合机理：基于"关键个人"变量的新多源流模型解释》，载《中国行政管理》2020年第12期，第104—111页。

② [美] 约翰·W. 金登：《议程、备选方案与公共政策》，丁煌、方兴译，中国人民大学出版社2004年版。

重要的作用。公民还可以借助网络与官员对话,并在网络留言板上表达自己对某些问题的观点,从而推动政策的制定和落实。由于网络的高效性、便捷性等比其他的传统媒体更有优势,并且参与自由、约束较少,已成为公众追捧的一种政治参与的重要方式,是公众舆论的主要载体和表达窗口,并且随着网络媒体的高速发展与网络社群的建立,公民网络参与已成为一股强劲的力量,其产生的舆论压力对政府处理一些问题产生了重要的影响。

近年来,多源流理论已经开始被运用于体育政策领域的研究。比如,在新西兰,学者通过对体育政策议程创建的研究,推广了多源流理论的运用①。在英国的拉夫堡大学,体育政策学者在对多源流理论进行有针对性的构建后,运用于研究学校体育政策、体育俱乐部政策以及世界反兴奋剂机构(WADA)政策效能等领域的体育政策议程,创建该领域的开拓性研究②。

(三)倡议联盟框架理论

1. 倡议联盟框架理论的起源

20世纪80年代,来自美国加利福尼亚大学戴维斯分校的保罗·A. 萨巴蒂尔(Paul A. Sabatier)等人在经过一系列研究和探讨之后提出了一个较为完善的倡议联盟框架,对公共政策议程的发展产生了非常大的影响。此外,简金斯-史密斯等人针对政策分析作用开展研究后获取相关结论,与萨巴蒂尔提出的倡议联盟框架不谋而合。因此,两人开始展开合作,对倡议联盟框架理论不断进行完善。

萨巴蒂尔与舒比克(Martin Shubik)等不同的政策研究者经常会进行一定的学术交流,对"阶段启发法"这一政策过程理论存在的

---

① CHALIP L. Critical policy analysis: The illustrative case of New Zealand sport policy development. In *Journal of sport management*, 1996, 10 (3): 310 – 324.

② HOULIHAN B, HANSTAD D V. The effectiveness of the world anti-doping agency: Developing a framework for analysis. In *International journal of sport policy and politics*, 2019, 11 (2): 203 – 217.

问题与缺陷进行讨论。萨巴蒂尔针对这一课题发表相关学术论文，对倡议联盟框架进行系统的阐述。乔丹等诸多学者之前大多针对能源以及环境领域开展相关的政策研究，经过不断地发展与实践，逐渐朝着航空航天、税收缴纳、医疗保健、文化教育、体育锻炼、家庭暴力等相关领域延伸[1]。

从时间维度上来看，倡议联盟框架理论大概经历了3个阶段的发展，可以分别在不同阶段的学术著作中看到其发展过程，主要是1993年的《政策变迁与学习：倡议联盟路径》当中关于政策研究的内容，对传统的政策制度发展方向进行了深入的讨论，并结合了政策处理来探究阶段启发法当中存在的问题和不足，接着对倡议联盟框架的制定和完善来做进一步概述[2]。该理论经过完善后出台了2个版本，即1999年版和2007年版，从而明确了倡议联盟框架中的核心元素，不仅包括系统当中的组织架构，同时还涵盖信念体系。同时，在该工作的基础上，逐步搭建起跟倡议联盟理论相符的基本逻辑流程体系。经过近10年的发展，倡导者联盟框架自身的理论体系更加完善，而且在不同国家、不同领域的实践应用当中汲取了更多的经验论证，对倡议联盟框架理论的完善起到了很大的推动作用。该时期也涌现出一批优秀的学者，如美国著名的政策学者威伯勒（Christopher M. Weible）为此做出重大贡献。在不断修正的过程中对4个基本原则的作用进行了拓展[3]，因此也成了倡议联盟框架的核心特征。在政策变迁过程的分析中，是否符合这4个原则作为理论依据，是判定倡议联盟框架理论是否适用的标准。

构建这一理论框架最初目的是辅助当前的政策过程，同时整合多种政策执行途径，在分析政策过程中引入先进的科学技术，以满足实

---

[1] JORDAN G, SCHUBERT K: A preliminary ordering of policy network labels. In *European journal of political research*, 1992, 21 (1-2): 7-27.

[2] SABATIER P, JENKINS-SMITH H: *Policy change and learning: An advocacy coalition approach*. Westview Press, 1993.

[3] SABATIER P, WEIBLE C: The advocacy coalition framework: Innovations and clarifications. In SABATIER P. *Theories of the policy process*. Second Edition. Westview Press, 2007.

际需求①。我们可以发现，倡议联盟框架是在进步主义跟意识形态等元素优化之后得出的新的框架，其适用性更强。

2. 倡议联盟框架在我国的研究进展

倡议联盟框架在国内的应用早期存在于一些教科书当中，最初是聚焦理论层面的介绍。后经各国研究公共政策的学者的深入研究与探索，丰富了倡议联盟框架的内容和形式，并在实践中检验其效果。国内学者陈庆云、张亲培于2006年和2009年在教科书中对倡议联盟框架进行过阐述。2007年杨代福明确表示，应该对当前现行的政策进行优化与改善②。2008—2010年，关于支持联盟框架运用于研究政策变迁的期刊文献数量显著增加，在理论层面上涌现出大批的研究者。首先，倡议联盟推进了政策的变迁。政策变迁方向自身存在显著的不可逆性，主要是从旧政策开始，朝着新政策不断过渡，或是从之前的坏政策逐渐转变为好政策③。在倡议联盟框架的构建中，不同政策的案例需要进行具体分析与解读，明确在不同的政策语境下，倡议联盟框架的基本特征④。针对政策调整与政策变迁之间的关系，可以将前者视为后果的必经阶段，而政策变迁则是政策调整的长期表现。有学者基于倡议联盟框架的构建对我国高等教育相关的收费制度发展情况进行分析后，对政策变迁中涉及的不同信念体系进行概述，明确外部因素对政策取向变化产生的影响⑤。也有学者基于倡议联盟框架的构建对中国近几十年的婚检政策变迁情况进行论述，针对政策分析做出

---

① ［美］保罗·A. 萨巴蒂尔：《政策过程理论》，彭宗超等译，生活·读书·新知三联书店2004年版。
② 杨代福：《西方政策变迁研究：三十年回顾》，载《国家行政学院学报》2007年第4期，第104－108页。
③ 陈潭：《公共政策变迁的过程理论及其阐释》，载《理论探讨》2006年第6期，第128－131页。
④ 余章宝：《政策理论中的倡议联盟框架及其应用》，载《厦门大学学报》2009年第1期，第26－31页。
⑤ 朱家德、李自茂：《我国高等教育收费制度60年的变迁逻辑：基于支持联盟框架的分析》，载《教书育人（高教论坛）》2010年第18期，第25－29页。

了检验①。总体来说，倡议联盟框架的形成受内部因素和外部因素的影响，同时，行动者的思想与行为等主观因素也会对倡议联盟的构成与稳定性产生影响。因此，需要通过完整的发展过程进行详细的阐述，通过假设的提出与验证，明确其发展概况，并对未来进行展望②。

在倡议联盟中，政策企业家（Policy Entrepreneurs）是起到重要作用的主体③。从问题角度来看，政策企业家会试图去强调突出一些能使问题备受关注的指标，给某些特定问题下定义。因为一些焦点事件可以迅速将议题推向议程中的最高位置，所以政策企业家会着力传递一种能让政策制定者比较容易注意和重视的事件信号。他们还可能通过信件、谏言或上访等方式提出对现行的政府绩效议程有影响的建议。

从政策建议来看，政策企业家在政策软化的过程中显得尤为重要。他们发表论文，举行学术性会议，在公众媒体前接受采访，会见很多官方或非官方的官员和社会人士。他们会把自己持有的观点和想法试探性地抛售，获得反馈，再根据反馈的结果去修正自己的政策建议，并且把这些建议通过一定的方式再度呈现出来。他们的目的是对广大的群众、专业领域人士以及政策共同体进行说服软化。

从与政策结合来看，在政策天窗打开时，政策企业家会积极地参与其中。他们早就有备而来，会将自己最倡导的政策建议在最合适的时间点上全盘托出④。为了达到自身的目标，一般政策的制定者会尽可能地解决问题，利用政治性的力量来推动政策落地，最终实现方案的优化，以取得更好的执行效果。

在制定政策的时候，政策企业家是非常关键的力量。为了能让问题得到妥善解决而进行持久性的活动，政策企业家也会将一些很重要

---

① 张海柱：《信念与政策变迁：倡导联盟框架的应用：以中国婚检政策变迁为例》，载《长春大学学报》2010年第5期，第73-76页。
② 朱春奎、严敏、曲洁：《倡议联盟框架理论研究进展与展望》，载《复旦公共行政评论》2012年第1期，第186-214页。
③ 朱亚鹏：《政策过程中的政策企业家：发展与评述》，载《中山大学学报（社会科学版）》2012年第2期，第156-164页。
④ 陈天祥、李仁杰、王国颖：《政策企业家如何影响政策创新：政策过程的视角》，载《江苏行政学院学报》2018年第4期，第111-119页。

的资源带到冲突状态中,他们会要求有参政议政的权利,尽管这些权利他们已经拥有,但还是要在公众媒体面前强调。他们和政府的官员和工作人员保持政治联系,他们精通谈判技巧,拥有坚忍不拔的毅力。一个行业存在一些政策企业家,会大大增加该行业领域的一些项目被提上议程的机会。如果没有政策企业家的推动和在关键的政策天窗打开时的公关活动,那么,这些项目会很难被提上议程。

在划分政策企业家的类型之前,有必要对政策企业家的类型做一个分析,每个类型的政策企业家都有自身的特点,这些特点也对应着政策议程的影响能力。表2-2对政策企业家做了分类。

表2-2 政策企业家分类[①]

政策企业家类型	具备条件
政策企业家 (Policy Entrepreneur)	一般的社会人员
官僚政策企业家 (Bureaucratic Entrepreneur)	在政府中有正式的行政职位
行政首脑政策企业家 (Executive Entrepreneur)	在政府中有正式职位,扮演领导角色
政治型政策企业家 (Political Entrepreneur)	在政府中有正式职位,扮演领导角色,并且是由选举产生

南希·罗伯茨(Nancy C. Roberts)明确指出,对于不同性质的政策企业家来说,他们对政策变化的理解程度存在差异,结合类型的划分能够引导研究者对重要的参与者对象进行识别,明确哪些人能够影响政策的变化与波动[②]。根据这一理论,政策企业家在政府中拥有的政治地位与他们实际的影响力有着密切的关系,与在推动议程行动

---

① ROBERTS N C. Public entrepreneurship and innovation. In *Policy studies review*, 1992, 11 (1): 55-74.

② ROBERTS N C. Public entrepreneurship and innovation. In *Policy studies review*, 1992, 11 (1): 55-74.

中的主动权也有很大的关系。

综上所述，倡议联盟框架在我国的发展起步较晚，从理论研究到实证研究的发展过程来看，其在学界的适用性很强，表现在教育政策领域、资源环境政策领域上的应用。随着社会的发展和政治体制的改革，倡议联盟在我国公共政策变迁的理论分析运用中越来越多，为教育政策的深入研究提供了有力的理论支持。

（四）政策网络理论

1. 政策网络理论的国外研究

政策网络理论是分析论述政策环节的重要方式之一，也是大部分政策研究中理论办法的核心构成内容之一。因其对政策环节的理论性释义以及分析水平持续提高，现已变成了在政策相关分析中被普遍运用的分析途径以及原理，我国学者也广泛地运用和参考该理论。此理论最早出现在美国，在英国获得了很好的发展，接着在德国等国家日渐成熟，从其发展史看来，外国学者对其进行的研究更广泛，也更具有深度。与多源流理论一样，政策网络理论的诞生和发展都在西方，在中国属于西方舶来品，不同的是，政策网络理论更具创造性、完整性和深入性，国内众多学者也因此在研究范式中对其特别地关注。

美国政策网络的形成从历史的发展和领域研究方向来看，可以分为次级系统和次级政府、议题网络、政策社区和政策网络3个部分（见表2-3）。关于政策网络分析结构的精准出处，在公共政策相关领域并没有产生共同认可的意见。通常来说，普遍认为此概念最早是由英国学者赫柯罗提出。再往前追溯的话，则此概念实际是由英国的学者乔丹最先提出的[1]。因世界各国政治环境以及文化背景等方面的差异，学者们对此概念的实际理解也完全不一样，当前的主流原理包

---

[1] JORDAN G, SCHUBERT K. A preliminary ordering of policy network labels. In European journal of political research, 1992, 21 (1-2): 7-27.

括三大流派①。美国学者以政策次级体系的视角对政策网络的起源进行深入研究,其次级体系以及政府的理念可当作是相关研究的观念起点。早在1939年欧内斯特·格里菲斯就在《民主的绝境》中分析政治主体,基于微观视角对其存在的影响关系进行论述,主张关注个体互动,忽视政治机构带来的影响。对政策网络这一先进概念的重要性进行强调,能够引导人们扩展政策过程研究的范围和层级,包括有着共同价值观和紧密信任所主导的价值联盟。美国的赫柯罗第一次提出议题网络这一概念,他运用此概念界定并解释了政策次系统的本质。自此开始,欧洲的学者也渐渐关注这一方面,从而促使其获得了快速的进步和较好的发展②。关于三方互动的观点构成了次级政府概念中的"铁三角"理论,在三角关系中,任何一方的行动者都需要另外两方的支持,才能在政策中获得胜利。彼得斯提出,这种三角性质的关系本质上是一种相互交换。

表2-3 美国政策网络思想的形成

次级系统和次级政府	议题网络	政策社区、政策网络
美国政策研究大量使用"次级系统"或"次级政府"这类词语,主要是强调利益集团、官僚机构和政府官员的经常接触和联系,它们构成次级系统、次级政府的基础	用于表示政策过程中存在的较松散的社区,以此说明政策系统的可预测性和井然有序的安排,已经在利益集团的不断增加、公共政策领域的持续拓宽以及政策制定过程专门化等变化中遭到破坏	为政策领域中主要政治和行政行动者之间人际关系的总和,政策社区围绕共享的理解框架发展而来。政策网络并不是指具体行动者之间的相互关系,更多是广泛意义上的组织类别,比如国家、社会部门和社会联盟之间的关系

① RHODES R A W, MARSH D: New directions in the study of policy networks. In *European journal of political research*, 1992, 21 (1-2): 181-205.

② HECLO H: *Issue networks and the executive establishment*. American Enterprise Institute, 1978.

对于英国来说，其政策网络重点是创建在相关利益方以及其与政府机构关系的持续性上，是关于多元以及合作两种主义的一种批评或优化。也有着两种代表性的途径，其中一种途径的代表人物是理查德森和乔丹，这一团体受到美国传统理念的影响至深。另一个代表人物是罗茨，他提出，政策网络的理论实际上是源于这个国家对政府以及对利益方之间研究的重视，此网络极为重要的内容之一就是政治架构间的联系，在其促进之下，美国的铁三角以及议题网络渐渐被政策网络取缔，在相当大的程度上，其参考的是德国机构间关系原理分析，弃用了美国方面的分析。罗茨模型即由他所创造，在关于政策网络的所有阐述与说明当中，它的阐述是完整和全面的，所以他被世人称为这个国家政策网络研究的集大成者[1]。在其模型里，政策网络当中的社区是非常特别的一种，对行动人员能够配置的资源和特殊社区的价值系统以及其战略方针进行关注，这是对其社区进行分析时需要做的事。在美国，一些州政府会倾向于研究政策社区中涉及的价值系统，同时还会深入分析系统中各方的观点。此外，英国以及其他欧洲国家的相关研究特点也跟美国相似，参见表2-4。

表2-4 罗茨模型与政府间的关系研究[2]

网络类型	网络特征
政策社区领域社区 (Policy community/Territorial community)	稳定性，高度限制的成员资格，纵向相互依赖关系，有限的横向联系
专业网络 (Professional network)	稳定性，高度限制的成员资格，纵向相互依赖关系，有限的横向联系，服务于专业人士利益

---

[1] RHODES R A W, MARSH D: New directions in the study of policy networks. In *European journal of political research*, 1992, 21 (1-2): 181-205.

[2] RHODES R A W, MARSH D: *Policy networks in British government*. Clarendon Press, 1992.

(续表 2-4)

网络类型	网络特征
政府间网络 (Intergovernmental network)	有限的成员资格,有限的纵向相互依赖关系,广泛的横向联系
生产者网络 (Producer network)	变动的成员资格,有限的纵向相互依赖关系,服务于生产者利益
议题网络 (Issue network)	成员众多且不稳定,有限的纵向相互依赖关系

罗茨的模型把 5 种不同类型的政策网络以连续体的方式呈现,分别采用了融合度、稳定性、排他性,并以此反映不同类型的政策网络。罗茨构建的模型与政府间关系研究成了学界的焦点。对其来说,网络政策主导利益主要包含经济利益、专业化利益、政府利益等形式。政策社区的概念可以表述为,或是由政府主导,或是对政策社区全部成员自身的实际利益诉求进行最大化的满足。不管之前怎样,其都会受时间因素的影响,导致政策社区产生重要的利益关系。罗茨模型对各种概念既进行了逻辑内涵的梳理系统化,又提供了理论分析基础和框架,为政府网络的研究提供了方向性的指导。

德国和荷兰对政策网络的定义则是从比较宏观的角度进行的,他们主要是用来对国家、对人民以及对社会间的联系进行的研究和阐述。20 世纪 80 年代,随着欧洲社会的巨大变化,私营部门、行业协会、非政府组织的高速发展,政府在这一过程中担任的角色实力逐渐减弱,从而造成了部门之间有了更加密不可分的联系,而国家跟社会的概念却无法得到修正,变得更加模糊。另外,国家的行政机构会在社会公共事务的处理方面与民间组织紧密合作,搭建起庞大的社会运行体系。跟以往的政策执行有着很大的区别,政策网络是一种更为高效的治理模式,它能使市场以及政府的失灵得到有效弥补。

有些学者在 1992 年的 *European Journal of Political Research* 上发表了一系列有关政策网络研究的文章。其中,荷兰学者范瓦登对政策网络进行了完整、细致的类别划分,并对其各利益团体间表达以及沟通利益诉求的各类办法进行了研究和介绍,还从成本控制的角度,基于政策过程中尽量减少交易成本来分析不同的政策利益者之间的互动关系。通过深入分析此网络种类造成影响的7个维度,他认为此网络行动人员的特点极为重要,其重要功能以及各利益团体间的权益平衡也是需要重视的。这两个角度大致勾勒出了该网络的主体部分,因此,网络类型主要取决于此维度,并且很大概率会对政策过程获得的成效产生较大的干扰[1],具体的模式分析详见表2-5。德国学者马克斯·普兰克从围绕行动人员机制来对政策的网络以及结果间的关系进行深入分析,他重申了国家以及人民团体间共同治理的联系。他提出,由于发展越来越多元化,在日渐复杂的体系之下,国家部门仅仅依赖自身具有的权力来进行治理是不够的,一定要与别的社会团体进行资源共享与合作,这样才能更好地处理以及解决国家公共方面的问题,进而以更强的实力来面对将来变幻莫测的挑战。

表2-5 政策网络的德国与荷兰模式

维度	内容
行动者	在行动者维度中,最为重要的变量就是网络参与者的数量,这一条件决定了网络的大小。政策网络受其中行动者类型的影响显著。虽然政策网络中的行动者只是个人,但这其中的大部分人也扮演着十分重要的组织代表角色,因此,这一部分行动者也可以被视为组织
功能	政策网络最常见的功能包括疏通决策过程的参与通道,咨询或信息交换,协商或资源动员(资源、行动交换),协调行动者的独立行动,在政策制定、执行和合法化过程中进行配合
结构	政策网络结构指的是行动者之间的关系模式,主要有网络大小、边界、成员资格类型、联系方式、关系的强度及能量、密度等指标。这些不同的结构特征勾勒出不同的政策网络类型基本形状

[1] VAN WAARDEN F. Dimensions and types of policy networks. In *European journal of political research*, 1992, 21 (1-2): 29-52.

(续表2-5)

维度	内容
制度化	制度化水平是网络结构特征之一,制度化水平较高的成员,资格是强制性的,网络参与者之间的联系是有序的,彼此间关系呈现出高强度、高密度和对称性特点,成员资格彼此间有交叉,领导权也相互有联系,并且存在一个政策中心单元。反之就是松散的,政策中心点分散
行为准则	规则与参与的行动者的角色认知、态度、利益、社会及教育知识背景等因素有关,同时也影响着这些因素。对网络中关系的理解有两种:一种是竞争敌对的,一种是期盼充满机遇的。在利益冲突情况下,协商是解决问题的常用方法,也是对准则的维护
权力关系	政策网络通常也是权力关系,是特定的权力分布,不仅是网络的特征,而且也可能成为网络结构变化的动力
行动者战略	战略通常意味着建立某种结构,这就影响了网络的结构形成,网络结构经常随所涉及组织的内部结构的变化而变化,而这些内部结构的变化可能是战略变化的一种表现

综上所述,世界各国在不同的政治经济制度的差异体中,对应本国不同的文化学术传统,对政策网络的研究也不尽相同。对于英国学者来说,他们更重视对中观层面的研究,关注的重点是由各利益团体和一些政府机构构成的政策网络,同时对该网络内部成员间的沟通联系以及此网络架构对政策形成环节造成的影响进行分析。以上研究思路为我国结合本国的政治经济文化环境,进行的政策网络的研究提供了很好的借鉴。

2. 政策网络理论在我国的研究进展

政策网络理论在西方特有的政治体制环境中的场景运用和实际操作中积累了大量的经验。由于我国特殊的政治环境和体制,在政策网络理论的适用度上受到更多学者的重视和关注。一些学者还专门梳理了最近几十年来的研究成果,从而为我国国内的公共政策研究打下了很好的理论基础。

在20世纪初,我国学者开始针对公共政策"碎片化"的问题开展基于政策网络分析的研究[1]。国内学者对于政策网络理论的研究主要分为两个方面。

一方面,对政策网络理论的由来以及介绍。有学者以理论视角细致地阐述和说明了中央跟地方之间权力归属的问题,同时在此基础上考虑两地政府的协作以及交流,政策网络能够起到极好的推动功效[2]。政策网络属于非常特殊的一类政策制度,并且被认为是政策执行的核心影响因素之一,不属于自由市场机制的一种,也不属于官僚阶级性质的制度。朱亚鹏对外国学者与此有关的理论研究进行了整理,总结了西方政策网络理论流派和争论焦点,并对政策网络理论构建以及这一范式解决我国复杂化问题做出了解读。政策网络已经逐渐成了我国公共政策研究的重要内容,政策网络工具及其功能为推动我国公共政策的发展提供了新的分析视角,特别是其中的政策企业家模型对我国公共政策有较大的理论和实践意义[3]。任勇等学者在落实政策的时候探讨了政府跟利益集团之间的关系,同时明确了政策网络涉及的治理模式。另外,在分析政策网络的过程中,我们需要研究各大内部组织信息交流的过程,最好能够构成长期的依存关系[4]。我们知道,在政策制定中,多元主体和利益联盟同时存在,政策网络模型决定了其属于何种模式[5]。

---

[1] 石凯、胡伟:《政策网络理论:政策过程的新范式》,载《国外社会科学》2006年第3期,第28—36页。

[2] 张世贤:《中央与地方政策网络之研究》,载《第一届公共行政与政策学术研讨会》,2002年。

[3] 朱亚鹏:《公共政策研究的政策网络分析视角》,载《中山大学学报(社会科学版)》2006年第3期,第80—84页。

[4] 任勇:《政策网络的两种分析途径及其影响》,载《公共管理学报》2005年第3期,第55—59页、第69—95页。

[5] 鄞益奋:《利益多元抑或利益联盟:政策网络研究的核心辩解》,载《公共管理学报》2007年第3期,第43—49页、第123页。

王春福提出政策网络的运行机制与政府的执行能力密切相关，是提高政府治理能力的理论基础①。同时，研究还将政策网络理论与其他理论的概念相融合，进一步探究政策网络理论在我国适用性的问题②。政策网络在政策制定、政策执行、政策变迁研究方面的成果在中国政治问题解决中越来越有实践研究的价值③。将政策网络与社会网络紧密结合，从而增强政策网络的相关解释能力。④ 这当中，在资源依赖基础上搭建的网络链接体系也证明了该理论是可以被应用到社会当中的，取决于政策变迁与发展过程中哪一条路径具有更好的解释⑤。

另一方面，学者们通过案例分析就政策网络理论具体的应用和实践进行了研究。段颖立将政策网络理论作为工具研究中国高校扩招政策，从高考扩招的政治、经济、社会因素的政治环境开始，深入分析内部的各个高考政策参与的行动者，解读了各方面的关系和利弊。公共政策并不只是政府与利益集团的互动结果，包括传媒、公众等在内的广泛主体都可以而且事实上也确实参与其中⑥。彭勃、邵春霞以城市安全政策为例，提出要建立除正式体制性权力和组织为基础以外的更多类型的政策网络，从单一的政治权利依赖的政策网络发展到共识性可持续资源的网络结构转变⑦。政策网络理论也被应用到跨区域政

---

① 王春福：《政府执行力与政策网络的运行机制》，载《政治学研究》2008年第3期，第82－89页。

② 刘海燕、刘蕊：《国外政策网络研究：概念逻辑、研究内容与研究展望》，载《中共南京市委党校学报》2010年第5期，第59－63页。

③ 蒋硕亮：《政策网络：政策科学的理论创新》，载《江汉论坛》2011年第4期，第80－84页。

④ 唐云锋、许少鹏：《政策网络理论及其对我国政策过程的启示》，载《中共浙江省委党校学报》2012年第28卷第2期，第40－45页。

⑤ 范世炜：《试析西方政策网络理论的三种研究视角》，载《政治学研究》2013年第4期，第87－100页。

⑥ 段颖立：《中国高等学校扩招政策分析》，载《中国青年政治学院学报》2007年第5期，第130－134页。

⑦ 彭勃、邵春霞：《服务型公共政策中的合作机制：以城市安全政策为例》，载《上海交通大学学报（哲学社会科学版）》2007年第1期，第24－31页。

府部门间的合作问题研究，基于跨区域政府合作的必要性和与存在的问题，通过政策网络的发展，可以形成网络化多级联动体机制，促进多元主体共同参与的格局①。刘双良、杨志云在分析房地产市场时引入政策网络理论研究多个利益相关者的角色定位，在政策网络中的利益关系和权属范围，提出合作治理的模式来预防房地产行业的风险集聚问题②。政策网络理论还可以分为动态和静态两个层面，详细分析公共政策各类行动者构成以及策略制定者之间的联系③。一些学者把政策网络系统中的两个不同流派——网络利益以及治理应用相互结合。例如，在制定保障性住房的政策当中，不管是中央政府还是地方政策，都进行了深入的探讨和研究，发现了网络主体和网络利益之间的互相博弈和互动，提出了政策的制定和执行两个方面存在的问题④。在对流动儿童所在城市的教育资源利益方和供给方的政策网络分析中，可以发现多个执行主体和利益主体目标群体，具有复杂关系，由此带来了流动儿童义务教育政策执行中的困境⑤。在对我国庞大的流动人口公共卫生政策的研究中，运用政策网络理论可以探讨政策制定的主体与重要参与者，将牵涉该政策的中央各部门与地方各部门，包括社会团体和国际组织从结构关系到利益诉求，再到对互动关系分层次进行研究，可以形成弥补制度缺陷的包容性政策网络体系⑥。

---

① 毕丽华、李灿林：《基于政策网络治理模式下的区域政府间合作》，载《当代经济管理》2009 年第 31 卷第 8 期，第 27 – 30 页。

② 刘双良、杨志云：《风险积聚、政策网络与合作治理：房地产风险的合作治理模式分析》，载《中国行政管理》2010 年第 6 期，第 104 – 107 页。

③ 朱春奎、沈萍：《行动者、资源与行动策略：怒江水电开发的政策网络分析》，载《公共行政评论》2010 年第 3 卷第 4 期，第 25 – 46 页、第 203 页。

④ 谭羚雁、娄成武：《保障性住房政策过程的中央与地方政府关系：政策网络理论的分析与应用》，载《公共管理学报》2012 年第 9 卷第 1 期，第 52 – 63 页、第 124 – 125 页。

⑤ 侯云：《流动儿童义务教育政策执行的复杂性：基于政策网络视角的研究》，载《教育科学研究》2012 年第 7 期，第 38 – 41 页。

⑥ 朱亚鹏、岳经纶、李文敏：《政策参与者、政策制定与流动人口医疗卫生状况的改善：政策网络的路径》，载《公共行政评论》2014 年第 7 卷第 4 期，第 46 – 66 页、第 183 – 184 页。

政策网络理论在近年来也被运用在体育领域的研究中。欧洲学者在研究体育商业赞助中包含的媒体和政府、商业组织、中介机构时，就运用政策网络理论结合现代商品形态，厘清了这几个方面存在的相互关系，进一步论证了体育赞助价值和交换是一种政治关系①。英国学者运用政策网络理论分析了英国体育方案中地方伙伴关系形式和相关的政策过程，探讨了伙伴关系中的互动以及伙伴关系对政策发展的影响②。其他学者从政策网络的视角研究体育组织中的社会企业家是如何形成一个网络群体的，研究发现，在共同的网络中，各方的利益诉求不仅是要实现双赢而且还要相互依赖，网络的重要性值得重点关注。③ 国内学者在老年体育政策研究中应用了政策网络理论，首先提出老年体育需求与政策供给不足的矛盾，又进一步通过政策网络的嵌套分析了老年体育政策网络中府际网络、政策社区、专业网络、议题网络是如何互相活动、进行博弈的内在机制，并提出了相应的调适建议④。沈翔从体育政策的研究前沿与范式，探讨了嵌入政策网络理论对于研究体育政策各种参与主体间的利益与互动性，提出了体育政策分析与政策科学分析的学科交叉带来的新的研究视角⑤。

综观国内学者的研究，他们在对西方的政策网络理论进行了系统介绍和比较的基础上，完成了对政策网络理论的引进和介绍。同时，从政策网络理论本身的具体研究方面拓展了政策网络理论在我国的实

---

① GIRGINOV V, SANDANSKI I: The politics of sport sponsorship: A policy network perspective. In *European sport management quarterly*, 2004, 4 (3): 123 – 149.

② LINDSEY L: Local partnerships in the United Kingdom for the new opportunities for PE and sport programme: A policy network analysis. In *European sport management quarterly*, 2006, 6 (2): 167 – 184.

③ BJARSHOLM D: Networking as a cornerstone within the practice of social entrepreneurship in sport. In *European sport management quarterly*, 2019, 19 (1): 120 – 137.

④ 毛中晗、黄馨平：《我国老年体育政策的执行困境与破解：基于政策网络理论》，载《天水行政学院学报》2020年第21卷第5期，第56 – 60页。

⑤ 沈翔：《体育政策分析的理论运用现状与趋势概观》，载《武汉体育学院学报》2020年第54卷第9期，第16 – 26页、第63页。

际应用效果开展研究方面①。该领域的研究已经从对西方理论的阐述与解读，到具象的研究，再到实际案例的运用分析和总结，形成了我国政策环境语境下的政策网络的研究路径与方法视角。

（五）多源流框架下的政策网络嵌入模式研究

1. 对多源流理论的修正

约翰·金登的多源流理论在西方公共管理理论中举足轻重，其对政策制定过程的前决策过程的研究做出了巨大的贡献②。经过几十年的发展，随着社会的变迁组织机构的多元化，会发现多源流框架本身也存在一定的问题，随着社会进步发展，多元化、复杂性的问题凸显。对于社会经济文化的多角度和系统性的研究从来没有固定的研究范式。特别是在中国的语境下，随着市场化的快速发展，复杂的社会形态可能使多源流框架下的研究视角显得"力不从心"。其核心问题在于，在动态发展中的政策决策形成变数更多③。在金登的多源流框架当中，问题源流、政策源流、政治源流都是独立构成的模式状态，这也是多源流最为核心的观点之一，但是，在中国政治生态系统当中，从诸多的问题和实证当中会发现，各个源流间并不是独立的存在，而是相互之间有交错，并且在三源流中有先后权重之分。假如三源流之间存在着交织或从属关系，那么在经验世界中到底是怎样的？当三源流交汇时，政策之窗又是如何打开的？而后的进程是怎样的？这些问题并未得到回答。事实上，这些问题本身都会回归到多源流的框架之下，很难对其做出清晰的解答，由于金登在多源流设置中的源流具有复杂性、模糊性，这就导致了其具有一定的局限性。回归到研

---

① 孙柏瑛、李卓青：《政策网络治理：公共治理的新途径》，载《中国行政管理》2008 年第 5 期，第 106－109 页。

② ［美］约翰·W. 金登：《议程、备选方案与公共政策》，丁煌、方兴译，中国人民大学出版社 2004 年版。

③ ［美］约翰·W. 金登：《议程、备选方案与公共政策》，丁煌、方兴译，中国人民大学出版社 2004 年版。

究中国问题的本身，多源流理论框架的本身是具有政治科学的范式，尽管在理论的发展和适用度上会有差异，但是就多源流框架的使用而言并不能离经叛道，而是需要根据现实的情况加以一定的补充和修正。

2. 多源流中政策网络的嵌入思考

在公共管理学当中，着重关注的两个概念就是治理与政策。不管是从庞大的治理体系来考量，还是从具体的实施工具来分析，政策的落实都是一个涉及多方面行政体系的过程，政策网络机制跟传统政策执行有很大的差异。从理论到实践的检验过程中，只有在分析政治、政府以及政策之后才能对治理目标的体系以及能力建设问题做出回应。换句话说，不管是从宏观叙事的大政方针，还是到谨小慎微的议题草案，探究其背后的真相都要从具体的政策过程中切入。

多源流框架在对解释中国特有的政治体制下的一些问题会遇到"水土不服"的情况。需要在适应中国政治生态体系中进行补充和修正。文宏认为，在我国国内的决策当中，多源流模型的构建和应用主要表现在多个源流相互融合过程中，以及某些社会焦点时间的临时决策等不同的路径，这些路径相互结合，可以有效地提升多源流框架在实际应用当中所发挥的作用[1]。在目前的城市治理当中，网格巡察政策被很多学者当作现实的案例进行研究，其中，容志等学者就认为在打开了"政策之窗"后，受到公共政策的影响，基层的执法会碰到问题源流等不通过的问题，而此时落实政策源流能够起到很好的效果，产生正面积极的影响。这一研究成果也从侧面反映出决策层在制订方案的时候会相互影响，并对最终的结果形成产生深远的影响[2]。以上这些研究成果反映出关于源流的各类方案，同时也明确了源流当

---

[1] 文宏、崔铁：《中国决策情境下的多源流模型及其优化研究》，载《电子科技大学学报（社会科学版）》2014年第5期，第12－19页。
[2] 容志：《基层公共决策的多源流模型与特点："网格巡察"政策的实证分析》，载《晋阳学刊》2012年第3期，第35－42页。

中的匹配关系，并通过探究多种不同的修正路径来进一步确定核心变量。因此，我们在进行政治决策的时候，会碰到多种复杂的问题，牵涉各种不同的影响要素。孙志建等学者在综合了多种不同的观点之后，重新审视了多源流模型，然后将流变要素进行分解，最终以线性形式来展现出来①。在保持三源流特性不变的前提下，我们可以加入一些嵌入型的要素对模型进行修正和完善，达到理论相互连接自洽的效果，这也是多源流框架最终能得到优化的理论基础与现实意义。所以，我们可以将这项理论跟其他体系进行深度结合，并且分析议程当中涉及的各项流程，这当中还包含了对政策网络理论的理性解析。

  作为独立于科层制、市场制之外的具有显著特点的第三种政策模式，政策网络的核心观点在于进行有效的网络治理。政策网络建立在非正式协调基础之上，使公共和私营两个部门的政治资源都被更加积极地调动起来，以此来有效地弥补市场以及政府方面的不足之处，从而解决市场失灵以及政府失灵的问题。在多源流框架中，通过政策网络研究的视角评估不同政策流、问题流和政治流中的参与者之间的动态互动，会在每个流中产生不同的网络配置②。假设政策网络理论与多流理论的混合将创建一个更强大的概念工具箱，那么通过网络管理概念化和框架理论的见解，可以进一步增强此工具箱。在政策网络中行动者分别位于各自的政策环境，有着各自的身份地位，并且具备极为复杂的利益关系，在政治圈、专业圈、府际圈、生产者圈、议题圈的网络结构当中，基于彼此互动作用的关系，会在多源流框架当中构成源流要素。换句话说，源流当中的关键性指标的形成是在网络互动中产生，形成了基于修正中的要素整合。一些学者则是从要素嵌入角度出发把各类不同的要素融入框架中，从而实现对多源流框架的优化，让这个框架能够更好地符合我国的国情，发

---

① 孙志建：《中国城市摊贩监管缘何稳定于模糊性治理：基于"新多源流模型"的机制性解释》，载《甘肃行政学院学报》2014年第5期，第28-43页。
② LEEUW E, HOEIJMAKERS M, PETERS D T J M: Juggling multiple networks in multiple streams. In *European policy analysis*, 2016, 2 (1): 196-217.

挥出更大的作用①。

在公共政策处理的过程中，以上所提到的政策网络以及多源流等理论都是经典理论，并且对公共政策在形成和执行中遇到的问题都有着很重要的支撑作用，这主要包括了两个方面的重要作用。一方面，政策网络理论基于网络的思想，选择政策网络中包含行动者自身表现出来的影响力与特点作为研究基础，对公共政策设计与实施过程中参与者之间存在的影响关系进行分析。另一方面，多源流理论主要针对公共政策制定的实际过程进行研究，内容为：一是作为政府官员，怎样对公共问题中包含的指标进行关注，如何进一步将问题纳入决策议程的；二是在制定备选方案时，需要如何基于政策原汤对其进行详细的阐述。多源流理论框架选择三源流作为出发点，对其"政策之窗"的汇合情况进行分析，侧重于关注政策在形成过程中各源流的走向和影响程度，同时明确政策企业家在推动议程设置中扮演着什么样的角色和发挥着什么样的作用。假设政策网络理论对政策制定相关的网络圈层给予更多的关注，那么作为不同圈层中的行动者则须发挥应有的作用。

由此可见，这两种理论对于研究公共政策具有互补性和聚焦性。借助多源流理论的合理应用对公共政策的实际制定过程进行分析，此时由于缺乏对公共政策的深入理解，应该基于多个视角开展研究与论述，比如学习流程的设计以及网络思想的表达等②。因此，将这两种不同的理论有机结合，便可形成分析公共政策制定过程中的新视角，且具有相当的必要性。

此外，针对政策网络和多源流的理论交叉点，其政策共同体和网络行动者所要表达的基本概念较为相似。首先，在阐述多源流理论政策流时，会涉及多种政策共同体，比如专业人员、政府的官员以及相关利益集团等。上述提及的政策共同体被政策网络的网络成员体系包

---

① 杨志军：《从垃圾桶到多源流再到要素嵌入修正：一项公共政策研究工作的总结和探索》，载《行政论坛》2018年第4期，第61-69页。

② [美]约翰·W.金登：《议程、备选方案与公共政策》，丁煌、方兴译，中国人民大学出版社2004年版。

含在内。对于网络行动者来讲,其成员主要涉及大众媒体、公民以及网络媒体等。其次,多源流理论在对备选方案进行分析时,会倡导政策企业家和政策共同体等基于自身存在的影响力和对优质资源的掌握而赋予了政策方案一定的生命力,掌握资源越多的人员越有影响力,其提出的政策方案在政策原汤中的生命力就越强,进入决策议程的机会就相应越大,缺乏资质的人员一般不存在明显的影响力。基于多源流理论和政策网络理论的有机协调,能够保证公共政策的研究呈现显著的可行性和必要性。

针对这一情况,本书将上述两种理论进行有效的结合,以此为基础,对我国当前阶段幼儿体育政策的制定与实施过程中存在的问题进行分析,能使问题的核心本质更加明确,并以此设计有效的处理方案。在政策的认定中,政策过程的核心在于政策问题的界定,也就是说哪些问题符合政策问题的基本条件。决策过程实际上是一个博弈的过程,什么议题可以进入议程当中,什么政策议题会在一定条件下被排除在外。博弈的过程有可能会受外在特定事件的影响而发生改变,在长期战略中会获得更多的利益。某个事件(如对中国申办奥运会或亚运会这样国际影响力比较大的赛事)的政策实施达到的外溢性强,会以收益大的项目作为制定体育政策的决策依据。

政策执行与政策设计的各项活动息息相关。在上述活动的开展过程中,需要基于当前的实际需求设立专项的服务组织,或是部门、局、处、科等机构组织,或是对当前机构中相关人员进行重新分工,明确各自的职责。对于上述提及的新组织,应该基于现阶段的法律法规进行转换,以可行的制度或准则形式发挥重要作用。除此之外,他们还应该做好人力资源的合理配置、制定协议、争取编制、确定福利制度并执行任务。

政策评估是政策执行的最后一步,是决策者对制定的政策进行评估,判断其是否能发挥应有的作用,是否能达成预期的目标,需要对所需的成本进行衡量,明确可能发生的后果。上述关系可以理解为一种反馈关系——基于对现阶段践行政策的客观评估,对新政策实施过程中可能出现的问题进行明确，从而作为新政策的制定与修订的主要参考依据。政策评估可以概述为一个动态的过程，客观、细致、合理的评价政策能显著影响目标或非目标。不仅如此，还需针对现阶段以及今后的真实收益进行综合的评估与衡量。

综上所述，政策过程模型解释通常可以分为问题确定、设计议程、形成初步政策、政策合法化、执行落地、评估反馈等。但是在现实的政策过程中，这些都不是统一规划、按部就班、井然有序地开展的。相反，这些过程可能是同时发生的。很多不同的公共政策机构与主体、政治家、官僚、利益集团、学者、媒体、公众人物等，可以在同一时间参加好几个政治议题，也可以只参加一个。因此，政策网络嵌入多源流的理论分析模型可以推动对幼儿体育政策形成过程及其问题的研究，从理论角度为问题分析打开了视野，形成的思维模型有助于更加清晰地分析幼儿体育政策，在回应问题的基础上，探究幼儿体育政策的形成方式和过程。同时，对此框架的运用和研究也可以推进多源流与政策网络这两个公共政策领域传统理论的修正与演进。

四、研究问题与分析框架

（一）文献总结

本章从文献分析的视角对国内外学前教育及幼儿体育政策的相关研究进行了完整地阐述，并对怎样使用公共政策的研究进行了细致地说明，最后介绍了本书将会用到的政策过程及其理论依据，以及当前的研究状况。首先，从议程设置理论的角度出发，对我国学前教育政策的形成做了理论的梳理与文献的检索，在政策形成的前决策过程中，解释当局行政部门为何会在一段历史时期内忽视学前教育，不重视学前体育教育，而在近段时期又重视并关注起来。在设置议程的过程中，需要重视注意力这个重要的变量，强调政府机构在分配注意力方面对政策的影响。如果出现信息不完全的迹象，那么缺乏足够的注意力会导致政府决策出现考虑问题不全面等不足，并深度解释了学前教育政策制定年代的政治、经济、文化发展的社会时代大背景下的发展关系。

其次，运用议程设置理论与多源流模型研究该项议题的适应性和切实性。文献中关于幼儿体育政策的梳理，学前教育政策是一个渐进发展的过程，关注儿童身体与健康发展是学前体育的核心问题。对学前体育从问题被识别、被接纳并被排入议程这一系列决策过程的研究表明，政府已经开始准备制定政策解决学前体育教育问题，从政策议程内外部的触发机制上，科学地判断了对学前体育问题在形成议程中的符合政策形成的客观条件，并且从政策的指定数量与效力的历史演进中，观测出政府的关注力随时代社会的发展进步而发展。最后，基于多源流框架中政策网络的要素嵌入，针对幼儿体育政策议题，从内部源流中的互动关系、各个行动者的力量对比来研究政策在决策过程中的触发要素，以及在推动过程中的主要动力机制，并结合我国的国情和行政体制特征，对本书的政策研究做出适应性分析，使实证分析具备系统的理论基础以及实践引导。

就本书的研究问题而言，幼儿体育政策在公共政策与公共行政学科的研究中目前还未引起人们足够的重视。一是对于学前教育体系是否具有公共服务属性意见不一，由于历史原因造成的普遍性认知，我国学前教育在改革开放之前一直是由民营或者单位机关承担，为解决本单位职工或者辖区居民社区儿童保育而设立的带有内部福利性质的看护机构。政府行为和职能无从体现①。一直到我国国内学前教育在2017—2020年计划方案明确之后才得以完善该体制系统，基本建成广覆盖、保基本、有质量的学前教育公共服务体系②。二是教育界对幼儿的体质健康与体育运动的关系认知理念滞后。改革开放之前，对3～6岁儿童的教育是以生活式的保育为

---

① 洪秀敏、朱文婷、张明珠：《我国学前教育政策研究的回眸与展望：价值取向、研究范式与核心主题》，载《学前教育研究》2020年第4期，第11－20页。

② 薛二勇、傅王倩、李健：《学前教育立法的政策基础、挑战与应对》，载《中国教育学刊》2019年第12期，第37－44页。

主,直到 2000 年后才提出了学龄前儿童五大领域发展的教育目标。2017 年 1 月,国务院颁布的《国家教育事业发展"十三五"规划》中指出:培养幼儿健康体魄为主要内容,并列入五大领域健康范围排在第一位,同时强调幼儿教育要坚持以游戏为基本活动①。幼儿体育的育人理念才被广泛的认识,相应的政策才被推出。对幼儿体育理念从含糊不清到逐步清晰再到积极推行是一个渐进发展的过程,幼儿体育政策研究本身的意义重大与否,不仅在于学界对该问题的学术价值与前沿的理解和创新理论的构造,而且从现实层面对这一问题的界定和研究也带着普适性和必要性的色彩,更进一步对复杂化、边缘化问题的揭示是对重大问题以"小切口"的方式进入一般性理论的构建和拓展,有益于学科领域的延伸。由于现有的关于幼儿体育政策的文本非常有限,且大多包含在学前教育政策、青少年体育政策和国家人口大健康政策文件中,对于幼儿体育专项性的文本和规定还没有细则,对于研究来说是一个剥茧抽丝的过程。在此背景下,需要用系统的公共政策研究方法探究中国幼儿体育政策的形成和执行,基于事实性的数据材料,对多源流的形成、政策网络行动者的行为逻辑和执行中的调整进行系统的研究分析。因此,本书提出以下研究问题和分析框架。

(二) 研究问题

基于上文对我国学前教育和幼儿体育的政策系统分析,以及公共政策过程的多源流理论与政策网络分析,本书提出以下研究问题。

◎ 我国幼儿体育政策发展的不同阶段中,多个源流是如何相互作用,其间的逻辑关系如何?

◎ 多源流在中国幼儿体育教育政策的分析框架中,其适用性如何?各源流之间的独立性和相关性形成何种结构?

◎ 多源流框架中的问题流、政策流、政治流的各个行动者如何

---

① 孟庆光、王惠山:《新中国幼儿体育政策的分析与建议》,载《北京体育大学学报》2018 年第 41 卷第 9 期,第 36 - 42 页。

在政策网络系统中进行互动？同时，在市场化的复杂环境下如何影响我国幼儿体育政策的发展，并使之进行调适？

（三）分析框架

本研究将从多源流理论的角度，分别从问题流、政策流、政治流探究幼儿体育政策的形成路径，以及政策议程具备的必要条件。同时，运用多源流和政策网络的结合模型，梳理分析政策形成的各方力量的作用，结合我国公共政策形成的惯性条件，全面客观地提供研究定位和分析路径，并对多源流理论中国化的应用进行修正和补充。此外，结合实证中大量的一手材料，论证模型对政策过程形成的解释度，从而对客观事实做出现实的回应，提出政策建议，并回应理论的解释力和适用性。

一方面，本研究详细阐述了幼儿体育政策在多源流中的形成条件；另一方面，通过具体案例分析方法，就政府内部的协同关系、政策网络中的主要行动者以及市场对公共政策的反应与调适进行探讨，在行政部门权力，由"独家"到"合作"的职能转变过程中，对学前教育这个领域的现状进行了剖析，从而对应研究了幼儿体育政策相关的职能部门，对跨部门合作中的实践与经验进行科学的研究。对今后我国学前教育政策有效地制定，以及幼儿体育政策顺利地进入政府议程和决策议程给予必要的指导。此外，在运用多源流框架研究中国幼儿体育政策时，对由幼儿体育产业市场高速发展带动的幼儿体育培训机构数量、幼儿体育赛事的增多，企业、行业协会、体育俱乐部、政府部门联合办赛的多元结构，参与幼儿体育赛事的人群和举办地的逐渐扩大等市场化现象进行补充分析；在幼儿体育政策多源流分析框架中，探讨了幼儿体育产业市场与企业成为嵌入问题源流、政治源流、政策源流的一种变量，对幼儿体育政策多源流的流变因素具有很大的影响。

多源流理论可以有效地分析政府公共行为，探讨政府行为背后的原因以及其对社会子系统、各阶层的影响；探讨社会各层面的制度安排对于政府治理过程和公共政策的影响以及评估其预计后果和非预计后果。多源流理论在经济、社会及教育等热门领域使用的频率非常高,但我国当前的幼儿体育研究还处在初期的探索阶段,一直没有形成完善、健全的研究标准。目前,我国针对幼儿体育政策开展的研究与实践虽然取得一定的成绩,不过对比国外的先进政策,其政策梳理以及相关研究标准还需继续深化改革,应该运用科学的研究方法对其进行系统的分析。本书在汲取以往研究经验的基础上,用科学的理论解释现有的政策现象,为幼儿体育政策现有的问题建言献策。

同时,本研究发现,作为源自西方公共政策分析的理论,多源流理论在解释我国相关公共政策的适用性和实效性时需要进行补充。在幼儿体育政策分析中,研究发现政策网络在多个源流中的嵌套,影响了源流的形成及其对公共政策之窗开启的作用。同时,我国幼儿体育的制定和实施环节,都受到市场化的冲击和调适,成了政策网络形成和发生作用的重要因素。只有通过对这些因素的系统分析,建立中国语境下的政策模型,才能得到我国幼儿体育以及其他公共政策效果不佳的理论和实践研究发现。

本书从幼儿体质现状与幼儿体育政策议程设置入手,利用政策过程理论和多源流视角分析3个源流难以交汇、"政策之窗"难以打开,最终幼儿体育权缺失的原因。在充分了解政策现状之后,本书利用政策网络理论分析了幼儿体育政策中政策网络的环境和网络行动者的特征,进一步厘清各网络行动者在多源流中的行为如何导致幼儿体育政策的缺位,并深入考察了政策网络中政府部门的关系以及市场化发展对我国幼儿体育政策执行的反应与调适。在充分剖析当前幼儿体育政策问题的深层次原因基础上,本研究结论丰富了公共政策过程的分析框架,具体的分析框架如图2-6所示。

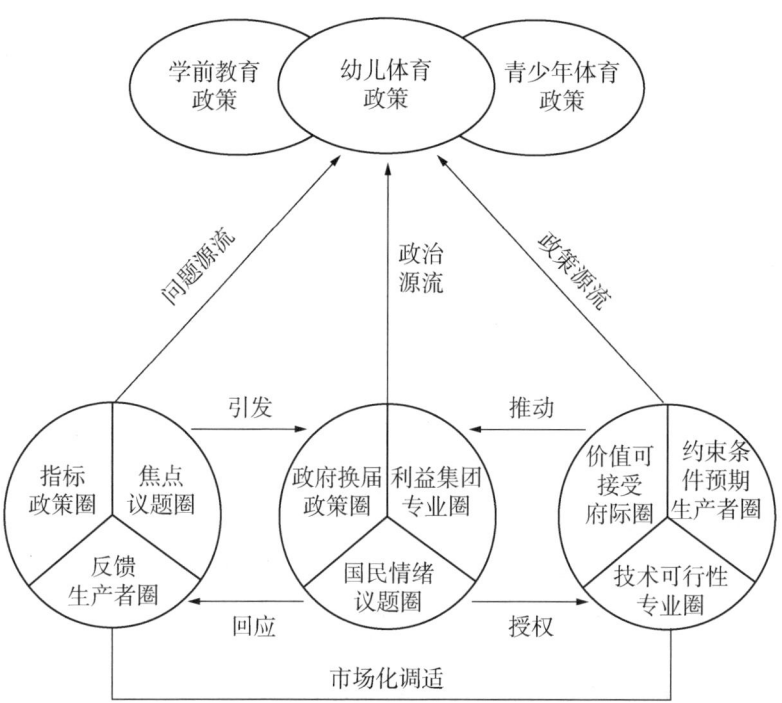

图 2-6 本研究分析框架

第三章 我国幼儿体育政策的发展

一、我国学前教育政策的发展背景

(一) 我国学前教育的政策体系

自新中国成立以来,我国学前教育政策在时代变革的洪流中不断地被探索、发展和完善。1951年,我国出台了第一部关于学前教育的公共政策——《关于改革学制的决定》,将学前教育定位为我国教育体系中的基础教育范畴。然而,学前教育并未被纳入义务教育的范畴,再加之国家对义务教育政策的偏重,造成了学前教育发展的长期滞后,形成了我国教育体系中的短板。进入新时代后,学前教育公共政策也加快了发展的进程,以适应新的形势。党的十九大强调,"应该优先发展我国教育事业,保证教育体现较高的公平性""重视学前教育的发展,保证孩子们可以接受高质量且公平的教育"[1]。2021年5月,我国正式执行"三孩政策",允许一对夫妻可以最多生育3个孩子。在"三孩政策"的推动下,《中共中央国务院关于优化生育政策促进人口长期均衡发展的决定》正式发布[2],做出实施三孩生育政策及配套支持措施的重大决策,从优化、包容和保障等方面落实相应的配套措施,推进我国重大生育政策调整。在此基础上,学前教育成了我国"三孩政策"的配套支持措施的重要部分。

一言蔽之,幼有所育,民生所向。我国知名学者孙绵涛明确指出,教育政策的制定可以概述为一个体现一定目的性和组织性的发展

---

[1] 习近平:《决胜全面建成小康社会 夺取新时代中国特色社会主义伟大胜利:在中国共产党第十九次全国代表大会上的报告》,人民出版社2017年版。
[2] 《三孩生育政策配套支持措施来了》,见中华人民共和国中央人民政府 (http://www.gov.cn/xinwen/2021-07/22/content_5626517.htm)。

阶段,是政府践行教育事业发展所设计的行动规范和参考依据[①]。吴志宏表示,"教育政策的概念应该概述为,政府在落实教育目的的过程中设计的与教育事务密切关联的行动依据和参考准则"[②]。结合诸多研究成果进行分析可知,多数学者主要基于上位政策或是从政治层面出发,对教育政策的基本含义进行解析。在本书中,笔者结合教育政策的核心内涵,定义学前教育政策的基本概念,提出将学前教育政策理解为处于特定阶段中,国家以及相关教育部门设计的与教育相关的指导方针,具有重要的实践价值。

从人的终身发展观来看,对人的成长影响最为巨大的当属学前教育,这也是我们提倡终身教育的起点。学前教育政策被认定为学前教育事业实现科学、健康、可持续发展的前提条件。21世纪,学前教育成了党和国家高度关注的教育领域,被视为基础教育最为重要的组成部分之一。学前教育公共政策按照其功能侧重点主要分为4个方面的内容,一是学前教育的整体政策,二是学前教育师资管理政策,三是保护学前教育的相关政策,四是财政政策。这当中,保护政策主要是针对幼儿自身生命安全以及健康成长的核心内容,涉及学期教育事业发展过程中的体、智、美方面的育人作用要求[③]。学前教育服务体系将身体健康列为第一重要的,并且课程设置中将体育、游戏放在首位。高质量的学前教育可以保证大多数的儿童接受启蒙教育,同时也为儿童的下一个学制阶段、义务教育的普及打下良好的基础,中央和地方各级政府从上至下颁布了一系列政策法规,继续增大财政投入,完善健全制度体系,从科学化、规范化的方向引导学前教育事业的发展,基本形成了符合中国国情的、由公办体制与民办体制等多重并举的学前教育公共服务体系。

学前教育政策具有重要作用,其必须作为教育政策的核心内

[①] 孙绵涛:《教育政策学》,武汉工业大学出版社2009年版。
[②] 吴志宏、陈韶峰、汤林春:《教育政策与教育法规》,华东师范大学出版社2003年版。
[③] 彭海蕾、王楠、姚国辉:《中国学前教育政策发展历程及其特点研究》,载《教育导刊(下半月)》2010年第3期,第7—11页。

容,发挥应有的作用。其概念可以表述为,国家处于特定时期内,为了完成学前教育目标,为了保证学前教育得以发挥培养人才的作用,对学前教育的战略方针进行有效的落实,结合针对部门或个人的实际情况和相关行为准则制定的相关规定[①]。学前教育政策内容主要包括办学财政管理、教师队伍建设以及其他的设施管理等政策。另外,这类政策的制定和影响主要是从高位入手,突出顶层设计及其部署。

(二) 我国学前教育发展的历史沿革

我国学前教育事业的发展是一个曲折的过程,从新中国成立后到党的十一届三中全会这段历史时期,国家对学前教育的投入和关注是不够的,经过改革开放40年发展,学前教育才逐步地走上正轨。党和政府在政策的发布过程中,也标志着学前教育政策的历史阶段性的发展。具体有以下5个关键性的时期。

党的十一届三中全会做出了实行改革开放的重大决策,号召全国统一部署,重新重视学前教育。1979年,国务院正式颁布了《全国托幼工作会议纪要》,要求各界加强对婴幼儿的保健育工作。文件指出,培养有着健康体魄和良好智力品格的下一代,是与国家命运和民族前途息息相关的根本大计。1981年,教育部正式发布了《幼儿园教育纲要》,希望能够借助这份草案来提出探索提升办园质量,合理安排幼儿的学习和发展。同时,为了进一步防止幼儿教育过于成人化,纲要还对教育的内容和方法做出了明确的规定,以及制定了教学规范,要求全国统一实行。此阶段(1978—1988年)是学前教育政策的重塑阶段,主要政策的颁布议程的设置是由政治源流推动打开"政策天窗",在政治源流的权力网络结构中,促使政策的最终制定。

改革开放的头十年,中国的政治经济文化在变革中不断调整,以求能够跟上市场发展的动态,完善经济体制的相关建设,从而实

---

① 杨莉君:《学前教育政策法规概论》,湖南师范大学出版社2008年版。

现中国特色社会主义的经济体制快速发展,并取得卓越的成效。1988年,国务院出台了加强幼儿教育工作的指导意见,提出要提高幼儿教育的质量,同时提高在职教师的培训水平,从而确保这部分师资力量能满足幼儿日益增长的教育需求。国家教育委员会对学前教育工作的要求表明了幼儿教育的重要性,不仅需要严格的办学资质,同时还应该加强师资储备。1989年,国家教育委员会就出台了规范幼儿园教学工作的试行标准,希望从事幼教的工作人员能够提高自己的责任心,承担起爱护幼儿的责任,并通过自学和参与培训来提升自己各方面的能力,为促进幼儿的健康成长打下良好的基础。此外,该标准还进一步明确了办园的各项规定,从设备到保育设施等有非常详细的要求。国家教育委员会还出台了《幼儿园管理条例》,并明确指出每一位从事幼教工作的教师都需要完成幼教学业,同时要经过教育行政机构的认证。幼儿的保育工作不仅仅是照顾幼儿,同时还包括促进幼儿各方面成长。1989—1996年是学前教育政策的规范阶段,这一时段的政策以规章性、制度性的文件居多,由核心圈的权威部门和行政最高机关颁布政策,政治流主导推行政策制定,政策的推进和形成是非常高效的。

  在迎接新千年世纪之交的重要历史时期,我国的各项经济指标和行业有美好的前景,各行业也呈现出一片欣欣向荣的景象。1997年,国家教育委员会组织出台了"九五"幼教事业发展的目标落实计划,并在其中明确提出,幼教如果要能跟随市场经济体制,就必须以多种不同的方式来完善幼教工作的管理,提高幼教教育的质量,另外,在入园率方面也需要提升。进入21世纪之后,我国更要实现幼教事业的现代化,并跟国际标准接轨,在这样的理论指导下,国家对学前教育的投入更大,也更重视学前教育的发展和进步。2003年,国务院提出了要推进幼教事业的改革,并在相关的指导建议中指出:从事幼教工作的老师应该和中小学的老师享有相同的待遇;按照法律的要求来保障幼教教师参与评选,保护他们在社保、工资等方面的权益,从而提高幼教团队的凝聚力;进一步鼓励多种形式的办园模式,以公办园为标杆示范。政府在法规上建立学前教育完善的保障制度，进一步提升入园率。1997—2003 年是学前教育的发展阶段，在邓小平同志关于发展教育的重要指示基础上，政府层面发布大量的政策纲领性文件，进一步贯彻和落实文件内容，从上到下统一部署，有较为强烈的政治指导性，政治流与核心圈起着至关重要的作用。

2004 年，为实现党的十六大提出的历史任务全面建设小康社会，进一步推动社会经济跟科技深度融合，从而为今后的现代化建设做出更大的贡献，教育部颁布了 2003—2007 年的教育战略计划，当中明确了要提高教育的公平性，同时借助信息化工具来改变城乡教育水平相差过大的现状，提高农村偏远地区的教育水平，让不同的教育能够更好地适应市场经济的发展。2007 年，国务院出台了"十一五"教育规划，希望利用这五年的时间来提升教育质量，同时平衡城乡之间的教育资源分布，大力推动《中华人民共和国义务教育法》（简称《义务教育法》）的落实和应用。此外，该规划认为巩固义务教育制度，需要以多项不同的举措来优化教育管理制度，为国家建设一支高素质的团队。2003—2008 年是学前教育政策的调整阶段，在"科学发展观"的指导下，为进一步推动建成社会主义小康社会、促进教育公平、巩固义务教育的发展，学前教育政策虽未有详细的提及，但国家在较高位的义务教育中强调了入学率和《义务教育法》的实施，政策源流中的专家学者，对义务教育人口增加、进一步贯彻《义务教育法》更加关注，从而为学前教育的进步打下了良好的政策基础。

2010 年，我国政府对学前教育更是提出了多种指导性意见，并提高了学前教育在教育体系当中的地位，以多种不同的方式来增强学前教育资源，拓展渠道，并进一步增加了该领域的投入。为了解决学前教育当下存在的矛盾和问题，政府出台了多种有力的举措来丰富教学资源，并且加快幼教基础设施的建设，从而提升幼教的教育质量。2011 年，我国针对儿童发展颁布了《中国儿童发展纲要（2011—2020）》，从维护儿童平等的受教育权、保护儿童利益等多个方面来促进儿童的全面健康发展，同时强化了政府在推动儿童教育现代化过程中所需要担负的责任。2016年，教育部出台了幼教工作的新规程，该规程提出幼儿园是整个教学体系当中非常重要的环节，需要贯彻落实幼教方针，同时依据幼儿的身心发展规律来推动幼儿全方面发展，提高幼儿各个方面的能力。这项新的规程也正是对1996年规程的优化和完善，融入了新时代的需求，从德育角度来突出幼儿品行的培养。2018年，中共中央、国务院发布了《关于深化学前教育改革规范发展的若干意见》，并且加大了对学前教育的重视程度，完善当下的学前教育机制，希望能够通过健全保障体系的方式来推动学前教育普惠，缩小教育的城乡差距，将学前教育安排到更为重要的位置，并计划在2020年学前教育的入园率期望超过85%，到2035年则实现全面普及教育。2020年，教育部颁发了学前教育法律草案，认为学前教育是义务教育的起始点，因此，学前教育在整个国民教育系统当中扮演着非常重要的角色，也是社会公益事业的组成部分。我国应该落实3年学前教育机制，并且提高学前教育的质量，为推动儿童健康全面发展打下良好的基础。此外，习近平总书记在多次重要讲话当中也明确了学前教育的重要地位，我们需要不断健全完善学前教育的相关法律法规，规范学前教育的手段，经过充分调研之后来优化学前教育体系，从而让更多的儿童能够享受到公平、公正的现代化教育服务。

2010—2020年是学前教育的快速成长阶段，也是改革开放以来学前教育政策出台最频繁的时期，问题流、政策流、政治流在此阶段不断涌现，并且形成了耦合和相互作用，最终推动学前教育法草案的出台，使学前教育政策的法律保障的完善推进了一大步。

政府在特定的历史时期，针对学前教育发布了一些重要文件。从一定程度上看到国家在发展过程中，政策的指向性和引导性非常明确，从时间维度来看，中间也有缓慢发展的时期，但随着改革开放的进一步深化，学前教育政策的指导文件数量不断增加，权力效力也逐步提高。

我国的学前教育政策与其他教育政策是一个渐进式并行发展的过程，但又有所不同，其原因是在国家战略层面的关注点是随着时代发展而不同。在我国的制度环境下,政策特点表现为以政治源流引发打开"政策天窗"。幼儿体育包含在学前教育中,学前教育政策的发展实际上包含了幼儿体育政策,两者是相辅相成的。了解学前教育政策的形成过程,本身也是对幼儿体育政策的梳理。下一节中,对于学前幼儿体育政策将从具体的或包含了幼儿体育政策的文本当中进行总结和分析,并从多源流框架对整个政策的形成脉络进行研究。

二、我国幼儿体育政策的历史沿革

从政策范围的角度来看,幼儿体育政策是学前教育政策的一部分,并且在学前教育中处于非常重要的位置。随着国家人口战略和健康中国战略的部署实施,幼儿体育在学前教育当中的作用会越来越受到关注。2017年,全国范围内至少有1200万适龄幼儿无法入园[①]。学前教育包含了幼儿体育,幼儿体育政策是学前教育的一个重要组成部分,从政策从属关系来看,学前教育政策是对幼儿体育政策的总体规划和方向指导,幼儿体育政策是对幼儿园开展幼儿体育活动的细则规定和要求。学前教育政策与幼儿体育政策既有包含关系,又有从属关系。

(一)幼儿体育政策的定义

从体育政策的角度来看,我国学者对其定义尚未达成一致,研究者或相关文献主要从"行为准则"的角度研究体育政策的价值与概念,例如,马宣建认为,体育政策可以概述为"处于特定时期内党和国家政府针对体育事业的健康发展所设计的行为规范"[②];王曙光、金菊认为,体育政策的概念应该界定为"国家基于体育活动的开展,

---

[①] 姜勇、庞丽娟:《我国普惠性学前教育公共服务体系建设的突出问题与破解思路》,载《湖南师范大学教育科学学报》2019年第4期,第51-58页。

[②] 马宣建:《从奥运战略到协调发展战略:中国、苏联有关体育政策发展变化的比较研究及启示》,载《哈尔滨体育学院学报》1990年第3期,第5-6页。

以及体育事业的健康发展所制定的行为规范和参考准则"①。这些观点都指出，体育政策以详细的策略或措施的形式出现。体育政策是指政府在践行国家体育目标的过程中设计颁布的，与体育事业健康发展息息相关的指导方针或策略规范。体育政策的含义应该表述为，国家实现体育发展目标过程中制定的参考原则以及有效措施②。部分学者对体育政策的概念进行了界定，将其表述为和体育存在密切关联的策略、原则、措施和方案等。多数学者表示，"体育政策主要是指国家政府以及体育部门，实现体育健康发展目标时制定的基本原则和有效措施"。在实践过程中，国家体育总局、卫生部以及教育部等针对年龄处于3~6岁的幼儿先后开展基本的体质监测，对其测试指标体系进行完善与升级。2000年，国家体育总局与其他相关部门选择年龄处于3~6岁的幼儿群体、青少年学生群体以及老年群体等作为研究对象，对这些群体进行体制监测。此次研究一共有53万多人参与，包括4.96万个幼儿样本，针对身体形态、体能等多种不同的指标进行测试。

  我国幼儿体育是在学前教育内容细分中的一个重要组成部分，由学前教育部门及幼儿园组织实施。由于受到学前教育发展大环境的制约，幼儿体育还未能被单列出来进行发展。但是在国民体质健康进入国家战略层面后，人们意识到幼儿体育对幼儿体质健康有不可替代的作用，在此双重因素的叠加影响下，幼儿体育政策的出台应该被视为幼儿获得体育权利和体质健康的必要保障③。相比国外将幼儿体育纳入法律层面的做法，我国在法律、法规上并没有对幼儿体育做出规定，导致相关政策执行功能效率不高、评价不严、资源不均，这对幼儿的成长发展极其不利。

---

① 王曙光、李维新、金菊：《公共政治学》，经济科学出版社2008年版，第408-409页。
② 杨青松：《我国体育政策研究述评》，载《武汉体育学院学报》2011年第1期，第19-23页。
③ 吕武：《改革开放以来我国学前教育政策嬗变的动力变迁及其优化路径：基于多源流理论的考察》，载《现代教育管理》2018年第2期，第45-50页。

在国家近年来颁布的国民教育规划当中，我们可以发现学前教育的内容占比越来越大，影响力也更为突出。其中，在学前教育当中，核心教学内容就包含了幼儿体育。什么是幼儿体育？我国关于幼儿体育的记载已有上百年的历史，但是截止目前还没有一个对幼儿体育的权威定义。对幼儿体育的解释实际上要从理解什么是"体育"一词开始，体育的含义很广，广义的解释是，通过身体的各项活动，对机体和体质进行针对性的练习，从而达到健康的生理水平，在这一过程中心理与意志同时得到强化的教育。在英语中，"体育"主要包括"sport"和"physical education"。"sport"意指体育的运动方面，宽泛地说就是与身体有关的各类练习以及运动，"physical education"意指其教育层面，关于幼儿的教育实际上包含了美、体、智等多方面、多层次的教育。为了改变现状，2016年国务院颁布了《"健康中国2030"规划纲要》，并在同年将这份重要文件设定为建设健康中国、指导幼儿健康发展的战略纲要。该文件的制定与实施涉及国家发改委、国家卫生计生委、财政部、国家体育总局、人力资源社会保障部等多个部门和机构，由国家食品药品监管总局以及生态环境部等负责初期的起草与编制，将幼儿、青少年人群的健康体质提到了重要的位置，是针对当前我国幼儿园、中小学阶段儿童青少年体质下滑做出的规划要求与解决方案，做出了强化体育课和课外锻炼的重要部署。这也是政府为了遏制幼儿、青少年人群体质下降所做的重要举措，成了引导中国国民对自身的身体健康进行多层次解构的文件，并且逐步构成了各个不同阶层群体健康成长的基础。另外，该纲要还明确指出需要将体育以及健康等产业进行深度融合，构筑普及健康社会、完善健康保证，构筑大健康与大体育的综合概念。这一概念面向青春期的少年儿童，在纲要中提出了学校内外相结合，传统项目和休闲活动相交互，体育公共产业和体育事业相融合的观点，体育兴趣爱好被纳入竞技中，以体育技能指导和健康行为规划相结合作为实施路径。

（二）我国幼儿体育政策的背景、要义及实施路径

从20世纪80年代开始，我国青少年和幼儿教育开始慢慢起步，蓬勃发展。随着我国政治、经济、文化、人口发生结构性的变化，普惠性学前教育政策应运而生。2017年6月13日，中共中央政治局委员、国务院副总理、国务院妇儿工委主任刘延东主持召开了促进儿童健康发展的座谈会。会议强调，教育工作者应对习近平总书记提出的理论观点进行深入学习，在实践中贯彻落实，从政治高度上和战略措施上规划儿童事业，为幼儿办实事，促进幼儿身心健康发展和快乐成长①。

《"健康中国2030"规划纲要》中强调，全国范围内需要实现学前教育的基本普及，将其确立为教育发展的核心目标，明确政府与学前教育稳定发展之间的关系，概述学前教育的内涵和意义，引导幼儿养成良好的习惯，开发幼儿智力，在学前教育事业发展过程中实现自身的健康成长。国家对学前教育的逐步重视，为学前教育领域中各类问题的解决带来了新的契机②。在学前教育的各个方面，幼儿体育在学前教育"五大领域发展"中位列首位③。作为人生奠基，幼儿体育不仅能够强健孩子的体魄，提高他们的健康水平，而且在塑造孩子健全品格和培养其健康心智方面都有着不可或缺的重要作用。而相关的法律法规以及国家政策，更是保障幼儿体育教育权利实施的重要环节，"恰逢其时，起点补位"的政策是幼儿体育在新时代学前教育政策改革中的重要定位。

---

① 《刘延东主持召开促进儿童健康发展座谈会》，见中华人民共和国中央人民政府网（http://www.gov.cn/guowuyuan/2017-06/13/content_5202248.htm）。

② 王妃、张颖：《我国学前体育发展现状及对策研究》，载《体育世界》2016年第5期，第81-83页。

③ 葛新斌、付新琴：《多源流视域下学前教育供给侧结构性改革政策议程探析》，载《教育发展研究》2017年第24期，第43-50页。

1. 我国青少年体质的相关政策：幼儿体育政策的背景

国家和政府为了遏制青少年和幼儿身体素质健康状况下降的趋势，在2007—2017年出台了与青少年体育工作相关的一系列政策（见表3-1）。2007年，党中央、国务院出台了《关于加强青少年体育加强青少年体质的意见》，也叫作"7号文件"，这是新中国成立以来首部由党中央、国务院制定的青少年体育教育相关的重要文件。这份文件进一步明确了体育教育的关键地位，同时也加大了在体育教育这方面的资金和人力投入。2016年，国务院出台了《关于强化学校体育促进学生身心健康全面发展的意见》。该意见指出，现代化教育需要重视体育课程的开发和创新，增加课外活动等体育教学内容，丰富学生体育锻炼的形式，以运动竞赛等方式来提高青少年的综合体质；选择足球、田径等重点项目作为青少年必须参与的体育课程内容，提高学生对体育课程的兴趣，增强他们的身体素质，建立学校、家庭等多层次、不同阶层、不同年龄的青少年参与组织。

表3-1 我国学校体育政策背景、要义及实施路径

颁布时间	政策名称	政策背景	政策要义	政策实施路径
2007年5月7日	《中共中央、国务院关于加强青少年体育增强青少年体质的意见》（中发〔2007〕7号）	2005年全国学生体质与健康调研结果显示，我国学生健康状况（视力、肺活量、身高、体重等）不良和运动素质（速度、爆发力、耐力等）持续下降，引起党中央、国家和社会高度重视	实施《国家学生体质健康标准》，开展阳光体育活动，学生学业减负，每天锻炼1小时，开展体育运动会，健康生活方式，健全体育设施，加强家庭和社区体育，督导评估	新中国成立以来第一部由党中央、国务院下发的青少年体育工作文件。该政策以学校体育工作为青少年体育工作的主要阵地，有效地提升了学校体育的功能、作用和地位

(续表 3-1)

颁布时间	政策名称	政策背景	政策要义	政策实施路径
2016年5月6日	《国务院办公厅关于强化学校体育促进学生身心健康全面发展的意见》（国办发〔2016〕27号）	党的十八大以来，党中央、国务院高度重视学校体育工作，其对实现中华民族伟大复兴的中国梦具有重要意义。针对学校体育认识不足、体育课和课外活动质量不高、体育师资和场地缺乏等问题，提出顶层设计	完善体育培育课程、不断提高教学水平、深化改革课外锻炼教学；通过开展业余训练并且完善现有的竞赛体系来构建青少年训练以及竞赛体系；加强师资力量、推进体育设施的建设、完善经费投入机制、健全对风险的管理机制、整合各方资源构建基础保障体系；通过完善考试评价制度和加强教学质量监测构建评价体系	该意见拓展体育课程、课外活动等多元化青少年体育内容；采取运动竞赛、技能提升、群体活动等多样化青少年体育方式；遴选了青少年重点发展的集体项目（足球、篮球、排球等）、基础项目（田径、游泳、体操等）、冰雪项目、优势项目（乒乓球、羽毛球等）和民族民间体育项目（武术等）；建立了学校、社区、家庭等多样化的青少年参与组织

(续表 3-1)

颁布时间	政策名称	政策背景	政策要义	政策实施路径
2016年10月25日	《"健康中国2030"规划纲要》	在工业化、城镇化背景下，我国居民工作和生活方式已发生变化，引发因体力活动减少而带来的体质状况下降、心血管疾病、糖尿病等慢性非传染性疾病；同时，健康服务事业和产业供给不足与需求增长的矛盾依然突出	从体育促进全民健康素质的层面，构建由场地、组织、活动、指导、教育、产业等为核心内容的全民健身体系，尤为重要的是将体育作为提升全民健康素养的重要途径；以体育促进青少年身心健康出发，制定了到2030年学校体育场地达标率为100%，青少年学生参与中等强度活动3次/周以上、学生体质健康测试优秀率25%以上的具体指标	该规划纲要将体育融进普及健康生活、优化健康服务、完善健康保障、建设健康环境、发展健康产业的重要内容，构建了"大健康"和"大体育"的概念。针对青少年体育发展，可提炼出以学校体育活动和课外体育锻炼相结合、以传统体育项目与休闲运动项目相结合、以体育公共事业与体育产业服务相结合、以体育兴趣爱好和体育技能提升相结合、以体育技能指导和健康行为规划相结合的实施路径

(续表 3 – 1)

颁布时间	政策名称	政策背景	政策要义	政策实施路径
2017 年 4 月 13 日	《中长期青年发展规划（2016—2021 年）》	该政策规划将体育作为促进青年（14～31 岁）健康的首要举措，将青年健康与青年思想道德、教育、文化等作为发展领域，并提出具体的发展目标和措施	在体育教育方面，执行《国家体育锻炼标准》和《国家学生体质健康标准》，提升体育课质量。在全民健身方面，培养爱好、提升素质、掌握技能，使民众养成终身锻炼的习惯	该规划提出以体育运动提高青少年体质健康，构建了由学校体育课程、课外体育活动、社区体育等各类体育社会组织组成的青年参与平台

2019 年，国务院出台了《体育强国建设纲要》，明确指出要通过体育锻炼来增强青少年的身体素质，强健其体魄，构建由学校体育课程、课外体育活动、社区体育等各类体育社会组织组成的青年参与平台，关注幼儿的体育教育，对相关政策以及保障体系进行完善；采取有效措施开发建设多元的幼儿体育项目，明确幼儿体育器材的基本标准，构建系统的幼儿体育课程体系，并利用配套的师资培养体系对其进行辅助和支持。

《体育强国建设纲要》是第一个站在国家战略高度颁布的关于儿童体育教育的整体性文件。表 3 – 1 梳理了我国的国家战略文件关于学校体育教育的主要政策内容。可见，学校体育已成为一个较为完备的政策体系，涵盖了学生体育教育、卫生保健、社会教育等多个领域，充分地体现了青少年体育政策具有综合性、跨域性、基础性等特征。在政策的执行内容上，青少年体育政策设立和管理组织机构上有明确的职能分工，设立工作体系，具有较强的目标性。

2. 我国幼儿体育教育中的幼儿园、托儿所相关政策

幼儿体育是幼儿教育的重要组成部分，不仅包括与幼儿体育相关的一系列身体活动、动作发展、运动技能等专项内容，还包括在日常的幼儿保育活动中，幼儿在户外活动中主动进行的身体游戏、操类等。新中国成立后，根据我国幼儿体育政策领域不同时期的不同需求，党和政府制定了众多相关政策，使幼儿的健康成长有了一定程度的保障。但是，幼儿体育政策并未被单列出来，只是包含了一些在学前教育政策。幼儿园教育理念和执行方面对于幼儿体育的要求也是千差万别，重视程度参差不齐。表3-2对学前教育以及卫生保育等多个领域中，对提及幼儿体育政策的相关文件及其实施背景与实施路径进行了梳理。

表3-2 我国幼儿体育政策中的执行政策演进

颁布时间（部门）	政策名称	政策背景	政策要义	政策实施路径
1956年11月（教育部）	《关于幼儿园幼儿的作息制度和各项活动的规定》	新中国的学前教育也正在起步阶段，为响应"发展体育运动，增强人民体质"的号召，从全民军体大练兵理念入手，加强幼儿的身体素质与健康体质	明确指出了大、中、小班幼儿的早操时长，其中，中大班为5～6分钟，小班3～4分钟。每天应有30～40分钟的活动性游戏时间	通过教育部直接下达到各地教育局，按照幼儿园工作规定执行

(续表3-2)

颁布时间（部门）	政策名称	政策背景	政策要义	政策实施路径
1980年10月（卫生部）	《托儿所、幼儿园卫生保健制度（草案）》	从基本九项制度：生活制度，婴幼儿饮食，体育锻炼，健康检查制度，卫生消毒及隔离制度，防病工作，安全工作，儿童健康检查、预防接种、传染病登记、晨检、疾病处理、膳食分析、事故登记、交接班记录等。家长联系制度，做出细则规定	创造条件，充分利用自然环境有计划地锻炼儿童体格，增强其体质，锻炼要经常和循序渐进	从全民健康中对幼儿保健和健康制度进行专项的规定，由卫生部监督管理
1981年10月（教育部）	幼儿园教育纲要（试行草案）	学前幼儿教育的总归政策文件，具有权威性和较强的法理依据，是对幼儿教育的全面保障的指导性文件	从幼儿的户外活动内容中详细制定了针对大、中、小班幼儿在走、跑、跳、平衡、投掷、体操等体育活动具体的要求	为贯彻国家教育目标，教育部颁布的针对学前幼儿教育的纲要性文件，统一下达遵守执行

(续表3-2)

颁布时间（部门）	政策名称	政策背景	政策要义	政策实施路径
1985年12月（卫生部）	《托儿所、幼儿园卫生保健制度》	进一步深化托儿所、幼儿园卫生保健制度。落实了解幼儿园基本情况，幼儿园卫生保健设施、设备情况，幼儿园卫生保健制度落实情况	进一步强调幼儿体育锻炼要经常和循序渐进，每天做1～2次体操或活动性游戏，加强冬季锻炼	卫生部下达文件联合各地妇幼保健院卫生系统进一步提高托儿所、幼儿园卫生保健工作质量，保证儿童身心健康
1986年6月（国家教委）	《关于进一步办好幼儿学前班的意见》	根据5～6岁幼儿生理、心理发展的特点，使幼儿在德、智、体、美各个方面得到协调的发展，为进入小学阶段做准备。重视卫生保健与体育锻炼，防止重智轻体的偏向	规定了学前班每天户外活动不少于2小时，每天户外活动应包括1小时的体育活动	—
1996年3月（国家教委）	《幼儿园工作规程》	我国第一部内部管理章程，目的是加强幼儿园的科学管理，规范办园行为，提高保育和教育质量，促进幼儿身心健康	非寄宿幼儿每天户外活动不少于2小时，寄宿幼儿不少于3小时，高寒、高温地区可酌情增减	依据《中华人民共和国教育法》制定本规程，实行保育与教育相结合的方式，各省、直辖市、地方各级政府参照执行

相对于青少年体育政策体系，目前幼儿体育政策的供给严重不足，政策内容不聚焦，主要表现在两个方面。一方面，青少年体育的颁布机构权威性更高，省级、市级地方政府执行的力度更强，多部门联动机制较完善。然而从另一方面看，幼儿体育政策通常是包含在学前教育政策中一并提及的，缺乏独立的执行政策，缺乏统一标准，因此造成各级政府执行效力较弱，幼儿体育政策缺乏完整的工作目标，体系职能较为松散。

3. 我国幼儿体育政策的发展沿革

新中国成立以来，经过70年的发展，随着政治、经济、文化的跃升，我国幼儿体育政策进入了高速发展的时期。这一时期的政策法规对幼儿体育的发展起着方向性、导向性的关键作用。同时，来自地方、社会、市场的力量也在不断地推动着幼儿体育事业的发展。我国的幼儿体育政策包含在学前教育政策当中，基于我国当前体育政策自身表现出来的特征，以及学前幼儿体育政策演进的过程来划分阶段，可分为以下几个阶段。

（1）新中国成立以来至改革开放之前

新中国成立初期，社会主义制度还处于萌芽阶段，在效仿苏联模式的过程中艰难地发展，此时的教育制度政策秉承苏联的模式。中央集中发布政策、命令，一切的学校教育都是按照军事化的培养理念。这一期间的青少年儿童的体育发展非常好，政策的指向性也很明确，锻炼身体、保卫祖国。而后受人口和自然条件的影响，幼儿的教育资源短缺，导致学前教育的发展几乎处于停滞状态，尤其是受"文化大革命"政治运动的影响，刚建立起来的科学文化教育体系又被封存起来。1950—1963年，我国学前教育和体育教育的重要文件和时间节点详见表3-3。

表 3-3 波折阶段我国幼儿体育重要事件

类型	时间	出处	要点	影响
信件	1950 年	中国共产党新闻网（毛泽东档案系列）	毛泽东给教育部部长马叙伦的信件明确提出学生"健康第一，学习第二"	对教育工作的指导思想
文章	1951 年 6 月	人民教育杂志	中央教育部幼儿教育处处长张逸园在《人民教育》杂志刊登的《对幼稚教育工作的几点意见》中提出："使他们的身体、智力、道德习惯及爱美观点全面地发展。"	对教育内容的意见
规定	1951 年 8 月	中国教育年鉴	国务院出台改善学生体质的指导意见，希望各级学校都能够重视体育，丰富学生课外的娱乐活动，切实对体育教学模式进行优化，实现体育娱乐设备的健全，重视学生体格的提升。对"学生的体育活动时间进行合理的规划，除了日常的体育课之外，还需抽出一定的时间开展其他的体育活动，保证其多样性"	对学校体育活动做出了规定

(续表3-3)

类型	时间	出处	要点	影响
题词	1952年6月10日	中华全国体育总会	毛泽东为中华全国体育总会成立题写的"发展体育运动,增强人民体质"题词	对体育运动的方针指引
纲要	1956年	教育部	教育部制定了《幼儿园暂行规程草案》(1952)、《幼儿园暂行教学纲要(草案)》(1952)、《关于幼儿园幼儿的作息制度和各项活动规定》(1956)等文件	从体育活动时间场馆、设备等不同角度对幼儿体育提出了要求
规程	1956年	中华全国体育总会	《准备劳动与卫国体育制度(暂行)》《小学体育课程大纲(草案)》主张将体育课、课外体育活动、运动竞赛、早操有机地串联起来。并以苏联体育教学大纲为基础	全国小学里掀起参与体育运动的高潮,在我国幼儿体育课程改革上具有重要意义

(续表3-3)

类型	时间	出处	要点	影响
事件	1958年	—	"大跃进""三年严重困难时期"	入园幼儿达2933万人，由于缺乏足够的经济作为支撑，设施简陋，幼儿体育水平低下，加上1959年的自然灾害严重，农村幼儿园大量自动解散
	1963—1978年	—	"文化大革命"	幼儿体育发展处于停滞阶段

（2）1978—2000年

在党的十一届三中全会正式召开之后，党和政府明确了幼教事业在经济社会快速发展过程中的重要地位，并认为目前的幼儿体育教学将迎来新的要求，需要改变传统的教学模式。在这一时期，我国整体的体育产业的发展处在探索发展期，幼儿体育的发展依托学校，以学校和教育相关的法律法规体系为基础，制定发展幼儿体育政策（见表3-4）。

表3-4 恢复阶段我国幼儿体育重要政策

类型	时间	颁布机构	政策	主要内容
条例	1979年	国家教育委员会	《城市幼儿园工作条例（试行草案）》	内容包括总则、卫生保健和体育锻炼、游戏和作业、规范城市幼儿园区域活动面积、生均13~15平方米场地面积
纲要	1981年	国家教育委员会	《幼儿园教育纲要》	这是对幼儿园教育比较全面的内容规定，提出每天要保证幼儿的运动时间
制度	1985年	卫生部	《托儿所、幼儿园卫生保健制度》	明确体育锻炼的科学性，包括运动强度，测查和评估，运动设施安全性的规定
意见	1986年	国家教育委员会	《关于进一步办好幼儿学前班的意见》《关于幼儿园教师考核的补充意见》	开展各种形式的幼儿体育活动。户外活动时间每天不少于2小时，其中包括1小时的体育活动
意见	1987年	国家教育委员会、城乡建设环境保护部	《托儿所、幼儿园建筑设计规范》	对幼儿园、托儿所办园硬件的规范管理，规定游戏场地每班不少于60平方米，确保户外体育活动的环境安全
意见	1988年	国家教育委员会	《城市幼儿园建筑面积定额（试行）》	对办园条件进行规定，大型活动器械、戏水池、沙坑以及30米长的直跑道等，每个学生2平方米

(续表 3-4)

类型	时间	颁布机构	政策	主要内容
规定	1996 年	国家教育委员会	《幼儿园工作规程》	强调体、智、德、美诸方面的教育应互相渗透、有机结合

(3) 2000—2015 年

进入 21 世纪，我国经过改革开放 30 年的发展，GDP 总量已进入世界前列，经济总量的高速增长也给各行业带来了黄金发展期，国家对学前教育也增大了财政投入，幼儿体育得到快速的发展。需要明确的是，处于这一阶段的幼儿体育，其传统的学校体育教育还是占据绝对的主导地位，不过其社会参与程度与之前相比已经有了显著的提升，并且关注的视角比较多元。（见表 3-5）

表 3-5 发展阶段我国幼儿体育重要政策

类型	时间	颁布机构	政策	影响
标准	2002 年	教育部 国家体育总局	《国家学生体质健康标准》	申奥成功后的政策带动红利，将学生体质健康标准纳入国家重要工作计划
标准	2005 年	教育部	《体育与健康课程标准》	制定了详细的体育课程标准确，保体质健康的有效实施
意见	2007 年	国务院	《关于加强青少年体育增强青少年体质的意见》	第一个由国务院下发的针对青少年体育的意见

(续表3-5)

类型	时间	颁布机构	政策	影响
会议	2008年	中国教育学会	"中国首届幼儿体育高峰论坛"	第一届关于幼儿体育的高峰论坛
条例	2009年	国务院	《全民健身条例》	提出"青少年活动中心、少年宫、妇女儿童中心等应当为学生开展体育活动提供便利"
纲要	2010年	国务院	《国家中长期教育改革和发展规划纲要（2010—2020年）》	提出"全面实施素质教育，组织广大中小学生参加科学健康、生动活泼的体育和艺术活动，提高运动能力和艺术素养，促进学生健康成长全面发展"
通知	2011年	教育部	《关于在义务教育阶段中小学实施体育、艺术2+1项目的通知》	把体育纳入义务教育阶段的重点科目
指南	2012年	教育部	《3～6岁儿童学习与发展指南》	首次在指南中对幼儿体育的发展细节提出了要求
计划	2013—2015年	教育部	《2013年国培计划》《2014年国培计划》《2015年国培计划》	分别对3000～5000名体育、美育骨干教师进行培训

(续表 3-5)

类型	时间	颁布机构	政策	影响
意见	2014 年	国务院	《关于加快发展体育产业促进体育消费的若干意见》(国发〔2014〕46号)	提出"切实保障中小学体育课课时,鼓励实施学生课外体育活动计划,促进青少年培育体育爱好,掌握一项以上体育运动技能,确保学生校内每天体育活动时间不少于一小时。"推动幼儿体育朝着市场化的方向迈进
规程	2015 年	教育部	《幼儿园工作规程》	国家鼓励学校体育的开展

(4) 2016 年至今

幼儿体育自 2016 年以来不断得到完善。这一时期,幼儿体育教育被当作是体育产业发展的重要一环,得到了政府的高度重视,并逐步朝着市场化的方向大步前进。幼儿体育得以逐步发展,"全民健身"计划的引领不可或缺。2016 年 3 月,习近平总书记在中央全面深化改革委员会第二十二次会议上提到,少儿的健康与家庭幸福等方面息息相关。2016 年,我国政府还出台了全民健身倡议计划,并在相关文件当中指出要扩大幼儿体育教学的普及范围,使其作为一项基础公共服务纳入教学体系当中。同年,党中央和国务院发布《"健康中国 2030"规划纲要》,"健康儿童计划"得以提上日程。其首次提及开展幼儿方面的教育工程,为幼儿体育提供了试点以及推广的机会。国家体育总局在 2017 年也系统地提出幼儿的基础体育工程,使幼儿体育成了青少年基础体育重点关注的体育工程之一。2018 年,在讨论青少年的体育工作的一次电话会议上，重点强调要不断改革有关于青少年的工作，为体育强国建设提供先决条件。其中，实施青少年体育对于体育技术拔尖人才的培养计划等重点工程是此次会议的亮点。2018年5月和10月，为了全面发展全国的基础幼儿体育，国家体育总局前后两次前往前线考察幼儿体育的相关工作，切身完成试点推广的工作。2019年9月2日，国务院发布《体育强国建设纲要》，目的是完成体育强国建设，全面实现"两个一百年"奋斗目标。在我国全面建成小康社会之后，将进一步完善国内的体育教学体系，最终让国民的身体素质迈上一个新的台阶。城乡的全体居民通过《国民体质测定标准》的人数要占总人数的92%，青少年的身体素质得到提高，有关青少年的体育服务体系会不断完善，整体健康水平远远高于标准。该标准还提出，会持续跟进幼儿体育的发展，不断完善幼儿体育体系；基于幼儿所需的体育项目，结合必备的体育器材等构建系统完善的标准体系，丰富幼儿相关的体育课程的内容和形式，并基于师资力量的培训与升级，构建对应的标准体系。2020年，国家体育总局以及各大高校共同合作出台了《3～6岁儿童进行体育运动的指导性意见》，这也是国内首次共同编制的3～6岁儿童的健康指导手册，为这部分群体的健康体育发展提供了科学的指导意见，在幼儿体育政策中具有重大意义。

三、我国幼儿体育政策的内容分析与政策属性

（一）我国幼儿体育政策的内容分析

"人生百年，立于幼学。"对于人的一生来说，其启蒙时间就在学龄前时期，这也是极为重要的教育时期，优质高效的学前教育对人的学习以及一辈子的发展会起到不可替代的作用。另外，学前教育不仅是九年义务教育的起始点，同时也是整个教育体系不可或缺的一部分，是贯彻全民健康、提高国民身体素质的重要措施。幼儿体育教育

是学前教育的重要工作。我国相关幼儿体育政策往往体现在学前教育政策中,在时代发展的过程中可以看到,不同的历史时期,针对学前教育制定的政策都在渐进中变革,有关幼儿体育教育、身体活动、体质健康等方面的学前教育中幼儿体育的内容,都在不断地丰富和完善。

展开学前幼儿体育政策制定年代的时间线,改革开放以来40余年间是政策变化最多、调整最大、影响最为显著的历史时期。从政策制定和发布的行政机构来看,宏观层面是最高一级的行政机关国务院主导着特定时期的纲要性文件,中观层面是主管部门教育部发布定向指导性的意见,微观层面是由体育部门或者其他相关部门发布指南性的实操细节文件,体现出依权力圈层高低排序、内容有别、效力有差等特点。

从主要的学前幼儿体育政策发布的形式来看,改革开放头十年(1979—1989年),政府出台的政策基本是以"试行草案""试行纲要""试行规程"等形式,这一方面说明,此时的政策在调整的重要时期,涉及的诸多方面没有前车之鉴,体现出整体思考、重新设计、试点运行的特点。在政策执行的过程中,采取渐进式的发展,是典型的保守主义的运行模式。往后的20年(1989—2009年),政府制定的政策已经形成规范化、系统化、长期性的纲要文本。一方面,纲要文件涉及诸多方面的内容,各方面的内容都有涵盖,呈现出大而全的特点;另一方面,因为纲要的内容繁多,在具体执行的过程中需要比较长的时间适应调整和反馈,实施时间跨度很大。实施近20年后,直到2012年,学前幼儿体育政策才从学前教育诸多的政策中被显性化,政府提出了幼儿体育政策的细则要求,而后的幼儿体育政策在内容上更加明确,在政策的制定上越来越细化要求。

幼儿体育教育在我国的学前教育政策中逐渐受到重视,体育教育的手段和形式也随着社会结构和需求发生变化。政策内容上逐步朝指向明确、分工专业、实操容易的方向发展。从长远来看,幼儿体育教育需要效力更高、保障机制更为健全的政策做支撑,这将有利于学前幼儿体育的整体发展,对提高国家和人民的健康发展、提高人民整体身体素质、构建和谐社会具有深远的意义。

(二) 我国幼儿体育政策的政策属性

在定义幼儿体育政策时一般有3种解读方式。首先，需要把幼儿体育政策划分为国家政策制定在学前教育政策中，制定为保障儿童生存权和健康权而参与体育事务的行为准则。其次，将幼儿体育政策界定为所有与幼儿成长学习中体育相关的方法、策略、原则、措施等的总和。体育政策可以理解为国家在保证体育事业得到稳定发展的基础上，制定的相关原则以及采取的有效措施，包括学前教育中的幼儿体育政策。最后，应该把幼儿体育政策描述为一个动态的和发展的利益分配与实现的过程。幼儿体育政策主要由政府部门制定，为解决学前教育中体育提升人口素质的社会问题，以及家庭亲子互动、社区与幼儿园联动的社会关系问题而调整相关措施，其实质即为整合当前阶段的幼儿体育资源，对其进行合理的配置。

北京师范大学的刘复兴教授在其开展的相关研究与论述过程中，分析教育政策价值的含义，基于三维模式的应用展开论述。他明确指出，对当下的教育政策进行深入分析不仅需要从法律的角度来考量，同时还应该从有效性等出发来进行论述，探讨教育程序的实际价值，明确教育政策与相关因素之间存在的价值关系，界定对应的价值问题[①]。我们可以将其研究思路移植到对幼儿体育政策的研究上来，即从教育价值的3个向度——价值选择、合法性、有效性来全面认识和理解幼儿体育政策的含义。

第一，从价值选择的角度看，幼儿体育政策充分体现了政策制定者所要表达的政策期望以及相关的价值追求，对政策系统自身存在的价值偏好进行反映，对教育政策制定与实施的根本目的进行阐述。

第二，从合法性的角度看，合法性能够为幼儿体育政策提供有力的法律保障，是其得到肯定的基础条件，同时还是幼儿体育政策自身

---

① 刘复兴：《教育政策价值分析的三维模式》，载《教育研究》2002年第4期，第15–19页、第73页。

价值体现的主要依据。

第三，从有效性的角度看，幼儿体育政策的成败主要是受政策过程能够达成政策目标的直接影响，还受政策转化结果的间接影响，其有效性主要是指幼儿体育政策落实之后能起到的实际作用。

教育政策的价值特征涉及 3 个不同的抽象向度，对幼儿体育政策自身存在的合法性、价值选择、有效性等逻辑关系进行描述。首先，回归体育教育的本质，体育教育以"健康第一"作为根本目标，在形成运动技能的同时强健体魄，形成良好的生活方式，培养人的终身体育习惯。在幼儿体育政策中，同样秉承这一重要理念，略微不同之处在于，幼儿体育是以游戏为载体，以发展 3~6 岁学龄前儿童身体动作模式和运动技能发展为目标，促进儿童健康成长，培养其浓厚的体育兴趣，提高其身体素养。其次，经过改革开放 40 年的发展，幼儿体育政策与学前教育政策共同发展，随着《中华人民共和国学前教育法》修订草案的颁布，学前教育也正在被国家纳入法制化建设进程当中，学前教育有了法律依据和保障[①]。从幼儿生存和发展权的角度解释，体育权是儿童发展的一种权利。幼儿体育屡次在国家颁布的中长期教育纲要，如《体育强国建设纲要》《幼儿园工作指南》《3~6 岁儿童学习与发展指南》中被频繁强调，说明幼儿体育政策的科学性已经得到了认可，但是关于幼儿体育制定的单项政策还未形成，增强政策的合法性和权威性是一个必须解决的问题。最后，幼儿体育政策在形成过程中，政府对幼儿体育的关注是一个非常重要的核心指标，也是形成问题源流的主要方面。如果从上到下政治源流直接打开了"政策天窗"，那么幼儿体育政策的有效性将增强。在经过多方博弈后进入"政策原汤"中，后经过转化打开"问题天窗"，逐步引起政府的关注，其有效性会因为其在各方政治力量博弈后的关系互动而变得低下。

---

① 蒋雅俊：《改革开放以来学前教育政策的变迁：历史制度主义视角》，载《教育发展研究》2019 年第 8 期，第 33–40 页。

四、本章小结

　　学前教育政策与幼儿体育政策在各个时期的出台，在一定程度上反映了整个社会政治、经济、文化的发展状况。在我国学校体育政策中，中小学、大学体育政策是比较完善的，学前幼儿体育政策只在综合性政策文件中被提及，并没有形成专门针对幼儿体育教育问题的系统性规定或是意见。近几年，《"健康中国"2030纲要》《加强青少年体育增强青少年体质的意见》等政策相继出台，将体育与健康作为国家发展的战略大计。这些发展彰显了我国幼儿体育政策的进步。然而，该领域政策制定及执行过程仍然存在诸多问题，需要我们从根源上对其进行系统的分析。

第四章 我国幼儿体育政策制定的多源流分析

一、问题源流：幼儿体育教育缺失的多元动因

根据前文所概述的内容，我们可以认为问题源流的最终出现跟社会热点事件、产生的危机以及信息反馈等不同因素是紧密相关的，并且在问题源流构成的过程中还需要考虑事件所带来的影响以及普遍性。这些问题需要符合一定的政策选择指标才能形成问题流，进入政策制定者的视野，而由此开启"政策天窗"，引发政策过程。

我国现有大约4600万处于3～6岁年龄阶段的幼儿。2021年5月31日，中共中央政治局召开会议并指出，为进一步优化生育政策，实施一对夫妻可以生育3个子女政策及配套支持措施（俗称"三孩政策"），学前教育成为我国"三孩政策"的配套支持措施的重要部分。幼儿体育政策不仅惠及广大的幼儿，也关系到我国广大家庭和家长的普遍福祉。下文对幼儿体育政策问题源流的分析框架如图4-1所示。

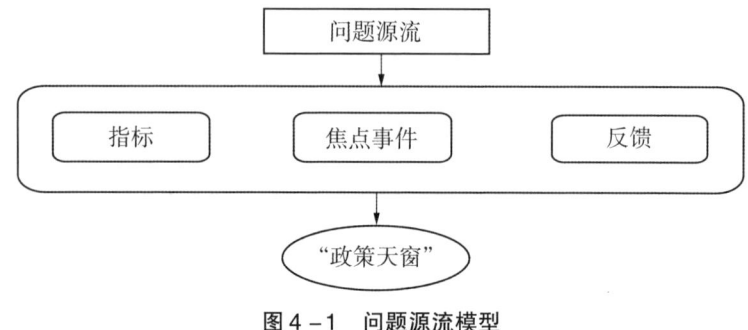

图4-1 问题源流模型

（一）幼儿健康指标中的"问题流"分析

问题源流中能成为问题的都有一些特定的指标，这些指标是形成问题源流的关键变量，体育问题能成为问题流的指标主要原因有以下两个方面。一是学生身体素质下滑问题突出。近几十年来，我国中小学以及高校的学生在身体素质方面的表现并不理想，呈现出下滑的趋势。因此，幼儿的体质和身体各项机能在学前教育受到家长的重点关注。国家已经制定了提升幼儿身体素质的各类文件，力争构建多部门的协同治理架构，但是情况依旧不太乐观。二是现代化教育理念对体育教学的影响。2012年，我国正式出台了3~6岁儿童体育教育的指导性文件，并将幼儿教育的方针明确规定为体、音、美的发展，将儿童的体育提到第一位。然而，其实施情况和效果令人担忧。随着2019年国家《体育强国建设纲要》的颁布，实现了对幼儿体育的上层规划与中小学体育政策的外溢性双重推动的动力。

问题源流中，当"问题"在符合一定指标后会变得显著，但也并不是在短时期内就会变得明朗，它们需要某一方面或多方面的推动力来引起政府内部及大众的关注。这些推动力可能是由一次问题而引发的危机，例如，在公共安全、公共卫生、公共教育等覆盖面和影响都相对广泛的领域，对大规模的群体事件时刻保持着高度的关注。在这些大规模影响和覆盖面广泛的问题当中，有些问题是突发或棘手的，比如恶性的传染性疾病的扩散，聚众的非法集会扰乱社会秩序等需要立刻做出有效的应急措施，迅速下达行政命令和颁布政策。有些同样覆盖面广泛的问题，比如教育领域中，对于学生"减负"的问题，增加户外体育锻炼的政策，显得就不那么棘手，但是影响可能会更加深远。为了分析幼儿体育政策的问题源流，本书还关注了与幼儿体育政策最为密切的幼儿园教师和家长对现有幼儿体育现状和政策的认知和反馈。但是，笔者在访谈中这种事件并没有被提及太多，有一些是关于幼儿安全的会被提及。有时候焦点事件并不总是那么直接地被反映出来，例如，学生的身体素质连续下降20年的问题还属于一个长期积累的焦点问题，并且反映出各个教育机构在提升学生体质方面存在信息缺失，从而产生了深远的影响。

为了更为深入地了解当下幼儿体育政策落实的现状和存在的问题，对问题本身必须有精准的定位，明确调查对象的特征。访谈对象包括4个群体：一是我国3～6岁幼儿的监护人，一般来说是父母，有一些情况可能是直系亲属或者法定的监护人；二是幼儿园的管理者，即园长和一线的教师群体；三是政府学前教育管理的行政部门，即教育局的相关领导和管理人员；四是学前教育领域甚至包括体育专业的专家学者。在此基础上，本研究抽取的访谈地点包括北京、上海、广州等地，可以说涵盖了我国人口密度最高的一线城市和西南的二、三线城市，还包括一些县级市，从城市规模和城乡分布等方面力求收集具有代表性的问题特征。访谈方法使用互联网电子问卷、专家面对面访谈和电话访谈等形式，在各个学前教育、体育的国际、国内的论坛会议上与业界的一流专家学者共同会谈，并通过参与的幼儿体育科研项目与累计超过500家幼儿园建立合作关系。

（二）基于幼儿园教师视角的"问题流"

作为幼儿体育教育方面的一线工作者，幼儿园教师对这一领域的现状以及政策特点都有着最深的感触，因此，笔者对幼儿园从业人员进行了重点访谈。对幼儿园从业人员的访谈与采访主要围绕幼儿教师对体育课程的重视程度、幼儿体育课程设置现状以及教师对幼儿体育政策的看法3个方面进行展开，针对不同方面设计了不同的半开放性问题，问卷详见附录一。2018年11月至2019年12月，访谈集中在广州市（城市）和山东省利津县（县镇和农村）的幼儿园开展。在广州的幼儿园访谈了20位幼儿园园长或教师，其中，位于县镇或农村的各有2位，所选取幼儿园均为公办幼儿园。位于城市的幼儿园里接受采访的园长或教师均为女性，年龄为31～50岁，被采访者专业为教育管理或学前教育专业。在山东利津县的幼儿园中接受采访的教师均为女性，一位幼儿园园长为男性，教师年龄小于30岁，幼儿园领导年龄为41～50岁，被采访者专业为学前教育、数学教育、历史教育。与城市相比较，县镇和农村的幼儿园老师的专业背景更为广泛，幼儿园教师中部分教师的教育背景是与学前教育不相关的师范专业，而城市中的幼儿园教师多为学前教育专业出身。

1. 对体育课程的重视程度

通过了解幼儿园教师对体育课程的重视程度可以评估幼儿体育课程在幼儿教育过程中的地位。本次访谈主要通过3个问题来了解对体育课程的重视程度，各个问题及访谈结果分析如下。

重视程度问题1：据您所知，我国幼儿的肥胖率、超重率、近视率近几年如何变化？

接受访谈的各位教师和园长对这一问题的看法较为不一，有的教师认为"我国幼儿的肥胖率、超重率不严重，近视率近几年变化不大"，还有的教师认为"我国幼儿肥胖率在逐年增长，超重的或者略有下降，近视的不严重"。而实际情况是这两项指标都在逐年增长，并且我国3~6岁幼儿的肥胖率和超重率已经位于全球前列。可见，我国的幼儿园教师虽然会关注国家相关幼儿教育政策，却对其宏观现状缺少基本的认知。倘若各位幼儿园教师和园长可以意识到我国幼儿的肥胖率、超重率、近视率近几年都在逐年增长，他们可能会对幼儿教育采取更积极主动的做法。因此，幼儿园教师应该更多地了解现实情况，尤其是对所在幼儿园的幼儿整体情况有所了解，才能对不同幼儿采取合适的教育和引导方式，帮助幼儿更快、更好地成长。

重视程度问题2：您认为体育课程对幼儿教育的重要性是什么？您所在的幼儿园对幼儿体育教育工作的重视程度如何？

所有被采访者均认为幼儿体育教育在幼儿阶段是非常重要的，所在幼儿园对幼儿体育教育工作非常重视，每个幼儿园每天均至少开展两小时的体育活动。各幼儿园均会注意保证体育教学时长至少30分钟，不仅开展了形式多样、内容丰富的体育活动，日常生活中还结合幼儿的年龄特点和发展需求，开展混龄体育教学活动，即小中大班级组在同一个区域开展体育游戏，有效地促进幼儿身心健康的形成。被采访教师均意识到幼儿园阶段是儿童一生中的黄金阶段，有的教师或园长提到了《幼儿园工作规程》，此规程的主要内容在于明确幼儿园设立的核心任务。一位园长认为:"学前教育需要基于保育与教育的有机结合,保证幼儿能够接受全面的优质教育,帮助孩子们实现自身的健康和谐发展。幼儿体育一直都是幼儿和谐发展教育事业中不可或缺的环节,扮演着重要的角色。"另一位园长则认为:"体育课程是幼儿教育五大领域之首,对幼儿的生理和心理都有积极的影响。幼儿园开展的体育活动,其基本目标在于引导幼儿参与体育活动,实现自身的健康发展。规程中把体育作为五大领域的其中的一个方面,与德、智、体、美等方面是相互渗透、有机结合的。缺失体育教育,将会严重影响幼儿的身心健康和全面发展。"

可见,目前幼儿园教师和园长均意识到体育课程对幼儿教育的重要性,其所在幼儿园也按照国家政策要求开展幼儿体育教育,并且将体育教育放在重要的位置。

重视程度问题3:与幼儿的学习课程相比,体育课程重要吗?

被采访者均表示"与幼儿的学习课程相比,体育课程是重要的"。但是,不同教师认为的重要程度不一样,有的教师认为同等重要,有的教师认为更重要,有的教师则表示体育教育应该放在首位。有的教师说:"体育课程是无法用学习课程来取代的,因为幼儿阶段是身体发展的关键期和敏感期,有良好的体质,才能保证幼儿在学习习惯和行为习惯方面的培养。"

可见,大部分教师已经意识到体育课程和良好体质的重要性,会保证幼儿有充足的体育活动时间,甚至把幼儿体育教育放在首要位置。

2. 幼儿体育课程设置现状

幼儿体育课程需要结合所在幼儿园特色和幼儿特点进行设置,同时受幼儿园教育理念、教师特点、相关政策的影响。本次访谈从这几方面出发,深入了解幼儿体育教学的现状,从6个不同的角度来考虑课程设置,各个问题及访谈结果分析如下。

课程设置问题1:关于幼儿体育,您的教育理念是什么呢?

在访谈中可以发现一些普遍性的结论,包括提高幼儿身体素质,把健康放在第一位，按照身体的发展规律，促进幼儿的身体成长；采用恰当的引导策略，引导幼儿沿着正常的身体发展规律去促进体格的培养；坚持每天两小时的户外运动，坚持体育游戏及自主体育器械，探索发展幼儿走、跑、跳等基本动作，大胆主动地参与各种锻炼；只有拥有更好更强的身体素质才能长久地参与幼儿园活动；以健康为中心，结合卫生科学以及体育科学课程的教授，保证幼儿能够接受优质的教育，实现自身的全面发展。有位教师说道："我们需要引导幼儿产生运动的热情，发现运动的乐趣，让幼儿养成良好的体育观，让他喜欢上体育，爱上体育，喜欢锻炼；培养幼儿对体育活动的兴趣，在游戏中要掌握一些基本的动作技能，最终促进幼儿身心健康的发展。只有引起他们的兴趣，才能调动他们的积极性。"

因此，根据幼儿特点开发个性化体育课程，比如注意体育器械要适合幼儿的生理特点，开展的活动要适合幼儿的年龄特点。同时，促进幼儿全方面发展，玩出个性。通过体育锻炼可以提高幼儿的体质，增强其综合身体素质，能在体育比赛当中跟同伴进行深度合作，并感受体育运动的快乐，收获班级当中的友情。

国际上比较流行的体育教育的功能是身心健康、习惯养成、自我认知、集体意识、人际关系。在访谈中，有多位教师说："我国幼儿园体育课程的理念主要关注了幼儿的身心健康、习惯养成和人际关系，对自我认知和集体意识的关注还较少，可能在集体性体育活动中可以培养幼儿的集体意识，但是对自我认知的关注需要在未来的体育教育中进一步加强。"

课程设置问题 2：此次幼儿园在选择体育课程的时候需要有怎样的依据？

在选择体育课程的时候，接受访谈调查的教师对近年来学前教育的相关政策有所了解，尤其是比较熟悉《教育改革 2010—2020 规划》（以下简称《规划》）以及《3～6 岁幼儿教学指南》（以下简称《指南》）这两个文件。他们认为目前的政策引领着幼儿教育阶段课程的发展，在《规划》和《指南》的指引下，幼儿园的课程进行有效和科学地实施。体育教育作为幼儿课程的重要部分，也遵循《规划》和《指南》的细则和要求,特别是其中与健康、体育教学等相关的目标规律、指导策略,以及教师的注意事项。所以,幼儿园的体育课程不管是在内容选择上,还是在组织形式上,都以《规划》和《指南》等有关政策作为重要的引导,在活动中运用多种不同的体育器械、辅助材料以及场地条件等,对幼儿进行全方位的身体锻炼。同时,有的教师说道:"我们还会依据省编教材,在满足《规划》和《指南》的要求下结合省编教材对幼儿体育课程进行安排。县镇和农村的幼儿园教师则表示,当地幼儿园会在《规划》和《指南》的引导下,结合本地一些传统的游戏,利用本地的一些资源,让幼儿进行体育课程,锻炼幼儿的身体。"

可见,在幼儿教育资源不充足的地区,虽然幼儿园的体育课程设置会尽量满足相关政策的要求,但由于资源有限,只能开展相对较为传统的游戏活动,这不利于幼儿体育课程的多样化和丰富化。

课程设置问题3:关于幼儿园体育课程,您觉得本幼儿园的特色有哪些呢?

目前,各个幼儿园在开展体育课程的时候都有着属于自己的特色,主要包括情景式教学、主题运动会、区域体育活动、远足、游戏、传统民间游戏、足球、篮球等。其中,情景式教学是根据幼儿园原本的特色,将一些课题的开展理念融入体育教学中,比如通过情境来引导幼儿喜欢走、跑、跳,将最基本的一些技能融入这些情境中,促进幼儿体格的发展;主题运动会包括亲子运动会和其他主题的运动会;区域体育活动尝试新的活动形式,打破传统幼儿体育教学模式,让幼儿混龄参与相关的体育活动,基于对幼儿园等相关活动场地以及设备的合理运用,开发多种不同类型的体育游戏,不仅包括一些平衡或者投掷类运动,同时还借助大型器械来开展趣味性体育游戏。上面这些项目对各年龄段的幼儿是针对性开放的,他们可以对活动区域进行自由地选择。上述活动方式能保证不同幼儿之间实现频繁的交流,产生广泛的交际,可以有效地满足不同年龄阶段幼儿对同伴交往的诉求。

此外,还有远足等活动,比如每年都会组织小班在机关大院里进行远足，而中、大班会走出机关大院，到比较远的地方开展远足活动，以此来促进幼儿体格的发展。游戏规则以幼儿的游戏为主，让幼儿在游戏中活动，锻炼身体；传统民间游戏，开展低成本的体育课程，像沙包、滚圈、攀爬、踩高跷等。从所采访的幼儿园所在区域来看，位于城市的幼儿园的特色体育课程主要会选择情景式教学、主题运动会、区域体育活动，这类特色活动需要合理设计、精细组织、家长配合，符合城市幼儿园的师资水平和家长特点，同时也由于其所需资金多、场地大，因此难以在县镇和农村的幼儿园开展。

位于农村和县镇的幼儿园，由于条件所限，开展的特色体育教学活动较为传统，以游戏、传统民间游戏为主，成本低，占用场地小。而篮球、足球等传统特色项目在城市、县镇和农村均有开展。这些差异也说明城市地区和县镇农村地区的幼儿教育水平存在很大的差异，这与当地经济发展水平和师资现状有很大的关系，短时间内难以改变。建议不同地区的幼儿园充分利用现有资源，合理采取有特色的体育教学方式，充分开展幼儿园的体育教学活动。

课程设置问题 4：本幼儿园体育课程团队的人员选择有哪些标准呢？

在考虑选择体育课程团队的人员方面，不同幼儿园的教师和园长几乎有同样的要求，主要包括品德高尚、身体健康、专业性、具有经验 4 个方面。品德高尚主要指坚定党的领导，有较高的职业素养，喜欢幼儿教育，喜欢从事体育教育事业，有爱心；同时，还需要身体健康，年轻有活力，喜欢运动，以及具备专业幼儿体育教育的基础和技能，能遵循幼儿身心发展规律来实施课程安排；此外，最好是有着丰富教学经验的一线教师。

但是，目前的师范课程主要是面向中小学培训来展开的，在幼儿体育教学方面缺少足够的重视，课程内容不够完善。因此，接受过专业体育教育的幼儿教师相对较少。这一矛盾在城市幼儿园相对较少，但是在县镇和农村则较为突出。这也是由于县镇和农村人才资源缺乏、经济发展水平较低和未来发展前景不好所导致的，且短时间内难以解决，只能依靠当地出台更有吸引力的人才政策或者在当地开展幼儿教师培训工作。同时，接受访谈的多位园长表示，"目前，普遍存在男教师数量较少的现象，更别说是男幼儿体育教师了。这种现象的存在与传统的择业观念有关，虽然在近几年有所改善，男幼儿教师数量有所增加，但是依然存在很严重的男女幼教比例失衡"。

但是，这也说明目前的幼儿园教师和园长仍然对幼儿体育教师有刻板印象，认为幼儿体育教师应该是男性。因此，仍然需要大范围内引导改善群众对幼儿园教师和幼儿体育教师性别的刻板印象，在不久的将来可以实现男女教师的性别均衡。

课程设置问题5：本幼儿园体育课程的组织形式有哪些呢？

在我们讨论幼儿教学体育课程具体方式的时候，从各位教师和园长的介绍中可以看出来，目前幼儿园体育课程的组织形式主要有以下特点：游戏占据主要地位，幼儿园的体育课程，详情可参考国家教育局制定的相关纲要。游戏也是指导幼儿园课程实施的一个基本原则，体育教育作为幼儿园课程的一部分，也要遵循游戏教学的基本原则。根据幼儿的不同年龄，组织不同的游戏活动。在这个大原则的指导下，通过集体教学小组活动、区域体育教学活动等多种形式的有机整合、相互渗透，来达成体育教学的目的。结合游戏为主和因材施教的原则。目前，幼儿园体育课程的开展主要围绕体育课、队列队形的变化、自由体育活动、体育游戏、专科体育活动、区域体育、自行体育、器械、团体操、大型户外积木搭建、玩沙等活动，能较为充分地满足幼儿的特点和身体发展需求。

课程设置问题6：请您结合现状谈谈体育课程的实施情况。您对目前的情况满意吗？

接受采访的大多数幼儿园教师和园长表示，目前每天上午和下午保证幼儿各有一个小时的户外活动时间，在日常的生活保育中也是注重幼儿们的体育锻炼，即使在恶劣天气条件下，也能保证幼儿的室内运动时间，能较好地完成各项体育教学的规定，因此，他们对目前的体育课程的实施情况较为满意，但是也有继续改进和调整的空间。比如有一位教师指出："目前，幼儿园大部分都是女幼师，在女幼师对幼儿进行户外活动的时候，虽然有活力，但是缺少力量之美，无法与男幼师相比。"

可见,男幼师的配备也是十分必要的。同时,大部分教师在接受访谈时表示,将来会逐渐丰富户外项目,更好地完善幼儿户外活动的实施情况。幼儿园教师和园长普遍意识到幼儿体育课程的安排有待进一步细化和丰富,相信教师观念在不断与时俱进的过程中,幼儿的体育课程安排将会更加合理和成熟,促进幼儿的健康和全面发展。

3. 对幼儿体育政策的看法

幼儿园教师对政策的看法是政策最终接受者的反馈,笔者主要通过两个问题了解对政策的看法,各个问题及访谈结果分析如下。

政策看法问题1:本幼儿园对现有的幼儿体育相关政策和指导意见的执行情况如何呢?具体是怎样落实的呢?

接受采访的大多数幼儿园教师和园长表示,均能在一日生活中充分贯彻相关纲要和指南中提出的政策和要求,比如上午和下午都会落实体育教学的详细规定,体育教学的设施也是多样化的,除了购买一些大型的体育器材,还有一些小的、灵活的、适合幼儿们体质、反应、协调性等的一些训练,会充分考虑在提供器材时,对幼儿多元的体育素养的培养。同时会组织教师开展相关纲要、指南和意见的学习工作,并且根据相关政策进一步制定小班、中班、大班的不同体育教学目标,并确定用来达成这些目标的不同策略。

但是,县镇和农村的幼儿园教师也指出,目前可能在落实政策和要求方面过于简单,虽然保证了两小时以上的活动时间,却由于人手不足,并不能保证每个幼儿在活动时间段都进行了充分的体育活动,因此,教师资源不足仍然是县镇和农村发展幼儿教育的最主要的障碍。

政策看法问题2:您对幼儿体育相关政策有哪些看法呢?

大部分教师和园长表示,目前幼儿园相关政策看法是结合保教情况,能比较符合我园的实际情况,但是政策强制性不足,很多幼儿园在落实方面重量不重质,尤其是与幼儿体育相关政策与幼儿教学的其他方面内容相比,是比较薄弱的。例如,利用游戏的开展,为幼儿体育教育工作的实施提供支持与保障,将其作为核心原则发挥应有的作用与功能。不过结合当前的幼儿园教育活动实际情况来看,经常会出现忽视游戏的问题,这种现象不在少数。很多时候,游戏运动体育活动会简单地停留在口头上。一位教师认为:"应该基于素质教育的层面保障幼儿体育政策能够得到有效的制定与执行,引导幼儿在实际的体育游戏活动中获得全面发展。"

相关的纲要和指南仅仅作为幼儿体育活动得以顺利开展的基本标准,它是指导幼儿体育教育教学发展和落实的行动指南,并不是强制性的,从目前各个幼儿园的执行程度来看,还需要加强。

4. 小结

结合幼儿园教师和园长的访谈,可以看出,目前我国幼儿园教师和园长认为我国未来幼儿体育教育的发展需要关注的问题包括以下几方面。一是进一步强化幼教体育教育立法。政府需要通过完善法律来提高幼教教学当中体育课程所占据的位置,让每一位从事幼教工作的教师都能认识到幼教工作的重要性,让老师们、家长们在思想上重视体育教学,而且要加强政策的落地和实施。二是教师要重视体育对幼儿发展的整合作用。首先需要理解体育教育的重要性。体育不光可以强身健体,还能培养幼儿的意志力、坚韧性、协调性、手脑和四肢的协调性等,体育教学对幼儿的促进和发展是全面的、全方位的、多元的。不管是教师还是家长,都要在思想上重视体育课程对幼儿的人格发展、身心发展。其次,需要量化考核体育教育。应该注重多方位的体育活动内容,切实保证幼儿参加体育活动的时间。幼儿的运动量、运动强度,要在体育课程中体现出来。同时,幼儿体能是否达标,也要在学期初和学期末进行全面的评价和考核并重视培养幼儿参与各类体育活动兴趣。针对幼儿的特长和兴趣合理设置体育活动,提高他们的积极性,丰富体育课程的内容,让幼儿主动参与体育活动。此外,参与体育活动还能促进团队之间的交流,让幼儿可以相互合作,培养幼儿社交的能力。一位幼儿园园长说道:"对体育活动中包含的呈现'美'的重要因素进行发掘。众所周知,人们在感受美感的过程中往往会表现愉悦,这一规律对于幼儿园的学前教育同样适用,具体的内容包括体育用具的美观以及体育设备的美观,同时还应保证实用性。"

作为教师,首先需要对标准的动作进行示范,表现出一定的准确性和熟练性,在向儿童发送口令时体现流畅感,在设计体操动作时要呈现艺术性特点。基于音乐活动、体育活动以及语言表达活动等进行相互融合,激发儿童产生浓厚的活动兴趣,积极参与其中,获得良好的活动体验。其次,更多地关注幼儿的行为问题。在体育活动的开展过程中,幼儿经常出现一些不良或是消极的问题行为,比如畏惧、退缩、抑郁、不合群、不合作,或者攻击行为和破坏行为等教师会比较容易忽略的一些不良行为和不良心理情绪。作为教师,不但需要保证幼教体育可以按时开展,增强幼儿各方面的能力,同时还要关注幼儿心理的健康发展。

通过整合各项资源来丰富幼教体育的课程内容,使其能满足新时代的需求。此外,在发展幼儿体育的时候还需要确保每一位幼儿的人身安全。在此基础上,让幼儿能自主、自选、自由,适当增加男幼师,让幼儿感受体育的快乐,同时感受体育的力量之美。

(三)家长视角下的幼儿体育政策"问题流"

家长作为幼儿的监护人和关系最亲密的人,对幼儿体育和健康的关注将在一定程度上影响幼儿体育政策的发展,他们也是问题流的主要参与者。本书以幼儿家长为调查对象展开调查,调查问卷见附录二。在广州市、北京市、上海市、山东省利津县随机选取幼儿园,利用家长接送幼儿上下学时间进行纸质问卷发放,由调查人员一对一跟随家长填写问卷,对不方便阅读纸质问卷的家长采取阅读提问的方式填写,每份问卷填写时间约为 10 分钟。于 2019 年 9 月完成问卷发放,在 2019 年 10 月 15 日之前完成 1307 份问卷的收集,在回收问卷后需要对无效问卷或是不完整的问卷进行删除,经过筛选获取的有效问卷达 1256 份。此外,821 份问卷来自公办幼儿园家长,占比 65.4%;435 份问卷来自民办幼儿园家长,占比 34.6%;916 份问卷来自城市幼儿园,占比72.9%;340份问卷来自县镇幼儿园,占比27.1%。参与调查的家长中,23.5%为幼儿父亲,75.2%为幼儿母亲,另有1.4%为幼儿的其他家属。被调查家长的年龄、学历和职业分布依次如图4-2、图4-3、图4-4所示。可见,家长年龄分布多在31~40岁。从家长的学历看,超过一半为大学本科及以上学历,这对其理解本调查的研究目的很有益处,如家长理解问题的能力和时事关注度均可以得到保证。从家长的职业分布来看,各个职业的人数分布相对均匀,这有助于从各行各业的角度充分理解家长对幼儿体育的反馈,减少职业认知偏差。

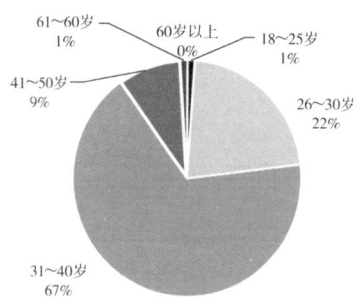

图4-2 被调查家长年龄分布

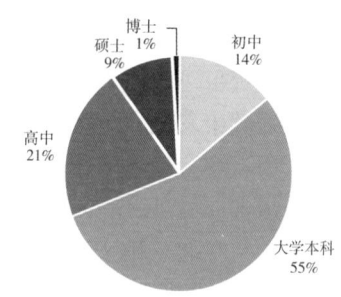

图4-3 被调查家长学历分布

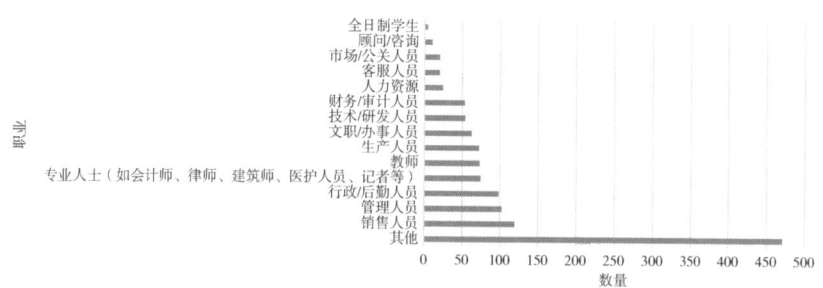

图4-4 被调查家长职业分布

对问卷的信度和效度的检验结果如表4-1所示,确保问卷的有效性。信度检验是对问卷的可靠性进行检验的关键指标,一般采用计算Cronbach's α系数的方法来对问卷的内部一致性进行检验。从表格的数据可知,问卷的各个变量的信度均大于 0.8(测量效果较好的标准是 Cronbach's α>0.7),呈现出良好的测量效果。效度是用来衡量预期结果与测试结果所产生的差异程度的度量,本书的问卷在设计的阶段咨询了幼儿体育教育界的专家进行评审和修改,在一定程度上保证了问卷的内容效度。表 4-1 呈现了问卷的结构效度,从中可以看出,KMO 值均大于 0.5,Bartlett 检验 P 值均小于 0.05,呈现出较好的结构效度。虽然有些变量 KMO 值为 0.5,但本书不进行结构方程的建模,对于本书的分析不会产生大的影响。本书的数据呈现出良好的信度和效度,可进行进一步的分析。

表 4-1 主观变量的信度与效度检验

变量	题项	Cronbach's α 系数	KMO 值	Bartlett 检验结果 P 值
家长对幼儿体质认知	肥胖率 超重率 近视率 耐力	0.86	0.67	<0.05
家长对体育可促进幼儿身心健康情况的认知	平衡感 敏捷性 独立性 协作精神	0.84	0.86	<0.05
家长对幼儿体育活动数量和活动质量的看法 家长参与幼儿体育教育情况	活动时间 活动质量 参与体育课 参与运动会	0.87 0.94	0.5 0.5	<0.05 <0.05
家长参与幼儿体育教育满意度	体育课程 体育老师	0.87	0.5	<0.05

在笔者的调研当中,就家长对幼儿体质、幼儿体育及教育的认知,对幼儿体育政策的了解,对幼儿体育课程的满意度从 3 个方面进

行了调查。调查结果整体反映出家长普遍意识到了幼儿体质下降这一问题的存在,以及幼儿体育教育对幼儿身体和心理健康所具有的积极意义,但缺乏对幼儿体育课程的深入理解,对幼儿体育教育的参与度低,且对当前阶段的幼儿体育政策也不甚了解。下面进行具体分析。

1. 家长对幼儿体质与体育的认知

表4-2显示了被调查幼儿家长对于我国幼儿的肥胖率、超重率、近视率情况的认知,被调查者普遍认为我国幼儿的肥胖率、超重率、近视率近几年有所增加。其中,超过60%的父母认为幼儿肥胖率和超重率增加,约75%的家长认为幼儿近视率增加。同时,也有相当部分父母对这方面情况不了解,可见,大部分父母意识到我国幼儿的身体素质在下降,有较少一部分父母对幼儿的身体素质情况没有概念。父母作为幼儿的监护人,是幼儿最亲近的群体,也对幼儿体质状况有更直观的了解。其对幼儿体质下降情况呈现普遍的消极认知,可见,幼儿体质下降现象较为普遍。

表4-2 被调查者对我国幼儿肥胖率、超重率、近视率情况的认知

变量	增加	下降	不变	不知道
肥胖率	802人 (63.8%)	54人 (4.3%)	120人 (9.5%)	280人 (22.3%)
超重率	771人 (61.4%)	59人 (4.7%)	121人 (9.6%)	305人 (24.3%)
近视率	979人 (77.9%)	40人 (3.2%)	73人 (5.8%)	164人 (13.1%)

表4-3呈现了家长对幼儿参与体育运动后身体与心理各项指标提升情况的认知,接近80%的家长认为体育运动可以改善幼儿的身体(身体发育程度、敏捷性、平衡感、耐力等)和心理健康(独立性、团结协作精神等)。不到5%的家长认为体育无法改变幼

儿的身心健康。可见，家长们认为体育对幼儿健康发展的作用是积极的。在认可幼儿体育重要性的前提下，家长们可能会增进对这一问题的关注，那么，家长对于幼儿体育教育是否有一定的认识呢？下面将通过家长们对幼儿体育教育和参与的态度的调查来对这一问题进行解答。

表4-3 被调查者关于体育对幼儿身心健康的作用的认知

变量	不清楚	有	没有
团结合作精神	196人（26.8%）	1009人（80.3%）	51人（4.0%）
平衡感	197人（15.7%）	1015人（80.8%）	44人（3.5%）
敏捷性	193人（15.4%）	1016人（80.9%）	47人（3.7%）
独立性	181人（14.3%）	1000人（79.6%）	75人（6.0%）
耐力	219人（17.4%）	962人（76.6%）	75人（6.0%）
身体发育程度	181人（16%）	1019人（17%）	56人（16%）

2. 家长对幼儿体育及其教育的认知与参与

从表4-4中的相关数据可知，分别有46.7%和46.2%的人认为当前的幼儿体育活动时间以及活动质量是足够的，但这一结果与笔者从幼儿体育教育专家处了解到的结果存在很大差异。根据对有关幼儿体育专家的访谈，幼儿体育教育的活动时间和活动质量参差不齐，且普遍不足的。

表4-4 被调查家长对幼儿体育活动时间和活动质量的看法

变量	一般	不足够	很不足够	很足够	足够
体育活动时间	446人（35.5%）	169人（13.5%）	54人（4.3%）	117人（9.3%）	470人（37.4%）
体育活动质量	493人（39.2%）	131人（10.4%）	52人（4.1%）	129人（10.3%）	451人（35.9%）

通过家长对幼儿体育教育作用和现状的认知可知,家长们虽然意识到幼儿体育的重要性,但对于幼儿体育的课程是缺乏认知的。这一结论可从图4-5(对幼儿体育课程概念的了解情况)进一步得到印证。在参与问卷调查的样本数据当中,对体育课程有明确了解的只有16%的比例,而明确不了解的则为23%,大部分接受调查者对于体育政策和课程的认识仅仅停留在部分了解的程度。由此,我们可以发现,很多家长对体育课程的关注度不够,需要进一步提高家长对相关政策的认识和了解,具体可以参考图4-6。

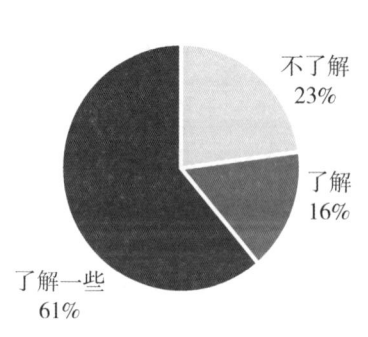

图4-5 家长对幼儿体育课程了解情况

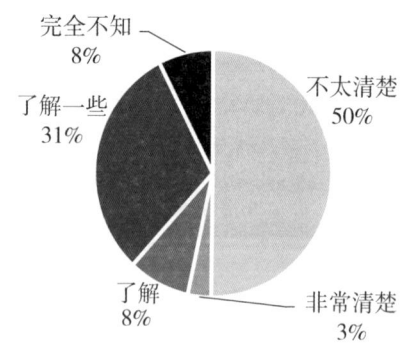

图4-6 家长对幼儿体育教育政策了解程度

家长对幼儿体育教育的认知缺乏也可能是由于较少参与幼儿体育教育所导致的(见表4-5)。超过60%的家长没有参与过幼儿体育教育的课程,接近40%的家长并未参与过幼儿运动会,经常参加幼儿体育课和运动会的家长分别不足10%和25%,接近三分之一的家长偶尔参加幼儿体育课与运动会。

在被问到自己是否对体育课程有兴趣的时候,超过96%的家长对这部分教学是比较感兴趣的,但是对于具体落实的情况缺少足够的认识,仅仅停留在以往的概念当中。图4-7展示了被调查家长对"在幼儿园开展体育课程"的态度,只有4位家长明确表示不支持。进一步了解发现,这几位家长一方面是从安全角度考虑,另一方面则认为体育活动会挤占幼儿的学习时间。可见,绝大多数家长对体育课程是支持的,但是仍有一部分家长出于安全考虑不支持体育课程的开展,更有家长认为体育课程会挤占学习时间,这是家长受错误观念的影响所致。因此,帮助家长树立正确的教育理念是一项非常重要的工作。

表4-5 被调查家长参加幼儿体育课和运动会的情况

变量	偶尔	没有	经常
您参加过孩子的运动会吗?	494人(39.3%)	469人(37.3%)	293人(23.3%)
您参加过孩子的体育课吗?	381人(30.3%)	780人(62.1%)	95人(7.5%)

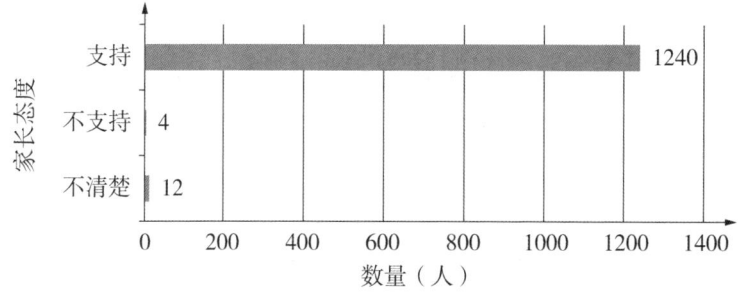

图4-7 被调查家长对"在幼儿园开展体育课程"的态度

3. 家长对幼儿体育课程的满意度

在调查家长对幼儿园开展体育教学现状了解程度的时候,我们发现,超过50%的家长觉得自己孩子所在的幼儿园体育教学环境是优于其他幼儿园的,然而,也有38%的家长无法明确地回答这个问题。(见图4-8)由此可见,大部分家长对幼儿园的体育教学是有所认识的,并且认为自己的幼儿园更好,但是在体育课程的具体开展方面了解不多,同时也缺少跟教师之间的交流和沟通。所以,缺少沟通也导致了家校信息的不对称,一方面家长难以理解幼儿园开展体育活动的初衷,难以做好配合工作;另一方面则影响家长对幼儿园体育教育的态度,不利于体育教育工作的长期开展。因此,幼儿园应该在能力范围内尽可能与家长展开关于体育教育的沟通,以获取家长更大的支持和配合,从而更好地开展体育教育工作。

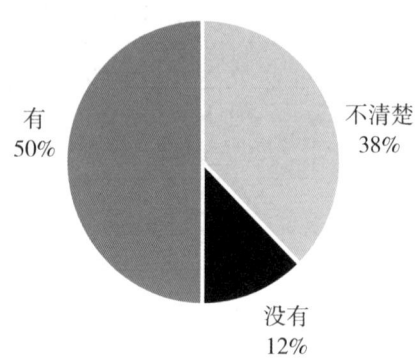

图4-8 幼儿园的体育环境是否与其他幼儿园有所不同

笔者同时调查了家长对幼儿体育课程和体育教师的满意度,整体结果显示,家长对目前的幼儿体育活动是较为满意的(见表4-6),并且认识到体育运动对幼儿的综合素质,如耐力、平衡力、敏捷性、身体发育程度等身体素质和独立性及团结合作精神,具有促进的作用。前文的调研显示,家长们意识到幼儿身体素质的下降,此处又显示其对体育课程较为满意,尽管看起来矛盾,但是这在一定程度上反映了家长们对体育教育认知的不足。根据与有关幼儿体育教育专家的访谈可知,目前的幼儿体育教育并不能满足幼儿身体素质发展的要求,但是家长并未意识到这一情况,这可能也是幼儿体育教育政策问题流未能充分形成的原因。关于家长对幼儿体育政策的了解情况的调研,进一步佐证了此处的分析。

表4-6 家长对幼儿体育课程和体育老师的满意度

变量	不清楚	不满意	满意
您对幼儿园开设的体育课程是否满意？	359人（28.6%）	39人（3.1%）	858人（68.3%）
您对孩子的体育老师是否满意？	439人（35.0%）	18人（1.4%）	799人（63.6%）

4. 家长对幼儿体育政策的诉求

在对问题"您对目前我国幼儿体育教育的相关政策了解吗？"的回答中，有532个家长提供了正面的回答，仅占全部有效问卷的42.36%。由此可以看出，大多数家长对我国体育政策缺乏了解。当这些做出正面回答的家长继续回答"您对幼儿体育教育相关政策有哪些看法呢？"的问题时，206个家长表示没有看法，其中，17位家长表示"没有什么看法，因为不懂或者了解得少"。可见，一部分家长虽然自认为可能对我国幼儿体育教育的相关政策有所了解，但是进一步提问时，其回答并不是很深入。对现行政策表示满意并且没有提到其他看法的家长有75人，但这些家长在问卷中只是简单地回答了"支持""满意""很好""好""可以""不错""继续""坚持""认可"等。

在这次的调查当中，有132位家长认为需要进一步加强体育教学在幼教中的比例，同时通过丰富课程内容等方法来提高体育教学的质量。这些家长认为可以通过"提高体育教学的专业化程度""增加老师数量""提高运动强度"等方式来增强幼儿的体魄，锻炼幼儿在运动方面的技能。由此可见，目前很多家长对于当下的体育课程内容设置是不满意的，认为需要进一步完善和丰富教学内容，才能推动体育课程在幼教体系当中的发展。同时，一些家长也会认为目前的体育教师数量不足，可以适当增加。

家长们其他的看法涉及内容较为广泛，主要包括3个方面。第一，关注幼儿全面发展，包括体育课中幼儿安全、体育课程内容要符合幼儿身心特点并因材施教、个人项目和集体项目相结合、细化体育课内容、促进幼儿身心健康、按年龄段进行体育教育、体育课时间一定要上体育课、德智体美劳全面发展。第二,合理配备幼儿体育课教师,聘用专业人员对孩子进行培训,提高幼儿教师资质。第三,完善幼儿园整体设置,要求幼儿园活动场所面积要达到一定的标准,为幼儿提供营养的膳食。

5. 比较不同题目中父母的回答结果

从表4-7可以发现,父母对"您对幼儿体育课程概念的了解情况如何?""您参加过您孩子的体育课吗?""您对幼儿园开设的体育课程是否满意?""您对孩子的体育老师是否满意?""您对目前我国幼儿体育教育的相关政策了解吗?"5个问题的回答存在显著性差异。

这些差异反映出父母在对孩子的教育中存在不同的关注点,其中,对"您对目前我国幼儿体育教育的相关政策了解吗?"回答结果的差异表明,父亲和母亲对幼儿教育的宏观政策了解不同,并且父亲的得分均值相比母亲较高(见表4-7),这说明父亲在家庭教育中更关注大方向的判断,而母亲则更关注幼儿生活中的细节及日常行为。

表4-7 不同题目中父母回答结果比较

问题	莱文方差等同性检验	
	F 检验	显著性
您对幼儿体育课程概念的了解情况如何?	6.038	0.014*
您是否对幼儿体育活动感兴趣?	0.307	0.58
您支持在幼儿园开展体育课程吗?	0.457	0.499
您参加过您孩子的体育课吗?	2.555	0.11*
您参加过孩子的运动会吗?	0.004	0.95
您认为该幼儿园的体育环境是否与其他幼儿园有所不同?	0.052	0.819
您对幼儿园开设的体育课程是否满意?	18.618	0.00**

(续表4-7)

问题	莱文方差等同性检验	
	F 检验	显著性
您对孩子的体育老师是否满意？	33.235	0.00**
您对目前我国幼儿体育教育的相关政策了解吗？	10.177	0.01**

说明：*在0.05，程度显著；**在0.01，程度显著。

综上所述，通过问卷调查可以发现，家长在对幼儿体育课程缺乏专业认知的情况下，对目前幼儿参加的体育活动是基本满意的，家长对幼儿体育以及幼儿体育课程持有强烈接受认同的态度，但是对幼儿体育政策不太清楚。从中反映出家长对幼儿体育课程的需求旺盛，但当下幼儿体育政策不完善，很多家长认为，因为缺少体质健康考核，所以导致幼儿的体质不断下降，从而演变为社会热点事件，并推动了该领域政策的制定和落实。

二、政治源流：从人口控制到公众健康的转型

金登在多源流理论中定义了政策源流的各项问题概念，同时从政府领导换届、公众情绪、权利集团等不同的角度来研究该理论所面临的各项问题和挑战[①]。西方的权力结构体系使多源流各源流之间彼此相对独立，只有当"问题天窗"开启后，形成了三流耦合的情况，随之才能打开"政策天窗"。在我国的政治制度中，政策设置前的决策过程基本上是由焦点问题引起政府的关注，而焦点问题也是要经过决策体系的识别才能进入政策制定者的视野，对于议程的进度具有明显的促进或抑制作用。由此可见，我国政治源流是一个在多源流体系当中的核心源流，发挥着"虹吸效应"，它会将问题源流和政策源流

---

① [美] 约翰·W. 金登：《议程、备选方案与公共政策》，丁煌等译，中国人民大学出版社2017年版。

都聚集在旁边,对两者的走向和生成发挥着决定性的作用①。按照这样一种对多源流的补充和修正逻辑,结合我国学前教育和幼儿体育的实际情况,政治源流如何影响着幼儿体育政策的设定,或者说幼儿体育政策在形成过程当中是否已经产生了政治源流,值得我们去研究和思考。

(一) 人口政策中的政治源流

人口政策是国之大计,在国家发展的大政方针战略中地位特殊,是近几年备受瞩目的一项重大国家战略。人口政策的涉及面非常广,不仅仅包括民生问题,还包括人口、环境、住建、公共设施、公共服务等,是一个影响结构性变迁战略的政策。在很长一段时间内,计划生育都是作为基本国策来贯彻落实的。尤其是在 20 世纪 80 年代之后,该国策被大力全面推行,并且还颁布了《人口与计划生育法》作为法律保障和依据。我国人口增长过快,这给国家当时的社会经济带来了不小的压力和挑战。当时的生产力水平和物质供给相对于人口的增长显得供给不足,在新技术革命和产业转型升级还未知的情况下,对人口增长的控制无疑是对有限资源的一种自主控制。在经历了 35 年的计划生育后,我国的人口数量得到了明显的控制,但是人口红利也随之逐步消失,国内老龄化等问题变得越来越严重。所以,国内的人口政策需要马上做出调整,尤其是生育政策需要进一步优化和转型。从 2001 年开始,就有多位学者提出要开放二胎。这当中,著名的学者顾宝昌以及王丰共同合作,组建了中国生育政策研究课题组,并且在大量的数据采集和分析之后,呼吁政府马上开放二胎政策,以此来改变人口结构。2009 年,胡鞍钢等专家在《人民日报》等报刊上撰文,详细阐述了我国人口发展过程中所面临的重大问题,进一步呼吁政府出台相应的政策来调整人口结构。2010 年,原国家人口计生委在"十二五"规划当中明确提出了开展开放二胎工作政

---

① 文宏、崔铁:《中国决策情境下的多源流模型及其优化研究》,载《电子科技大学学报(社会科学版)》2014 年第 5 期,第 12 – 19 页。

策的"试点",希望能够逐步打开一胎政策的"口子",以此来刺激国内人口的增长。2014年,二胎政策正式落实,如果夫妻双方均是独生子女,允许其生育两个孩子。2015年,在党的十八届五次全会上正式提出未来5年的规划当中要完善计划生育这项国策,并且落实人口优化发展战略,争取让每一对夫妇都可以生育两个孩子,以此来改变我国人口老龄化日益严重的现状。同时,国家对《人口与计划生育法》进行了修订。"二孩政策"的颁布从问题焦点被决策体系识别后由政治源流直接打开了"政策天窗",政策直接进入审议阶段并实施。该政策于2013年11月15日通过,2014年起试行,2015年针对该政策全面开放,并在2016年1月1日正式贯彻落实。上面所提到的这些政策从意见征求到落地只有3年时间。2021年5月,我国还出台了"三孩政策",即允许每一对夫妻都能生育3个孩子,同时优化和完善配套的生育支持政策,这样有利于国内人口结构的优化,同时解决人口老龄化等一系列问题,持续让我国凸显出在人力资源方面的优势,不断推动强国战略。可以看出,在涉及重大民生或者是国家战略议题时,焦点问题是引发政治流的关键变量,引起政策制定者的关注并且最终变成覆盖整个社会和国家的政策,成为重要的政治源流,这就是焦点问题的作用。

1. 学前教育政策的政治流现象

人口政策的制定会涵盖一些相应的配套政策,就是通常所说的"打包政策",例如,2018年7月6日,国务院正式提出了进一步健全公共服务体系的新目标,基于布局结构、资源供给、师资建设、保教质量等提出重要要求。这份文件明确了现阶段学前教育的发展目标:截至2020年,国内的幼儿园入园率已经突破了85%,而公立性质的幼儿园入园率也达到了80%的数值。预计到2035年,学前教育可以推广到整个社会,同时完成整个公共教学体系的完善工作。另外,还需要推动相关的立法工作。例如,在2018年,十三届全国人大一次会议上就对学前教育有了清晰的立法要求,预计在任期内完成审议。

从立法推动背景的角度来讲，立法这件事影响了 25.5 万所幼儿园中约 4600 万儿童。在国内正式开放"二孩政策"之后，社会焦点问题促进学前教育成了一项政策源流，从而使相关的立法工作提上议程。学前教育立法的进程逐步加快，已经进入倒计时阶段。2020 年 9 月 8 日，教育部根据《宪法》《教育法》等法律法规进行讨论，经过长期的调研与考察，出台了学前教育立法的征求意见稿，并指出，"学前教育需要得到社会各界的重视，并作为学校教育制度的基础发挥重要作用，应该界定为具有社会公益性质的发展事业"。国家开始对 3 年学前教育制度进行贯彻落实，基于性质制度对学前教育的基本定位进行明确。相关条款指出，学前教育的应用与实践需要对国家当前的教育方针进行全面落实，始终围绕社会主义办学作为主要的发展方向，对立德树人的核心目标进行明确，对当代儿童自身存在的身心发展规律进行深入了解，引导儿童形成社会主义核心价值观，实现自身的全面发展，为祖国未来的发展打下坚实的基础。从方针目标上定位了学前教育的育人目标。此外，国家还规定"作为国家政府，应该尽快实现学前教育的普及，保证其能够对城乡进行覆盖、对布局结构进行合理的优化"。明确了国家政府对学前教育的管理与投入，明确了国家、政府对学前教育公益普惠的公共服务体系的建设框架。

党的十八大以来，中国共产党始终保持着为人民服务的初心，努力解决人民最为关注的问题，从而提高人民的生活水平，让每一个人都能享受到社会发展的红利，提高人民的幸福感。习近平总书记说，要关注民生，顺应民心，这是我党的执政根基。党的十九大明确了"七有"民生问题，也就是"幼有所育、学有所教、劳有所得、病有所医、老有所养、住有所居、弱有所扶"。较之十八大提出的"五有"增加了"幼有所育"和"弱有所扶"。"幼有所育"集中体现在学前教育的公益性和普惠性方面，在提高毛入园率的基础上，国家对幼儿园的公益性、普惠性提出了新的要求。提高学前教育的福利，解决"二孩政策"带来的学前入学问题。在政策理念和方针上的调整使学前教育的焦点问题浮出，并受到了国家的高度重视，形成政治源流并推动打开了"政策天窗"，相应的议题快速进入议程并出台颁布政策。

2. 幼儿体育政策的政治流现象

幼儿体育政策包含在学前教育政策中,学前教育政策和国民大健康政策的快速发展,给幼儿体育政策带来了政策利好,但至今也还未出台关于幼儿体育政策的专项性文件。2019年,国务院正式颁布了《体育强国建设纲要》,首次把幼教体育政策当作一个重点项目来落实,明确了该领域相关的建设细节。政治流影响政策议程模型见图4-9。

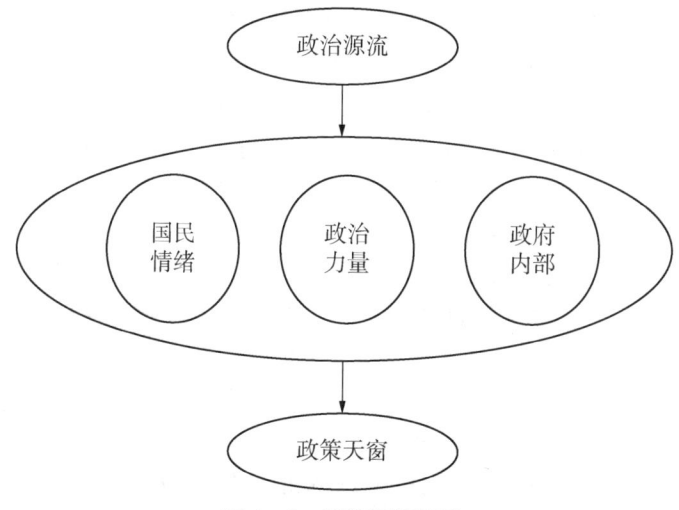

图4-9 政治源流模型

根据前文文献的分析,随着媒体对相关问题的报道,社会舆论会被逐步引发,从而提升了民众对其的关注度,并对政府部门形成出台政策的压力,这个时期被称为问题聚焦和热情高涨阶段,使迫切需要解决的问题以及其中的矛盾逐渐被外界知晓,推动政策议程。为了对这个阶段的现象进行分析,下文以计算机网络爬虫技术,对人民网"政府留言板"中"幼儿""健康""交流"等幼儿体育教育相关问题的关键词进行检索,收集民众的关注点和政府部门的回应,可以间接地反映民众的需求,甄别公共舆论对幼儿体育政策的聚焦,摸索推动政策过程的政治源流。

从国民情绪与政府回应的角度,笔者通过大数据网络爬虫的计算机技术进行分析与论述。通过 Python + Selenium + Google Chrome 搭建爬虫环境，基于 Scrapy 自动从给定的政府民意征集网站上爬取涉及"幼儿"的信息，根据指定的时间和相关度，按照指定格式，依靠脚本自动收集整理到数据库 SQLite Database。数据库中每条信息包含提出时间、内容、标记。通过设置社会对幼儿成长关注最高的 5 个关键词，分别为"健康""语言""安全""运动""交流"，5 个关键词就有长度为 5 的向量，根据这些向量用 k-means 聚类分析，聚类结果有 4 类，用中心点代表每一类的特点，初始化聚类中心，当连续两次迭代各类的中心点相差大于一个阈值时，将每个评论的向量分配给最近的中心点的类，重复计算类中心就是聚类的结果的类中心的值。统计每个关键词在每条留言中的出现次数，构造每条留言唯一的特征向量，进而以量化的方式评估每天留言的话题和关注点。2008—2020 年，政府对民众所诉求的问题进行回复的聚类分析详见图 4-10。通过 Python 的 urllib.request 收集的资源包爬取政府民意留言网站所有包含"幼儿"关键词的意见，一共 3 层路径的爬取，并且对留言回复的情况做了记录[①]。通过统计关键词出现的数量，图 4-10 表明民众对于选取的 5 个关键词提出了相关的问题并得到了政府部门的回应，一共搜索出大约 5 万条民众对政府的诉求信息，其在 2008—2020 年的发布比较均衡，2014 年前的留言集聚度较高。

图 4-11 显示，在 2010—2014 年对 5 个关键词的留言达到高峰。其中，共显示有 6000 条留言得到了政府部门的回复（如图 4-12 所示）。由此可见，以上两项关注度主要集中在 2010—2014 年。近几年的留言及回复关注度较低，这与我国的人口政策发展及对幼儿体育不断上升的需求形成了反差。

---

① 爬取路径为 http://liuyan.people.com.cn/threads/content? tid = xxx。

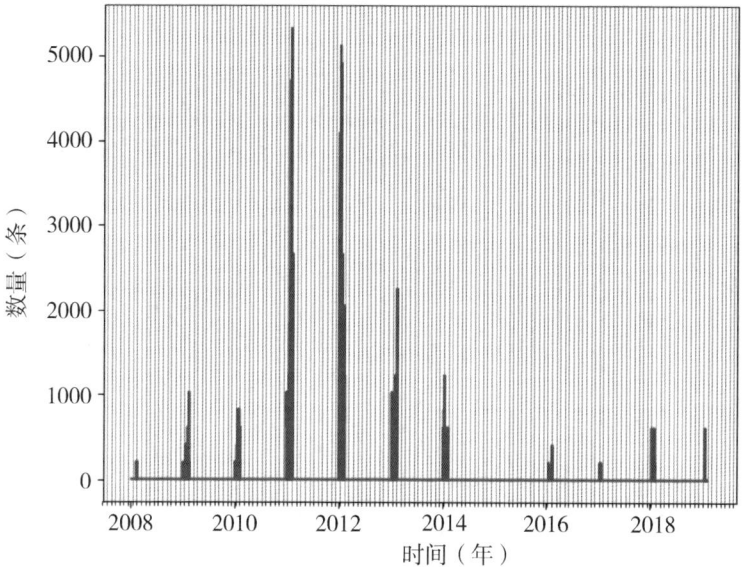

图 4-10 政府民意留言网站学前教育关键词聚类

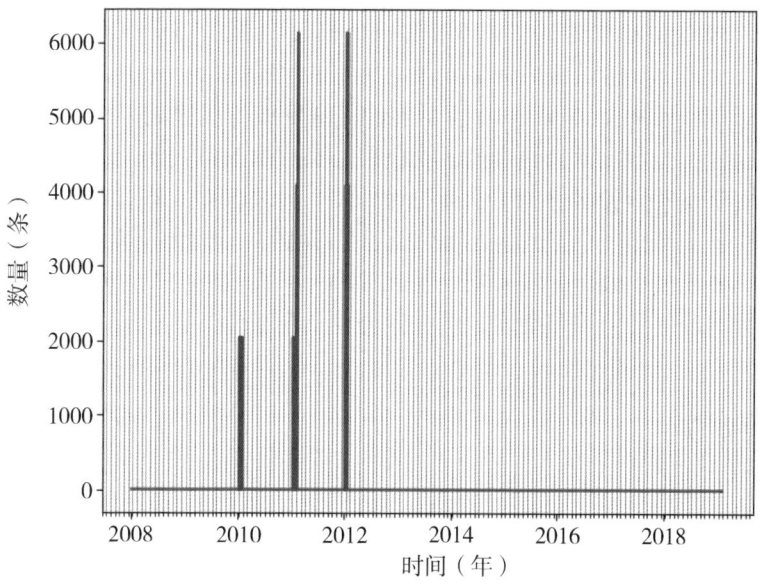

图 4-11 民众关注点随年份变化

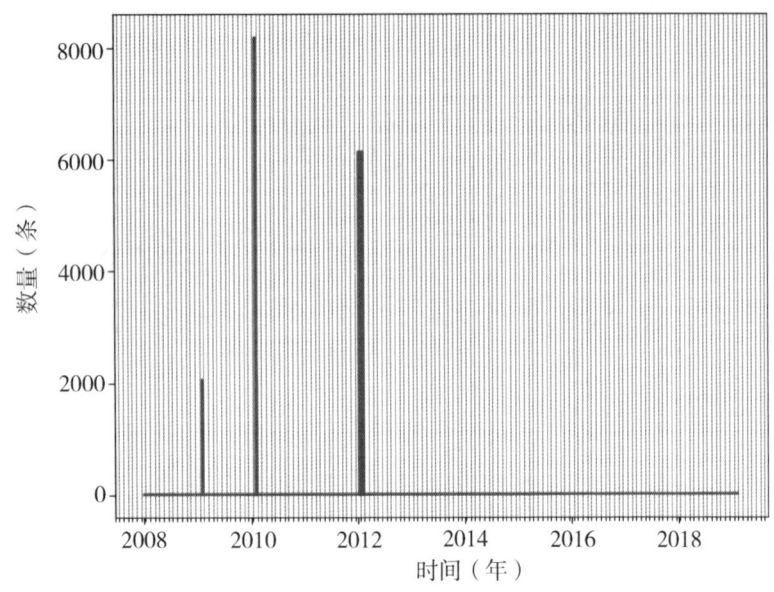

图 4-12 政府对民众的回复中"运动"关键词占比

国民情绪是政治源流当中的一个核心要素，以上的调查结果显示，幼儿体育并没有成为引发国民情绪的关键因素。一方面，从体育的育人目标来说，对 3～6 岁学龄前儿童发展的促进是一个比较漫长的过程，养育孩子和教育孩子收获的是长期的效益，因此，国民可能对短期或者当务之急的事情会更为关注。另一方面，政府对待幼儿体育的态度是比较折中的，比起"健康"问题，"体育"作为促进健康的一种积极手段，并没有唯一性和独特性。而政府的关注点在于能直接影响民生的，或是突发性的大型公共安全事件。

（二）从"奥运争光"到"健康中国"体育职能的转变

我国体育事业的发展与国家中长期发展的宏伟目标保持一致，阶段发展中的目标和任务也是非常明确的。在"十一五"（2006—2010 年）期间，全球化趋势深度发展，在中国极速提升自身国际地位与塑造大国形象的战略背景下，中国体育的发展方针强调建设竞技体育强国,特别是2008年北京奥运会上,中国首次创造了金牌总数第一的辉煌,体现了我国竞技体育的硬实力,彰显了中国的体育大国风范。进入"十二五"时期,整个世界的格局发生了非常大的变化,而我国也处于关键的转型时期,同时科技创新带来了更多的机遇与挑战。人民的物质生活逐步丰富,国家要求进一步加强体育产业的发展,把国民精神文明建设与推行健康生活方式放在重要的位置,并提出全面推进体育强国建设,逐步将我国由"体育大国"转变为"体育强国"。"十三五"时期是我国全面建成小康社会的收官阶段,其中涉及健康领域的政策继续增多,将国民健康作为优先发展的战略方针,要进一步实现建设体育强国的目标,努力将体育建设成中华民族伟大复兴的标志性事业。

幼儿体育近年来备受关注的原因有很多,包括人口的增长,国民健康生活的倡导,中小学、大学生体质健康的持续下降,近视率的上升等问题,使幼儿体育在其他政策溢出效应的影响下得到了关注。但是,政府对幼儿体育的关注并不是来源于直接的焦点事件或是高涨的国民情绪,由于注意力的分配有限,政府在很大程度上还没有主动把幼儿体育作为热点问题来看待,只会先关注其他更为重要的民生等重大问题。能够直接引发幼儿体育政策政治源流的要素尚未形成,但是,外部性的热点问题间接促进了政治流的形成。要打开幼儿体育政策的"政策之窗"还需要更多的条件,自下而上的通道已经打开,通过决策体系的识别而形成的焦点问题,能更加快速地打开"问题之窗",而获得这一前提是需要政治源流当中的政策企业家或各个政治共同体持续性的谏言和关注,推动幼儿体育政策进入"政策原汤"中,并最终获得政策制定者的关注从而打开"政策之窗"。

我国的政策议程设置与金登提出的观点存在差异,中央政府高度集权,对政策的制定和形成起到主导作用。与西方的多团体利益集团博弈不同,政治源流在绝大多数政策议程中都占据主导地位。我国当前阶段存在的政策共同体体系中涉及的人群范围与西方国家相比较窄,究其原因,主要是大部分的政策提案都由政府部门负责制定，外部人员或组织不会参与其中。尽管近几年我国的政策源流开始相继开放，但是由于利益团体无法表现出独立性，参与渠道相对缺乏，思想库多由政府控制直接产生影响，我国至今尚未出现类似西方国家的政策共同体形式。因此，下文对我国幼儿体育政策中的政策源流，特别是其中政策企业家及推动政策过程的决策者进行重点分析。

三、政策源流：理论方案与政策企业家的倡导

（一）学前教育政策、幼儿体育政策缺失的动力性分析

我国学前教育政策经过"拨乱反正"的时代变迁，幼儿体育政策与学前教育政策经历过同样的推进过程。《"健康中国2030"计划纲要》和《中华人民共和国学前教育法草案（意见征求稿）》具有重要的实践价值与应用意义，是我国学前教育发展史上不可或缺的重要文件。国家教育政策存在盲区，这导致制定学前教育政策和幼儿体育政策的动力不足。

1. 学前教育缺乏财政支持

一直以来，我国都没有把学前教育的财政纳入相关体系。学前教育事业也并未享有单独的财政列支待遇，只是被包含在常规的教育预算结构中。这一情况会导致针对学前教育的财政投入占比持续下降。（见表4-8）

表4-8　2007—2016年我国各项学前教育经费投入情况

年度	学前教育总投入占GDP的比重（%）	财政性学前教育经费占GDP的比重（%）	学前教育总投入占全国教育总投入的比重（%）	财政性学前教育经费占全国财政性教育经费的比重（%）	预算内学前教育占全国预算内教育经费的比重（%）
2007	0.06	0.04	1.29	1.24	1.25
2008	0.06	0.04	1.37	1.27	1.28
2009	0.07	0.05	1.48	1.36	1.36
2010	0.18	0.06	3.72	1.67	1.64
2011	0.21	0.08	4.27	2.24	2.19
2012	0.28	0.14	5.25	3.23	3.20
2013	0.30	0.14	5.79	3.52	3.51
2014	0.32	0.15	6.24	3.54	3.55
2015	0.35	0.16	6.72	3.88	3.89
2016	0.38	0.18	7.21	4.22	4.25

从表4-8中我们可以发现，2007—2016年，我国在学前教育领域的投入每年都在增长。其中，从侧面可以反映出国内将学前教育放在更为重要的位置上，幼儿的入园率也处于增长状态。然而在2016年，我国在学前教育方面的总体投入仅占GDP的0.4%，尤其是2010年以前，这个数值常年在0.1%以下，这也反映出国内在学前教育领域的投入依然过少。幼儿园教育当前存在的"入园难"和"入园贵"现象长期困扰着家长朋友，这也是当前社会亟须解决的重要问题。

由于上述财政支出的原因，造成各省、市、县很少有或没有把学前教育经费单独列出。对学前教育机构所占的支出比重对学前教育经费投入水平进行评估之后发现，与世界多数国家或地区相比，我国的学前教育财政投入水平相对高出不少,我国特色的经费格局初步形成①。由于学前教育存在经费上的不足,幼儿体育能分到的比例更少。

2. 学前体育教育缺乏高位政策、法律法规支撑

改革开放40年来,我国教育立法取得了巨大的成就,更有一批教育政策法规文件出台。这表明在改革开放中,教育发展的法制保障无论从质量还是数量上都有显著的提升,学前教育的立法已经通过人大草案决议,正式进入制定的议程阶段。但当前幼儿体育的法律规定一直比较缓慢,没有强制性的规定,大多隐含在学校教育政策之中,并无具体明确的表述。即使到了新时期,出台的幼儿体育政策仍呈现出法律效力弱、层次低等问题。

我国针对学前教育下发的专项法规有两部,一是在1989年下发审核的《幼儿园管理条例》,二是于1996年完成改进优化的《幼儿园工作规程》。其与体育相关的条文中,对具体的空间保障以及经费筹措等内容进行了详细地介绍,并进一步明确了幼儿教育各个阶段的内容,为保护幼儿参与体育活动的基本权益奠定了基础,确保了幼儿体育工作的顺利实施。1996年,国家教育委员会以及相关部门正式下发《幼儿园工作规程》,其中多次强调在开展幼儿教育工作的过程中应该遵循相关的基本原则,即实现体、智、德、美的全方位发展,实现不同方面的相互融合,提升学生自身的综合素质。规程中明确了体育的优先权,将其列为幼儿教育工作的首要任务,并对相关部门提出相关要求,即结合当代幼儿的独特属性,基于其身心发展的客观规律,参考各自的年龄特点,实现差异化的教育,真正做到因材施教,因地制宜,重视幼儿的个性化发展,对那些需要帮助的孩子给予更多的关心与爱护。规程中还指出,"幼儿园需要在开展各项活动时,结合幼儿自身相应的心理发展水平进行分析,对幼儿各自的个性心理品质进行不同程度的提升,重点针对那些特殊群体,进行活动形

---

① 刘建发、吴传毅:《学前教育财政投入立法的思考》,载《北京行政学院学报》2012年第1期,第94-98页。

式以及方法的合理选择,切忌千篇一律"。

已有相应的政策条例出台,反映了诸多现实问题。一是国家法律层面尚未出台学前教育法,幼儿体育的上位政策、法律法规仍处在空白阶段,当前践行的学前教育政策存在一定的缺陷,导致幼儿自身相关的教育权利无法得到有效的法律保障,从而失去应有的体育权利保护。二是不管是体育自身存在的价值、应该体现的功能,还是选择相关的手段,这些在当前阶段的学前教育政策中并未得到进一步的深挖和实践,主要是在幼儿体育的培养目标、课程设置、评价方法等方面没有制定权威性的大纲指南,仅有的教育部已经发布的《3~6岁儿童学习与发展指南》中也未提及具体的内容。三是已有幼儿体育政策实施不彻底,且监督严重不足,主要是监管上还存在各地方对幼儿园的职权管控的标准不能统一,公办与民办幼儿园在一些评价指标方面也做不到一视同仁。对幼儿园的绩效评估、等级评定还存在差异,这导致对现有的幼儿体育政策规定的执行方面监督效能低下。

3. 幼儿体育主管部门缺乏跨部门联动合作机制

我国行政管理系统是一个庞大的体系,幼儿体育管理的相关治理工作重点涉及两个部门,一是体育部门,二是教育部门。在某些方面,教育部门也会受体卫艺司以及基础教育司等部门的影响。因此,在实践过程中,应该基于实际情况和发展需求,构建自上而下的、各项元素能够联动的制度,尤其是在幼教老师的培训方面需要共享资源,并统一老师对幼教工作的认识。在当下的体制下,教育部门和体育部门是两个体系,需要相互配合,同时也要让双方发挥出各自的优势,从而使教育部门直接下达行政命令对幼儿园的工作进行有效的指导,使体育部门发挥体育专业职能,将科学化的指导服务提供给幼儿园。让两个部门都能认识到,只有共同合作才能出台更合理的、适合幼儿发展特点的、专业的幼儿体育教育政策。

从现状来看,体育部门在幼儿体育教育方面发挥的作用有待提高,例如,北京市海淀区在2019年5月20日召开全区教育大会,会议强调了体育的重要性,但是会议主要由教育局举办,尚未形成与体育部门联合召开会议或共同发布政策的合作机制。又如,浙江省是我国幼儿体育开展落实最好的一个省,也是第一个成立幼儿体育协会的省份。该协会属于群众性社会团体,内设会长、理事长、副理事长、秘书长等,要职均由来自体育局、体育科学研究所、教玩具行业企业、幼儿园等人士担任。协会被界定为群众性的体育专业型组织机构,其宗旨在于对宪法以及法律法规等进行有效的贯彻落实,参考当前存在的国家政策,表现强烈的社会道德风尚,对《全民健身计划纲要》进行深入的贯彻实施,依靠社会力量,协助体育、教育、卫生等政府部门,积极开展幼儿各项体育与健康活动,提高幼儿身体素质和健康水平,促进幼儿体育在浙江省的全面发展。其中,依托幼教产业群的集团优势,以及行业协会的带头作用,幼儿体育政策在各个幼儿园的实施情况良好,多样化的幼儿体育赛事,儿童玩教具、体育用品行业协会活动丰富,市场呈现出产、学、研一体的繁荣景象。在幼儿体育赛事中,教育局并不在其列。之所以会出现这样的情况,是因为教育等不同的部门在制定政策的时候并没有协同合作。

在当前社会治理背景下,需要进一步加强各类政策主体之间的资源共享,并且提高合作的力度。例如,可以让教育、体育等不同部门在教学过程中协调合作,打破各自的信息孤岛,从而以统一的联合制度来提高幼教的教学质量。在幼教体育发展过程中应注意各要素之间的协调,以便产生新型的合作分工机制,对具体的服务责任制度进行合理的规划与落实。另外,拓宽非政府力量的民间组织培训渠道,让更多的社会力量能够涌入幼教行业的发展和进步中,从而促进该领域的高速发展。

我们可以发现,幼教体育课程的完善和优化是一项系统性工程,涉及多个学科和领域,同时也关乎政策的落实和产生的效果。所以,我们需要整合社会各界的力量来配置资源,同时推动体育政策在各个省份和区域的贯彻落实。

目前,幼儿体育政策还是由幼儿园这个主体来执行的,所以当地的政府机构需要加强监管,幼儿体育在赛事的组织和参与中由地方的体育局提供业务指导和支持。幼儿体育监督和管理的主要部门应该是教育系统中的幼儿园,从幼儿体育的功能属性来看,体育部门有直接的管理和监督权力。但是在实际的管理过程当中,体育部门只能作为协同管理部门,而且在日常的幼儿体育活动中也只能进行业务指导,并没有直接管理的权力和职责。对于进一步推进幼儿体育的活动课程和赛事举办方面,教育局和体育局在实际的合作中缺乏有效的协同机制,具体来说,幼儿体育工作缺乏一些联席会议制度和多种形式的部门沟通会。两个部门在涉及幼儿体育方面的内容尤其是赛事与专项体育运动开展时,体育部门比较主动,教育部门比较被动。由于教育局是幼儿园行政管理的主体直管部门,对幼儿体育项目的开展和推进起主导作用,体育部门的赛事落地很多时候只能是"一厢情愿"。

(二)形成政策源流的主要推动者

1. 幼儿体育政策中的政策企业家

虽然各级政府在幼儿体育的投入中起到关键性的主导作用,但是通过科学的政策引导与社会、企业、家庭多方的协调也必不可少,通过调动社会力量和资源来共同发展幼儿体育教育,推动公共政策的形成。幼儿体育在整个体育系统、体育院校、师范院校中都是一个新兴的领域。由于我国学前教育的发展相对国外比较滞后,在幼儿体育的研究方面缺乏经验,在学前教育系统中也没有得到足够的重视,仅仅是"每日活动"而已,或者是健康领域的一个分支。但是对于幼儿自身的发展,体育是一个必不可少的科目,特别是从发展心理学的角度来看,身体的教育与智力发展、情绪发展、社会发展密不可分。随着改革开放以来物质水平的高速发展,人们的健康意识也逐渐地增强,对幼儿的保健和体质提出了更高的要求,但同时新的问题也逐步突显。随着社会的发展,家庭结构也在适应高速发展的步调,父母陪伴幼儿的时间相对减少,亲子和户外活动的时间也在被压缩,幼儿在生活中的静坐时间相对延长,从而导致幼儿体质水平呈下降趋势。一些先天发育迟缓的幼儿更是得不到科学的体育教育来进行早期的运动干预。这些现实情况也应当得到国家教育机构的足够关注。

在"人生百年，立于幼教，幼儿体育，人生奠基"的倡议下，体育界呼吁幼儿体育要向专业化、科学化、目标化发展，建立完整的幼儿体育的教学体系，在早期对幼儿的动作发展进行专业的指导和评估。幼儿体育从学科属性来讲应该是体育教育的一个分支，在学科属性上，此处的体育教育与体育学院或师范学院的体育专业有所区别。区别在于幼儿体育包含在学前教育中，没有形成独立的体育培养方式。学前教育的专家和体育领域的专家，在某些教育理念上还存有一定的分歧。幼儿体育的政策企业家中，对幼儿体育更为关注的大多是体育专业领域的人，其中包括学者专家、教师、玩具供应商、企业家等。

教育首先是一种公共资源，影响覆盖的面很广，近乎涵盖了所有的国民人群，受众体巨大。教育又是一种影响长远的资源，不仅可以传授科学文化，使人类认识世界、了解自我，而且培养的是一种具有集体人格的人性品质，会影响人类社会的长期发展。这是教育对于人类社会进步的最大作用。教育政策影响着各方的不同利益，会激发各种利益集团的活动。代表着各种利益集团利益的就是教育政策企业家，其类型及特点见表4-9。

表4-9 教育政策企业家类型及特点

类型	政治生态位	影响力范围
教育投资者	投资者是对教育行业投入资本的一群人。在我国的民办教育中，多半都是教育投资者，他们为了经济利益和社会效益而投资，也有很多是拥有教育情怀和梦想的投资者	投资者作为政策企业家的一类，会为自身的商业利益去推行政策主张并为此投入资源，但是从属性很强，话语权较弱
学者	专业领域的带头人，他们自身在教育领域就已经拥有过人的经验和知识认知，他们有专长，在长期的传道授业中拥有大批的追随者	专家学者是很有影响力的政策企业家，许多政策的颁布需要经过他们的调研，他们的政策主张因此也备受重视，话语权很强

(续表4-9)

类型	政治生态位	影响力范围
教育部门官员	教育部门的管理者,国家和政府赋予了他们行政的管理权力,同时他们也是教育资源配置上的管理者,是效率与公平的监护者,他们有代表他人发言的权利	行政管理部门的官员,主要是把控政策执行过程中的效率。他们对于政策效果有很强的感知,从而可以积极倡导、推进一些效率不高的政策改革,他们是强有力的政策企业家,但是不容易被动员
教师	教育体系终端的管理者,是实施国家政府既定的教育培养方案的人,他们在教育的一线,既是上传下达的联系人,又是知识传播的生动载体	教师是政策的执行人,对于政策的敏感度不高,只是在实际的工作经验中获得政策的优越感或乏力感,政策动员力较弱
学生	接受教育内容形成文化意识的人群,他们大多是未成年人或者是思想进步还未适应社会的一群人,他们接受教育的方式比较被动,但是他们有选择的权利	学生应该是最弱势的群体,只有在成年学生群体中才会有自发联盟对一些教育政策提出意见,是松散型的政策企业家,但他们容易引起焦点事件
家长	受教育者的监护人或者是直系亲属,他们关心的是自己的下一代,从自己受教育的经验意识出发,对于教育的效果和方式持有自己的意见,对受教育者的表现和效果关注更多	家长群体就是社会群众,组织力量薄弱,因为意见不一,彼此的联盟关系也不牢靠,但利用媒体会备受关注,他们的意见会形成问题流的初步形态

教育领域的政策企业家可以被描绘成一些政策意见的倡议者,这些企业家会投入很多资源来实现自己的目标。教育领域的政策企业家根据他们的社会职务和一定的社会地位,所倡导的政策意见的强弱自然是有所不同的,针对某一项政策提议,在影响力比较高的政策企业

家的推进下,其他的持有相同观点的或者是利益相关的、影响力较弱的政策企业家也会参与其中。这就构成了一个以政策企业家为中心的政治生态圈,同样这也是政策源流形成的基本要素之一。

我国地大物博,每次制定了一个关于群众利益的政策,必然不能在制定完第一时间进行全国推广,由此形成了具有中国特色的"先局部进行试点,再推行全国"的模式。一个新政策在试点区域获得成功后,总结经验为全民所用,这是一种可以有效降低决策错误、实现低风险运行的手段。政策参与者在从政策试点到推广的整个过程中,无论所属层级大小,即便是地方上的政策参与者,都为此奉献了自己的丰富经验,推动了政策的变化,展现了自身的企业家精神,在这个过程中有了自己的一席之地。公共政策所涵盖的内容广阔,涉及人民群众生存和发展的各个层次,想要建立一个能够符合群众切身利益、符合时代需求的公共政策,不仅需要有关部门的努力,也迫切需要各领域人才提供专业和技术的支持。

随着国家的高速发展,社会分工的进一步细化就显得尤为重要。不少行业领军人物已经注意到这一潮流新趋势,并且主动承担起这一时代赋予的重任,自觉地在制定公共政策的活动中扮演适当的角色,贡献其专业知识,从而对整个进程产生深远的影响。时代潮流和现实情况共同决定了政策企业家必然会在一定程度上影响政策的制定和变化。因此,研究者普遍认可政策企业家会影响决策者,也会推动政策制定过程,甚至认为在讨论相关问题时,可以将其作用的方式和效果并入理论框架中,作为论证的依据[1]。显然,在整个公共政策制定过程中,政策企业家的作用不可小觑。如果在某项政策提案中缺少这些政策企业家,或者这一领域的政策企业家不具备使议程推行的核心能力,那么提案政策将难以获得重视,政策建议也将被淹没在"政策原汤"中。

在此背景下,我国体育政策的推行在国家治理体系和国家治理

---

[1] 朱亚鹏:《政策过程中的政策企业家:发展与评述》,载《中山大学学报(社会科学版)》2012年第2期,第156–164页。

能力现代化的理念下也逐步发展。《"十三五"规划纲要》中提到了有关于体育产业的内容,认为在我国发展目标中,国民综合身体素质是不应被忽视的要素。因此,党的十八大报告也对这个需要重视的目标提出了准确的要求:一是促进全国各地区人民对于体育运动的积极性,组织民众参与相关健身活动;二是将我国的健康建设进程加倍重视起来,动用资源促进其发展;三是对待与体育相关的事业、产业,应当多加支持,使之得到迅速且稳定的发展。体育与健康以及相关的教育问题,不再只是一个普通的活动,而是得到了国家重视,拥有战略性指标的政策活动。与之利益相关的企业家,从此拥有了好的谏言机会,可以为相关的政策制定活动奉献自身的专业知识,推动行业的发展。当前,我们国家公共政策源流的构成如图4-13所示。

2. 政策企业家中的行政官僚

行政官僚政策企业家往往可以对社会问题进行敏锐的察觉,对政策议题进行有效的建构,并实现议题对政策议程的纳入。他们能基于当前存在的社会问题,对各自的技术特长进行有效的发挥,完成政策方案的设计,专家学者型的行政官僚往往会起到重要作用,在推进自身主张的建议中,具有很强的影响力,而且具有人大代表等身份的专家学者型政策企业家,可以在人大会议期间,把自己推荐的政策意见向更高一层的领导进行面对面的举荐。对于政策直接浮现于"政策原汤"、打开"政策天窗"是绝佳的资源渠道。政策在进入议程前期的准备阶段,也就是"政策原汤"中被挑选出来的备选议案。所以具有行政级别的专家型政策企业家,在推进政策过程中具有更多的资源优势。

在幼儿体育领域的政策企业家主要由"政策企业家""官僚政策企业家"构成,缺乏一些更高级别的"行政首脑政策企业家"与"政治型政策企业家"。幼儿体育领域提出幼儿体育重要性的政治企业家大致分为两类:一类是一线的教师、幼儿园的管理者和部分教育局的主管领导,以及行政区域的区长;另一类是在专业领域中,大多

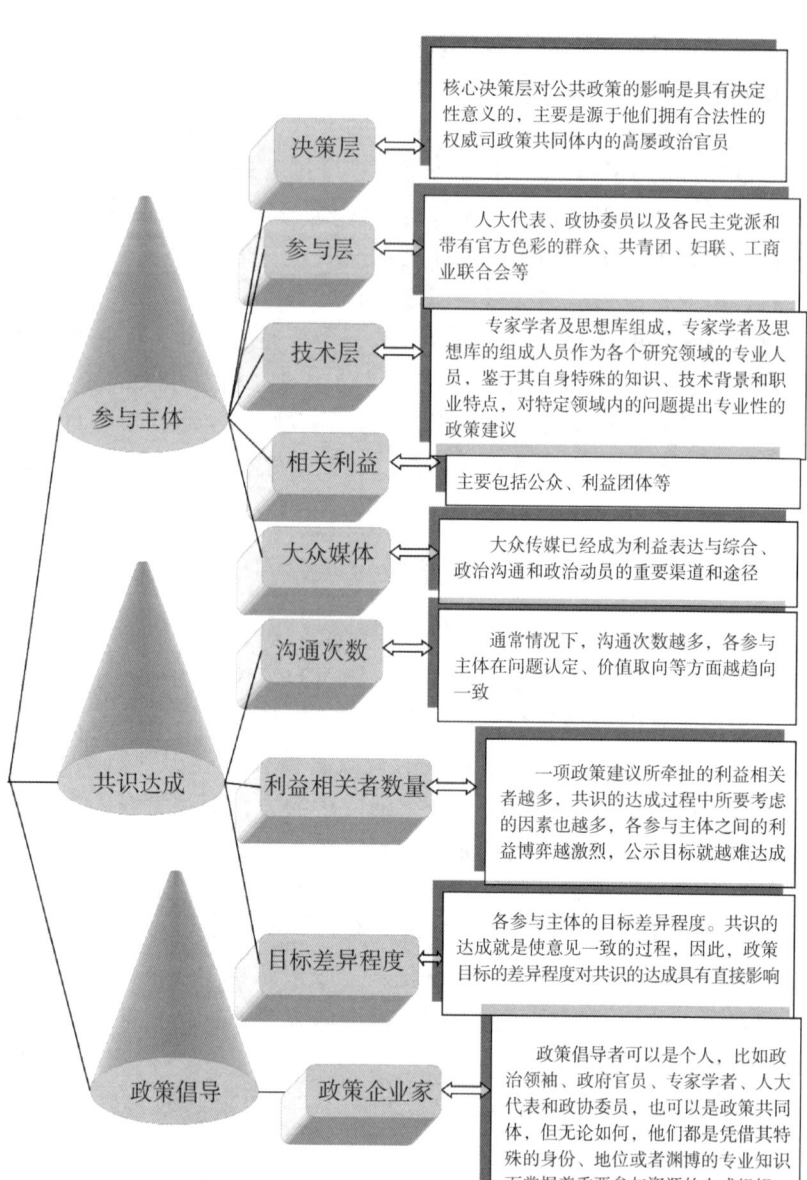

图 4-13 政策源流的构成

是体育院校的专家学者和普通高等院校的研究幼儿体育的专家学者。对这两类幼儿体育政策的政策企业家,可以将他们对幼儿体育政策的关注度与推广度做一个简单的对比,相关的行政官僚自身存在显著的专业优势,对中国当前政治体制的发展规律有深入的了解,能与决策者进行有效的沟通。由此可见,政策企业家能影响政策的推进速度和实践效果。

在政策源流核心要素中存在着利益集团或者是政策企业家。政策企业家的概念来源于西方的政治体制,他们有着鲜明的特点,如对某些社会问题直接关注,他们为了实现自己的价值,可以拿出自己的资源包括自身的财力和精力,去参与政策议题的制定,在软化政策制定系统过程中,提出自己最推崇的政策建议。他们可能是政府官员、公益活动的组织者、学者和新闻工作者。政治企业家群体相对独立,不受任何参与者的支配。政策源流模型如图 4-14 所示。

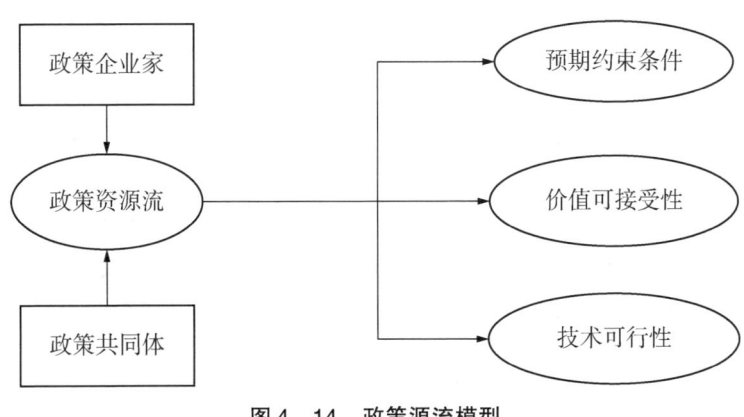

图 4-14 政策源流模型

(三) 幼儿体育的现状及其政策源流无力

为了了解政策相关者对现有幼儿体育教育政策的看法及政策的制定过程,本书访谈了不同领域的专家学者,包括北京 3 所幼儿园(公立、民办转普惠、国际)、上海东方卫视儿童节目的知名主持人

(曾经是幼儿教师)、具有30年教龄的资深幼儿体育教师潘老师(原上海某部属高校附属幼儿园党委领导),以半开放式访谈的方式了解被访谈人对幼儿体育教育政策执行、政策改革、未来发展的看法(访谈提纲见附录三)。通过对访谈结果的分析,政策企业家对目前幼儿体育教育政策的看法可以总结为以下5点。

1. 对幼儿体育教育重视程度提高,但仍有不足

目前,幼儿园的相关体育工作都是在《幼儿园工作规程》的引领和指导下开展的。该规程于1996年颁布,首次把体育放在幼儿教育中的第一位。已有30年教龄的潘老师在谈及该规程中对幼儿体育的要求时说:"我在(规程)出来之前对幼儿的户外运动就非常重视。作为上海乃至全国的标杆性幼儿园,我们在幼儿体育上走在了前面。(规程)出来后,上海市的幼儿园都在积极地做相关幼儿体育的教研活动,从运动时间到内容都有了更系统的构架。"

由此可见,各幼儿园对该规程是特别重视的,并且在幼儿教育行业内部理念上,包括生理学和医学的一些常识。幼儿教育相关工作者普遍意识到,幼儿在这个阶段的健康教育是非常重要的,其包含的多种体育活动与运动,是幼儿健康领域的一个非常重要的维度。

然而,在幼儿体育教学执行的过程中,这方面的教学没有引起教师和家长足够的重视,另外,体育课程虽然已经普及推广,但是缺少考核方面的明确要求,很多考试仅仅是走一个过场,就算没有达到相应的要求,学生仍然可以轻松地通过考核。这跟文化课考核和培养是完全不同的。此外,当下很多幼儿园甚至将体育课程当作一个特色来开设,而不是将其视为一门基础课程。这样的教学理念无疑是本末倒置的,这与政策的初衷也是完全背离的。

另外,在幼教的专业设置上还需要进一步优化和完善,目前很少有师范学校会设定专门的体育教育专业,这给国内的人才培养带来了较大的障碍。所以,我们需要统筹来考虑这个问题,完善体育专业的设置,提高人才培养的质量,让更多优秀的人才涌入幼教体育教学这个行业当中,为改善幼儿体质打下良好的基础。

2. 教师和家长的观念仍需转变

当下，幼儿教师在体育教学方面的观点已经发生了较大的变化，同时，家长也开始更为重视体育教育，虽然目前对这方面的理解和认识还是比较浅薄的。此外，家长现在虽然比较重视体育锻炼，然而在选择课程的时候不会根据自己孩子的特长来进行，而是相互比较。例如，当跆拳道比较热门的时候，很多家长会让孩子去学习跆拳道；而如果篮球热门，他们就会让孩子去学习篮球。家长的观念受外界环境的影响大，一些大型城市的国际幼儿园开展的体育项目较为丰富，家长也更加重视这方面的培养。

3. 体育教育质量不一

从访谈结果来看，目前实现体育发展的重要路径包括户外体育活动和专项体育活动。某幼儿园园长说："某些幼儿园会外请专业体育教练、专业运动团队等专业体育运动人士定期给幼儿开展体育教育，这种定期外请的方式深受幼儿们的喜爱，并且收到了较好的体育锻炼效果。"

大部分被访谈者表示，我国从 2008 年北京奥运会开始，对学龄前 3～6 岁幼儿的健康的关注度明显提升，关注度的提升促进了幼儿体育教育的发展。以上海地区为例，2012 年之后，国内幼儿园开始按照国家的要求来开展幼儿体育教学，重视幼儿的健康成长，其课程涉及范围较广，但体育教育相关内容只是其中的一部分，专业针对性不强。同时，由于不同地区幼儿体育教育观念的差异（如南方地区的幼儿园习惯将运动加入游戏之中，而北方的教育观念则只要运动就可以），《3～6 岁儿童学习与发展指南》顾及了全国范围内的适用性，却难以具体适用于上海地区。因此，虽然上海地区的幼儿园组织学习了《3～6 岁儿童学习与发展指南》，但是在具体实施过程中还是需要根据上海民众幼儿教育的观念、条件等做出相应的改变。上海某幼儿园的教师表示："我们是花了很多时间去学习《纲要》和《指南》的，包括运动板块，也学习了很多对《纲要》进行解读的书籍。"可见，幼儿园对政策学习的重视确实是做到了，但是落实的效果却很难衡量，不同专家和资深教师对实施结果也看法不一。

之所以会产生上述问题，主要有以下几个原因。一是幼儿园领导的重视程度及其专业水平。幼儿园领导或者园长对体育教育是否重视，以及关于体育教育的观念和理念，会深刻影响所在幼儿园体育教育课程的开展和实施；同时，幼儿园领导是否具备体育教育方面的专业知识，也会影响课程的设置和器材的配备、体育教学的开展等专业性。二是游戏与体育之间的关系。游戏为幼儿园体育课程的基本形式，《国家中长期教育改革和发展规划纲要（2010—2020年）》中也指出，游戏是幼儿园基本的活动形式。游戏是指导幼儿园课程实施的一个基本原则，体育教育作为幼儿园课程的一部分，也要遵循游戏教学的基本原则。但是，如何界定游戏与体育之间的关系，会影响幼儿体育教育的质量。一位专家表示，"上海现在幼儿的运动比较强调玩游戏。玩游戏本身没有错，但是不要忘记要玩出意义和价值，因为我感觉某些运动过于关注游戏本身，而忽略了游戏中运动的价值。或者说，上海一些幼儿园越来越多地把户外游戏变成户外活动的一个导向，而户外运动会有更多的'玩'的环节，比如很多老师直接把许多游戏器材、积木等交给幼儿，让幼儿自主摆玩。这种教学方式不易于在其中加入运动环节，因此，就让户外活动的运动价值打了折扣。但是由于上海整体的幼儿体育教育具有户外活动的导向，作为幼儿园领导也不能过多干涉"。三是体育教育的专业性。长期在体育教学过程中过于强调游戏，不可避免地会忽略一些问题，比如，知识技术、技能动作、正确知识的养成，锻炼习惯的养成，以及幼儿在游戏过程中对运动的选择都是没有目的的、随意。这种状况对幼儿动作的发展和兴趣的培养是非常不利的。因此，活动和游戏应该建立在拥有正确的身体运动知识、技术和技能的基础之上，与科学系统对应，并且有专业的技术指导，而不是随意选择。

4. 缺乏专业幼儿体育教师

幼儿体育专业教师匮乏的因素主要有两个方面，一方面，当下的学前教育师资力量严重不足，教师的专业化水平不高，幼儿园给予人才的待遇较差。这些问题严重影响了幼儿体育教育的发展，使该领域缺乏优质人才。并且教师在福利待遇上受到不公平的对待。此外，国内的高校在学前教育专业培养上还存在较多的问题。从表4-10我们可以了解目前师资培养的具体内容。从新中国成立之后，我国先后颁发了6部幼师人才培养的建议指南，明确了幼师必备的各项技能，并设置了包括舞蹈、手工在内的多项专业化课程，但是跟国外相比依旧存在较大的差距。这类课程缺乏基础设置，不利于人才培养。例如，在3～6岁幼儿成长阶段中，运动技能发展、运动游戏创设、幼儿特色运动项目是必要的课程设置，但都没有涉及。我国目前师范学校培养出来的幼师虽然已经有基础的才艺技能，但是在体育教学上缺乏足够的技能和经验。而国外一些发达国家在这方面则有着更为完善的培养体系。例如，英国在2000年正式下发《基础阶段课程指南》，其中明确指出，作为教师，需要具备"精心设计游戏"的能力；美国全国幼儿教育协会（National Association for the Education of Young Children）多次强调，作为幼儿教师，需要具备优秀的身体素养以及体育教育方面的能力。

随着幼儿体育教育环境的改变，幼儿园逐渐注重引进专业的体育教师，但是，目前由于专业体育教师匮乏，很多幼儿园教师并不知道如何开展专业的体育教育课程，虽然现在幼儿教师有热情，但是缺乏开展幼儿体育教育的专业知识和技能。3～6岁是儿童身体技能发展的关键时期，如何在幼儿的游戏和运动项目中设置专业的课程，对体育教师的专业化技能水平要求较高，亟须既懂体育又懂学前教育的幼儿体育教师。一位接受访谈的幼儿园院长说："对于那些学前专业毕业的人来讲，应该接受专业的培训与教育，掌握多种技能和丰富的理论知识。对于体育专业毕业的人来说，假设他想兼职幼儿体育教师，应该接受专业的学前教育知识培训，提升自身的专业能力。就当前而言，以幼儿体育教师培训输送作为商业模式的机构数量剧增，遍布全国，培训水平不一，监管相对松散，市场发育不完善。"

表4-10 幼儿师资培养政策中体育内容统计

文件名称	颁布机构	颁布时间	体育与健康的科目情况	体育与健康的相关内容
《师范学院教育系幼儿教育专业暂行教学计划》	教育部	1956年2月	幼儿卫生学、人体解剖生理学、幼儿心理学、幼儿园活动性游戏与体操教学法	幼儿园活动性游戏与体操教学法：幼儿体、智、德、美全面发展的理论及其在游戏、作业、劳动中的实现，幼儿活动性游戏与体操的意义，教学目的与任务，教学方法与设备等
《幼儿师范学校教学计划》	教育部	1956年5月	幼儿卫生学、人体解剖生理学、幼儿心理学、体育及体育教学法	增加幼儿园活动性游戏体操及其教学法，减少数学、物理等学科的教学学时
《幼儿师范学校教学计划（试行草案）》	教育部	1980年1月	幼儿心理学、幼儿卫生学、体育及体育教学法	讲授幼儿解剖生理特点、幼儿保健卫生和营养常识，培养学生组织幼儿体育活动的能力

(续表4-10)

文件名称	颁布机构	颁布时间	体育与健康的科目情况	体育与健康的相关内容
《幼儿师范学校教学计划》	教育部	1985年5月	幼儿心理学、幼儿卫生学、体育及体育教学法	讲授幼儿心理、解剖生理特点、幼儿保健卫生和营养常识、幼儿体育教学法讲授,培养学生组织幼儿体育活动的能力
《三年制中等幼儿师范学校教学方案(试行)》	国家教委	1995年1月	幼儿心理学、幼儿卫生保健课程、体育	了解幼儿生理、心理发展特点规律,掌握保育和教育幼儿的基础知识和技能,开展幼儿教育活动所需要的技能技巧
《教师教育课程标准(试行)》	教育部	2011年1月	幼儿游戏与指导、幼儿健康教育与活动指导	把教育融入幼儿的生活和游戏中,让幼儿在愉快的幼儿园生活中健康地成长

5. 针对幼儿体育教育的专项政策匮乏

目前,关于幼儿教育的政策文件比较少,专门针对体育教育的文件更是欠缺,幼儿教育政策没有在整体上形成体系。针对制定幼儿体育的专项政策要从两个方面入手:一方面要站在高位,从政策体系建设的全局观入手，建立科学持续发展的政策体系；另一方面，幼儿体育政策目标需要进一步的统一，以健康教育为核心价值与青少年体育政策形成共同的利益价值观。一位园长在访谈中说道："我们（幼儿园）也很希望能够多推进体育方面的教育，但是在实施的过程中，上级的政策比较模糊，有时也经常变化，（我们）有些无所适从，更谈不上如何有效地贯彻了。"

从以上的访谈内容可以看出，幼儿体育正经历着一个从无到有、从弱变强的发展过程，现在教育理念和家长观念对幼儿体育的认可度大大加强。但全国的发展水平仍有地区性的差异，现实性的问题突显，表现在幼儿园的管理者对幼儿体育的认同感不尽相同，在重视程度和幼儿体育理念价值观上有较大的差异；专项体育师资缺乏的问题尤为明显，男教师的数量更是亟待增加。对以上的问题，我们需要站在高位，瞄准源头性的问题。

（四）幼儿体育的政策源流出路

1. 统一幼儿体育政策目标，形成利益共同体

幼儿及青少年的健康关系国家的未来，积极倡导"家园共育理念"——国家、社会、家庭、幼儿园达成共识并形成合力，才能实现幼儿体育的应有价值。[①] 凝聚幼儿体育政策目标，并达成共识是实现这一价值的先决条件，要将幼儿体育政策中的各个层面的目标紧密有机地结合起来，在政策上形成利益共同体，我国幼儿体育政策的目标最终才能达成。当前由于幼儿体育处于"从少到多""从繁到精"的转变期，全国各地指定的幼儿体育政策尚处于"各行其是"的状态，缺乏整体上的相互促进和繁荣的机制，幼儿体育政策目标分散尚未形成利益共同体，没有形成政策的溢出效应，无法达成政策合力。只有将国家、社会、教育、家庭以及个人目标统一，才能进一步完善

---

① 钟秉枢：《体育强则中国强，国运兴则体育兴》，见《人民政协报》2019年1月24日第4版。

我国幼儿体育政策体系，继续强化和坚持以促进"健康第一"的核心思想，只有幼儿体育理念目标形成共识，才能使各方利益群体在实践中凝聚成共同体，才能促成政策的溢出效应。

以北京市为例，除了1996年教育部出台的《幼儿园工作规程》，以及北京市出台的关于加强幼儿体育或身体素养方面的一些文件，没有其他专门针对幼儿教育的、系统性的文件。2010年，下发的纲要中明确表示，"应该对素质教育进行全面推广，定期开展丰富的体育活动和艺术活动，实现学生自身运动能力的提升，在活动中培养较高的艺术素养，真正完成全面的发展目标"。不过，具体的规划内容是在10年前制定的，难以适应时代的变化和需求。其他设计幼儿体育教育的文件还有《中小学幼儿园安全管理办法》，以及北京市颁布的幼儿卫生保健蓝皮书。但是，海淀区在幼儿教育方面相对较为重视，例如，海淀区在2019年5月20日召开全区教育大会，大会明确了未来5年的主要发展任务，提出以健康为本，推行各种各样的体育活动，加强幼儿的体格锻炼，发扬传统体育文化，比如武术、足球等；并提出要为迎接北京冬奥会加强身体健康素质教育，以课程建设为主，全面推进，全面落实。由此可见，专门针对幼儿体育教育的政策文件亟待出台。

2. 健全幼儿体育政策科学体系

幼儿体育政策体系应该构建在我国已有教育政策基础上，从发展战略、制度建设、战略规划和实际操作4个方面来着手。第一，幼儿体育战略是从全局性、大局观、高层次对幼儿体育未来的发展进行设计谋划，包括指导方针、思想、任务和目标等。第二，幼儿体育规划是具体化幼儿体育战略的呈现，针对当前《"健康中国2030"规划纲要》建设中我国学前教育、幼儿体育面临的宏观性和发展性的问题，规划内容包括体育指导思想、幼儿体育基本理论、目标任务设定、监督与保障举措等内容。第三，幼儿体育制度建设需要的是一系列规范、稳定和成熟的幼儿体育政策，是对我国幼儿体育规划具体化的呈现，涉及幼儿体育权利、体育师资、体育教材、体育产品、经费、器材等领域。第四，实际操作性政策主要是针对幼儿体育发展中就某一领域或特殊问题而制定的具有较强的灵活性、实施性的具体行动、方案等，可以及时地修正或者终止。通过以上4个方面完善我国幼儿体育政策体系，为保障实现幼儿体育事业健康发展奠定基础。

3. 加强家园互动，提倡亲子运动

和谐社会一直是我党着力构建的一种中国特色社会主义社会形态。在构建社会主义和谐社会过程中，家庭和社区是基本的单位也是精神文明建设的主要载体。幼儿园和家庭的互动也是学前教育所提倡的。孩子的教育多半是从家庭中获得的，所谓"身教重言教"。在幼儿园体育教育理念上，要形成与家长的良性互动，倡导家长和孩子日常的亲子交流和互动，把体育游戏作为与孩子沟通的一种方式，家长从中也能体会到体育重要的育人功能和沟通促进亲子关系的功能。社区作为连接家庭的载体，应该多组织各种形式的亲子运动会，促使更多的家庭参与其中，使幼儿体育在社区内形成文化场域，形成孩子、家庭、社区一体化的体育文化，成为构建和谐社会的一种良性示范。

四、我国幼儿体育政策多源流演进的理念转变

政策的形成是一个动态的、渐进式的发展过程，是对过去的补充和修正，是从以往的经验中逐步完善的修订过程，一些专家学者称之为"保守主义"政治生活决策过程。在对完全理性的决策模型进行批判时，政治学家查尔斯·E. 林德布洛姆首次提出了渐进主义模型[1]。在我国的政治生态下的决策过程中，一些政策的形成发展可以以渐进主义作为分析模型。通过多源流视角探究推动学前幼儿体育政策发展，为我们理解和梳理推进政策各个阶段的主要决策团体，以及

---

[1] LINDBLOM E. The science of "muddling through". In *Public administration review*, 1959, 19 (2): 79–88.

代表这一团体的核心力量结构，打开政策"黑箱"，提供了有效的路径。

（一）政治源流：新时代发展的教育强国理念

我国的幼儿体育政策是学前教育政策的一部分，在不同的阶段被提及，并且有着与当时宏观教育政策导向相一致的特点。另外，学前教学政策不但拥有其他政策的表现特性，同时还拥有层次性等不同的特征。改革开放后，我国的教育政策被屡次改革，从高考到九年制义务教育的改革发展，再到学前教育改革，不断地推陈出新，教育目标和教育理念都顺应着时代的发展。经过40年的发展，学前教育政策中关于幼儿发展的内容规定仍然在不断地变化，关注幼儿身体健康水平、卫生习惯、智育与语言发展、德育发展"五大领域"的教育理念不断地演化和深入。在渐进的发展过程中，学前幼儿体育政策在多源流的相互作用下被推进。在重塑时期，由于执政理念和大政方针的重大调整，在政策制定上，集权的政治权利使政治源流具有权威强势的力量。《城市幼儿园工作条例（试行草案）》是1979年教育部在改革开放后颁布的第一个幼教规章。在1980年《托儿所、幼儿园卫生保健制度（草案）》、1981年《幼儿园教育纲要（试行草案）》等以及"优生优育"的政策背景下，学前幼儿体育得到了国家政府的重视，政策制定上政治源流主导政策形成，内容上要求幼儿园配有必要的、适合幼儿成长发展的体育活动和场地设施，目标上要求在"发展体育运动，增强人民体质"的口号下，提高对幼儿体质健康的重视。

（二）政策源流："健康第一"理念的共同认知

进入21世纪，我国的整体综合国力得到了巨大的提升，政治经济文化高度的繁荣，学前幼儿体育也进入发展阶段（2000—2015年）。在"健康第一"理念的指导下，学前幼儿体育得到了更多的关注和认同，不仅学前教育领域提高了对幼儿体育这一问题的重视，而且高校和体育部门也将幼儿体育纳入研究和实施的领域。学前幼儿体育政策共同体逐步形成。在此之前，1989年国家教育委员会正式下发的《幼儿园工作规程（试行）》以及《幼儿园管理条例》等文件，其中对幼儿园的教育理念和目标做出了明确详细的规定，幼儿园不但要落实好基础的教育工作，同时还应该让幼儿朝着德、智、体、美的方向全面进步，确保得到健康的发展。其中明确规定，"以幼儿为例，其户外活动时间一般不能低于2个小时"。幼儿体育在学前教育内容中排在首位。1990年，世界儿童问题首脑会议正式召开，并针对多项文件进行审批和颁布。李鹏代表中国政府签订了相关协议，并针对具体的内容进行阐述。1998年，国务院以及相关部门正式通过《90年代中国儿童发展规划纲要》，将儿童的健康成长和发展作为核心内容，把幼儿的生存与健康放在首位，并通过国务院以及各省、自治区、直辖市人民政府相继建立了儿童工作协调机构，再一次强调了以优生优育为前提，提高人口身体素质，其中，幼儿保育中的体育健康备受关注。这进一步加强了中央到地方体育、教育、卫生各部门对幼儿体育工作的重视，促进了幼儿体育政策共同体的形成。

21世纪，原卫生部发布《2001—2010年中国儿童发展纲要》，主要是为了促进儿童更健康地发展，确保儿童在成长过程中拥有提高体质、参与运动的权利，为儿童的身心全面发展创造良好的外部环境。目前，国内的幼儿健康水平已经达到了发展中国家的标准，但是跟发达国家标准相比，还是有很大的差距。2008年，北京体育大学、首都体育学院等联合发起举办的"中国首届幼儿体育高峰论坛"，是我国第一届关于幼儿体育的高峰论坛，昭示着高校对幼儿体育已形成政策共同体，也表现出幼儿体育政策在国家各部门颁布的政策中得到了足够的重视。

（三）问题源流：信息化网络的直接表达路径

从幼儿体育政策的育人理念发展来看，体育始终占据着学前教育政策的重要位置。不同的时代对幼儿体育的表述有明显的不同，总的来看，可分为3个发展阶段：一是生存健康，从儿童权利的角度强调幼儿的生存权和健康权的保障；二是保教卫生，从日常生活习惯培养幼儿的自理能力；三是体质健康，更加突出在幼儿阶段对身体运动动作的发展，强调幼儿体育在学前教育五大领域发展中的不可获取性和重要性。

我国于2016年开放的"二孩政策"以及在2021年开始执行的"三孩政策"，给我国未来人口结构和社会资源分配带来了新的问题，更多的家庭在育人理念上倾向于孩子的个性化发展，其中，体育与健康问题备受关注。同时，我国儿童青少年近视率居高不下，学生家长普遍反映学校的课业繁重这一问题，这引起了最高决策层的重视。习近平总书记对学生近视问题做了重要指示批示，提出要切实加强新时代儿童青少年近视防控工作，教育部会同国家卫生健康委员会等八部门制定了《综合防控儿童青少年近视实施方案》。方案中指出，孩子视觉发育的关键期是0～6岁阶段，在养护过程中，家长应重视孩子的视力保护和促进眼部健康。让孩子能够增加每天接触自然光的时间，多参与户外活动。通过创建良好的家庭活动氛围，来让孩子提高对体育运动的兴趣，让他们可以掌握一些体育技能，主动参与体育比赛当中，增强自己的体魄和团队合作的能力，并形成终身锻炼的良好习惯[①]。由于网络媒体具有多渠道、影响深远等特质，焦点问题被政府关注的概率大大提高，民众对自身的诉求和表达有了合理、高效的渠道，引发问题源流，直接引起政策制定者的重视，这开启了"政策天窗"并出台了相关政策。

从以上各个时期学前幼儿体育政策的发展历程中可以发现，从保教内容中对"身体健康领域"的关注，到"健康第一"以人为本的幼儿体育教育理念，再到"增强体育兴趣和运动时间"，政策内容从"关注"到"实施"这一环环相扣的过程体现出政策制定者对学前幼儿体育的逐步重视，颁布的政策内容从"宽泛"到"具体"，政策制定的主体不断地扩大。多源流在政策形成过程中，表现出由政治流主

[①] 《教育部等八部门关于印发〈综合防控儿童青少年近视实施方案〉的通知》（教体艺〔2018〕3号）。

导,政策流参与,问题流引发的各源流交替、互相影响渗透的特点。

五、本章小结

首先,问题源流的形成与包括焦点事件、危机、指标、预算、反馈等重要变量有关。如果社会上的这些因素形成了合力,那么问题源流就会产生。目前,国内3~6岁阶段的幼儿群体数量约为4600万人,而这些幼儿的体质却在不断下滑,这势必会影响我国未来的发展。我国政府先后出台了多项提高幼儿体质的指导性文件,但是其所能够发挥的效能有限,情况不容乐观。幼儿体质下滑已经成了一个严重的社会焦点问题,也受到了众多家长的重视和关注。目前,在幼教体育教学方面,缺少人才和课程标准,同时对幼儿体质教学也没有统一的考核指标,进而造成了幼儿体育教育严重缺失,从而演变为问题源流。在开启"政策之窗"之后,我们发现主要有幼儿体质需增强以及体育教学需完善这两方面的问题要解决,这也是政策制定和落实的主要目标。

其中,以欧美为代表的"体适能"这一概念,把幼儿的体质与幼儿体育的关系紧密地结合在一起,进一步说明了幼儿体质与幼儿体育有着密不可分的关系,两者相互促进。良好的身体素质是运动表现力的前提条件,有组织、有计划、科学化的运动可以非常有效地促进体质的良性发展。我国的幼儿体育研究相对比较晚,为了达到优生优育的目标,国家卫生健康委员会、国家体育总局、教育部都在号召和呼吁加强幼儿的身体锻炼和科学保育。新中国成立后,人民的身体素质和体育锻炼在逐步改善并加强,随着政治、经济、文化的发展,学前教育越来越受到重视,幼儿体育和幼儿体质也在飞速发展,研究此领域的专业学者也越来越多。随着时代和科学技术的迅猛发展,新一代的教育工作者把幼儿体育与幼儿体质结合,并融入科学化的体育游戏和课程中,再推广到幼儿园,使幼儿体育得到了实践意义上的发展,也使幼儿体育研究朝着更加科学化、常规化、实践化的路径发展。为保障幼儿体育的实施落地,国家和政府应该多角度、长期性地制定幼儿体育的政策和法规，确保政策的落地和执行。在学前教育发展步入快车道的历史时期，幼儿体育政策势必迎来新的发展机遇。

其次，从改革开放至今40多年来，随着学前教育政策和幼儿体育政策的发展和变化，从公共管理过程理论出发，对相关的议程设置、多源流、政策网络、倡议者联盟等理论进行研究。经过系统性的梳理，对有关幼儿体质健康和体育活动的政策进行整理和厘清，结合现实中的情况从中发掘出政策推进的动力模型。从中发现，我国的学校体育政策涉及中小学、大学的政策比较多，相比之下幼儿的体育政策非常少。从政策的保障与实施角度来看，中小学有《义务教育法》的规定，大学有《高等教育法》的规定，但对于学前教育尚未出台学前教育法。这导致学前教育政策和幼儿体育政策执行力缺失，教育实施的效果偏差很大。幼儿体育由于缺乏制度与法规上的保障，落实情况不容乐观。当下，很多幼儿园都将体育课程当作特色来执行，却忽略了体育课程其实也是基础教学的内容。这样的理念其实是错误的，并没有正确认识到幼教体育课程的重要性和影响力，而只是大搞形式主义，对于增强幼儿体质并没有实质性的帮助。2012年之后，我国第一次颁布了《3～6岁儿童学习与发展指南》，明确要求根据指南来开展幼儿体育教学，重视幼儿的健康成长，体育教育仅仅只是该指南当中的部分内容，涉及的专业知识不多。在执行政策的过程中，我们可以发现教育和体育两个不同的部门难以相互协同合作，双方在配合上存在较大的难度。如果能够确保双方紧密合作，并发挥各自的优势，那么体育教学就能够更为专业化，也能取得更好的效果，增强幼儿体质，帮助他们健康成长。

最后，在多源流理论当中，政治源流主要是由公众情绪变化、政府更迭、意识形态、政党在权利集团当中的变化以及各种利益集团压力活动等诸多因素的集结。幼儿体育教育政策包含在学前教育政策当中，学前教育政策的快速发展给学前体育教育政策带来了政策利好，但至今仍未出台关于幼儿体育教育政策的专项文件。2019年，国务院出台了《体育强国建设纲要》，首次将学前教育规划当作一个重点项目来执行。这份纲要明确了目前学前教育发展所涉及的师资力量、各类体育器材等相关内容。总体来看,在社会各界人士的不同诉求当中,对于学前教育当中的体育教学并没有统一的认识,因此,政府会将更多的关注点放在增强学生体质以及活动普惠等方面。在幼教体育政策制定的过程中,政策企业家其实是一股非常重要的力量,会影响政策进入议程讨论的时间以及最终的结果。政策企业家也是对一项政策议题全力支持的一群专业人士,他们可能是某项政策涉及的某个行业的学者、专家、利益相关者。在教育和体育领域中都会有相关的利益者、学者、专家作为政策企业家出现在幼儿体育政策制定的过程当中,但从体育的角度,应该是体育部门的居多。在提出议题的主体行政部门来看,由教育部门作为政策的发起者,问题在于学前教育中缺乏体育方面的政策企业家引导,导致体育政策在设计中、在重要的细节上缺乏科学性。

在国家对大众健康和青少年儿童的体质健康的全面重视的大背景下,倡导体育课程体系强力实施的政策企业家崛起。在顺应执政理念方针政策下,对于幼儿体育的政策性提及也越来越多,幼儿体育政策问题流、政策流、政治流逐步形成,加速了幼儿体育政策推向一个新的政策议程的进程。在提倡幼儿体育的专家中,大部分是体育事业部门或是高校研究学校体育的专家和学者,他们构成了幼儿体育政策的主要政策团体。幼儿体育政策在这样的背景中才被政策企业家频繁地提出。在提案的过程中,很多的学术会议和政府专项议题都将幼儿体育作为重点内容,政策源流才逐步形成。政策流对于幼儿体育政策进入"政策原汤"中发挥了重要的作用。在我国的政治体制中,任何的公共政策形式,都是由政治源流引发而形成的,政治流就像引起的旋涡,会把政策源流和问题源流聚集在周围,影响着二者的走向[①]。决策体系也会从"政策原汤"中筛选和甄别政策建议。近年来,随着网络媒体的高速发展,社会的焦点问题在传播上更为高效和通达,问题源流直接引发的政策建议迅速受到政府的关注,甚至在权重上更

---

① 文宏、崔铁:《中国决策情境下的多源流模型及其优化研究》,载《电子科技大学学报(社会科学版)》2014年第5期,第12–19页。

优于另外两股源流①。问题流的影响力和激烈的程度会直接影响政治流的存在与否,而政治流中的政治核心人物的重要性批示,又会决定政策流的存在与否。在这样的逻辑演绎下,构成了我国学前幼儿体育政策发展的形塑路径。

---

① 毕亮亮:《"多源流框架"对中国政策过程的解释力:以江浙跨行政区水污染防治合作的政策过程为例》,载《公共管理学报》2007年第2期,第36-41页。

第五章　政策网络要素与多源流框架调适

在运用多源流框架研究幼儿体育政策时，从中国政治环境的现实情况出发，对政策议程的前决策过程进行分析，可以发现，运用多源流理论研究幼儿体育政策形成的过程，并非简单的理论套用，而是在事实经验的基础上才可以进行的。一方面，从理论的角度，多源流理论本身有所缺失，对政策的预测以及各源流相对保持着独立，互不影响，只有当"政策天窗"开启后才会形成耦合，这些典型的多源流框架在中国的适用度遭到了挑战和质疑[1]。另一方面，在实际政策推进的主体间，存在着不同的行动者，这些行动者的互动和博弈构成了政策网络[2]。在我国的政治语境中尚未形成政策企业家或是政策联盟，但在利益团体中可以划分出各个行动者代表的利益群体。多元群体的互动和推进影响了多源流中各个源流形成的动力，在问题流、政治流、政策流中都会有政策网络行动者的力量牵扯和权力博弈，这促进了多源流的流变形成。本章讨论的是在政策网络要素的嵌入下，对多源流模型进行补充调适，并回归政府、社会、市场的现实场景中，在不同的利益关系和力量对比中，研究学前幼儿体育政策的内部动因以及调适机制。

国内目前依然是围绕着政策制定者来决定议程的整个网络模式，另外的主体会依附在核心周边，同时通过竞争来抢夺注意力，从而形成对政策制定和推行的影响。政策的制定和实施离不开多元行动者，政策网络正是由这些多元行动者组成的一种网状结构。本章将重点探

---

① ［美］萨巴蒂尔：《政策过程理论》，彭宗超等译，生活·读书·新知三联书店2004年版。

② LEEUW E, HOEIJMAKERS M, PETERS D T J M: Juggling multiple networks in multiple streams. In *European policy analysis*, 2016, 2 (1): 196–217.

讨多源流框架内部的政策网络系统的运作逻辑,以及政策网络行动者在幼儿体育政策推进过程中扮演的角色和作用,并分析政策构建的过程。政策网络行动者分别处于各自的政策环境中,他们有着各自的身份地位,并且具备极为复杂的利益关系,甚至在某些利益者之间存在鲜明的冲突关系,这些因素都是影响学前幼儿体育政策能否顺利颁布的重要原因。因此,分析政策网络行动者所处的环境及其协作关系是政策分析的必要环节,在此基础上也探讨了在多源流各源流内部推动源流形成流变以及互相渗透的内在动力,分析我国政府部门在幼儿体育政策方面的协作关系和存在问题,归纳幼儿体育政策缺失的因素。

一、多源流政策网络环境框架

(一)政策网络行动者圈层

诸多的利益相关者以及他们之间的互动关系,构成了幼儿体育政策的网络式生态环境,这些网络内的利益相关者依据自己所处的特殊环境,选择相应的行为方式,同时政策网络环境也在潜移默化地影响着行动者。英国学者罗茨曾在相关政策网络中就政策网络的分类、具体特征进行描述,其认为处在幼儿体育中的网络行动者共有5个网络层次,分别是政策圈、专业圈、地方圈、生产者圈和议题圈。各圈层之间的关系见图5-1。

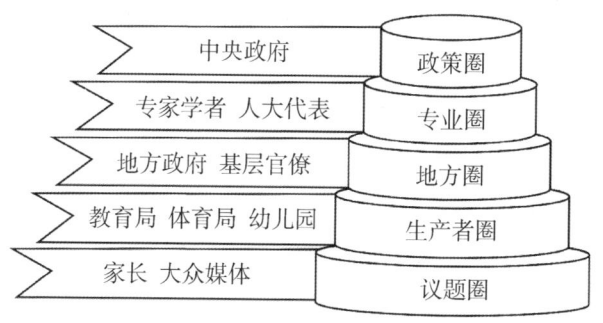

图5-1 不同政策网络环境中的行动者分布

从图 5-1 中可以看出，就学前教育中的幼儿体育教育问题而言，网络行动者和政策网络环境相互影响，不同的网络环境中分布着代表各自身份的网络行动者，这些网络行动者以自身的独特性影响着政策网络结构。另外，政策网络环境的特征也时刻影响着政策网络中的行动者，且这种影响主要表现在网络行动者的认知和行为上。不同政策网络圈层具有如下特点。

政策网络圈层。政策网络圈层通常指的是行政机关、立法机关。在本书中，政策网络圈层指的是中央政府。中央政府通过颁布法律和行政命令由上至下地开展工作，统揽全局，制定宏观结构方向，对各地方政府垂直领导，行使管理权。

专业网络圈层。专业网络圈层中的大部分人是教育领域里的专业人才，幼儿体育政策中的专业网络主要包括各个高校的专家学者、政协委员和人大代表，其中一部分人既是学者专家，又有政府行政职务。

政府网络圈层。本书中该圈层的代表是地方政府。幼儿体育中的地方政府既是中央政策执行者，又是教育政策和体育政策的具体最终制定者，而且拥有更多的自主权，其依照中央的文件精神结合当地的实际情况自行裁量。

生产者网络圈层。该圈层主要是表示某部分利益群体，包括政策的受益者以及执行者等。这些群体在自己的势力范围中能向政府提出自己的意见，如幼儿园就是在幼儿教育政策中的生产者圈层。

议题网络圈层。相比上面谈到的 4 个圈层，议题网络圈层更为松散，处于这个圈层的行动者能够获取的网络资源相对匮乏，与其他圈层中的网络行动者以及周围环境发生有效互动的难度更大，处于边缘化角色的地位。在幼儿体育中的广大家长与一些大众媒体就属于这个网络圈层。

以上的 5 个圈层，以权利的大小分布来划分，政策圈位于中心，代表了政策制定机构。往外一层是专业圈，以人大代表和各领域的专家学者为团体，这些专家学者中的不少人具有双重身份，即在专家学者的头衔下还有一定的政府行政职务。再往外是地方圈，通常是地方政府，是官僚体制内运行的执行机构，多起到一种上传下达的纽带作用。地方圈之外是生产者圈，代表着不同行业事业的团体，多是以行业属性为代表，具有一定的本位主义色彩，为自己所在的行业或事业代言。最外层是议题圈，以公民的自由意愿和媒体构成的临时基于某项关注的焦点，或是与多数人利益相关的群体构成的圈层。

从圈层中利益的角度来划分，政策圈的利益是维护自身的统治权力，在平衡利益时，会审视以"稳定"为第一要素的利益均衡，或以维护大多数人的利益的相对公平为基础。专业圈是在统治圈的顶层设计框架中，为了在自己所专长的和利益相关的，推广输出本团体圈层价值为基础的"联盟合作"方式。地方圈是在大政方针的原则后，基于属地管理履行自己的行政权力，落实政策执行并在最大限度符合本地利益团体的平衡中，不断调整利益关系，制定符合政策目标的本地政策。生产者圈具有强烈的行业发展意识诉求，通常是在政策的规定下或者现实情况行业发展的利益驱使下，形成团体诉求。议题圈的结构较为特殊，位于圈层最外层，由于群体巨大并没有固定特殊的利益诉求，但在自身利益的驱使下，为满足自身的利益诉求而结成团体，其中，媒体的"聚焦"作用像"黏合剂"，将松散的利益诉求黏合在一起，形成性质不同但有着共同意愿的群体。

（二）多源流要素中的政策网络

1. 问题源流内部政策网络要素

在形成问题源流的内部我们会发现，问题以及政治源流才是关键要素，尤其是问题源流在国内的议程当中表现得更为明显。这里主要有两点会推动社会问题转变为政治政策，首先是社会焦点问题产生之后所带来的需求，其次是问题倡导者产生的影响力。从某种角度来说，政策之窗是否开启取决于这些因素的影响，同时这也是判断该模型能否成立的核心[1]。另外，在这个框架系统当中，表现最为明显的

---

[1] 杨志军、欧阳文忠、肖贵秀：《要素嵌入思维下多源流决策模型的初步修正：基于"网络约车服务改革"个案设计与检验》，载《甘肃行政学院学报》2016年第3期，第66-79页。

特点就是融合，如果在一个非常重要的时间节点有多种源流集中到了一起，那么此时的问题会马上被纳入政治议程当中，"政策之窗"就会被开启，这也是我们所说的行动机会①。我们可以从问题以及政策源流来考虑源流框架的支持点，围绕着问题焦点以及指标反馈等不同的要素来考量网络系统当中的组成成分和各自的影响力。每一个要素都是形成源流的核心指标，是形成源流的关键变量。对多源流内部要素网络系统的构成进行研究，对推动源流形成的机制进行梳理，形成了多源流内部政策网络的要素。

在问题源流当中，问题本身不会被主动地关注，政府注意力的调配机制没有能力关注到方方面面。只有在特定的事件被广泛关注，形成巨大的影响力或者已有问题凸显的时候，才会有助于问题被提上日程。显著性是人们处理事务的一个重要机制，对于显著突显的事务人们会给予更高的关注度②。具体来说，只有符合问题流核心要素的变量，才会被识别继而推动问题流的形成。一方面，由于决策者对问题思考的角度和认知层次不同，所以在政策理念的形成上也会影响后续问题源流成立的问题。另一方面，在问题流核心要素中嵌入的政策网络圈层，以及这些圈层中互动者就此事件利益关系间的博弈，对于问题流核心指标要素的形成至关重要。在问题之窗开启推动政策议程模式中，问题源流的三项核心要素（即指标、焦点、反馈）是在政策网络行动者互动当中构成的，问题流的焦点事件一般由议题圈发起，指标在核心圈形成，反馈在生产者圈中得到强化。如果"政策天窗"的开启是由问题流引发，那么就是以由问题之窗推动的模式为主导，在此模式内焦点事件是直接性开启议程的核心要素。其中，媒体对于焦点问题的放大报道和政策决策者的批示显得尤为关键。例如，2018年，习近平总书记在多次重要讲话当中就提到了我国学生的身体素质日益下降，近视率越来越高，从而引发国家发展的各种问题。他认

---

① [美]约翰·W.金登：《议程、备选方案与公共政策》，丁煌等译，中国人民大学出版社2017年版。

② 赵德余：《政策共同体、政策响应与政策工具的选择性使用：中国校园公共安全事件的经验》，载《公共行政评论》2012年第3期，第7-29页。

为，我们应该重视学生的体质锻炼，丰富学校的体育课程内容，这样才能让国家新生一代始终保持积极向上的心态，为这个国家的未来努力奋斗。此次讲话引起了全社会的高度关注，同时也使生产者圈内政府部门做出了积极反馈并启动联合行动，在这之后由教育部牵头，专门制定了《综合防控儿童青少年近视实施方案》，并将其推广到全社会当中。该方案涉及诸多幼儿体育的内容，如"0～6 岁是孩子视力发展的关键期，每日在阳光下的户外运动要求在 60 分钟，要掌握 1～2 项体育技能，引导培养孩子养成终身锻炼的习惯。"整个政策议程的形成是一种非常高效的模式，由问题源流中的议题圈——媒体文章促成了焦点问题，引起了政策决策者的注意，触发了政治源流，直接开启了"政策天窗"。

从以上的例子不难看出，由问题源流触发"政策天窗"的机制，关键在于议题圈媒体的报道，政策决策者在中国的政治制度当中是一个特别的变量，其可以动员政策流形成迅速解决问题的方案，激发政治流的形成，从而打开政策天窗。从问题流内部核心要素的焦点事件形成原理来解释，应当归结为：在形成过程当中，议题圈虽然处于政策网络的最外层，但是通过媒体的高效传播，直接形成了触发政治源流的第一要素，在政策决策者的特殊要素被激活后，直接由政治流打开"政策天窗"进入政策议程，并最终实施。

2. 政治源流内政策网络要素

政治源流使"政策天窗"开启是一个非常重要的途径，"政策天窗"开启后的持续时间很短。打开"政策天窗"有几个核心因素，第一，因为政府领导班子换届或者其他政治因素而打开了"政策天窗"，如两会的召开就是"政策天窗"开启的关键时刻。在这段时间，社会各界人士汇聚在一起提出公共问题，并针对这些问题构思政策，提出建议，从而形成政策的雏形。而此时，不管是国家领导人还是人民群众，都会将目光聚焦这些议程上面，这有助于社会问题的曝光和决策的形成。此时也是政策最佳的形成点，能将问题的解决方案提交到议程当中。在开启"政策天窗"的政治源流当中有几个核心要素——国民情绪、政策变动、利益集团。这些要素内部网络系统的互动,同样也会对政治源流是否形成造成影响。例如,国民情绪是以议题圈互动方式产生的,政策变动在政策圈层内产生,利益集团则在专业圈层内部形成。探究内部圈层对政治源流核心要素的影响,将是对源流产生原因的深层次解析过程。

在多源流框架当中,我们需要对制度环境这一项特征考虑周全,同时还应该考虑制度情境在系统当中的影响力以及产生的嵌套关系[①]。首先,对于公共政策来说,我国推行的全民健康理念一直以来就是其中的核心逻辑。所以,该理念在政策圈当中的影响力是巨大的。而一旦进入议程环节,政策的走向常会受外界因素的影响,具有统合性的特点。此外,政治流内的各大利益体会组成一个专业网络,这在西方国家表现得更加明显,而我国因为社会体制的关系在这方面控制得较好,利益集团能起到的作用不大。最后,决策者提出的讲话以及批示等对政策的制定和落地也有着非常大的影响。

比如,我国《学前教育法》的立法历程是一个辗转反复的过程。2000年由民进中央专家发起提案,由于当时政府的注意力未能分配到学前教育,提案并未被采纳。2003年,全国人大教科文卫委员会将学前教育立法列入了立法调研计划当中,并于次年开始组织立法调研组到我国各个省份进行实地考察,从而找到目前国内制约学前教育快速发展和完善的各大因素。2007年,我国国务院正式出台了教育产业"十一五"规划,其中就明确指出要在合适的时间点启动相关法律的起草工作。之后,人大代表们也开始研究学前教育立法的组织构建和前期的准备工作,把《学前教育法》作为未来五年立法计划当中的重要项目。2010年,我国提出了2010—2020年教育改革的长期战略规划,这也意味着学前教育的改革发展进入了一个崭新的时代。同时,相关的法律法规也正式颁布,从而更好地保护学前教育立法工作的顺利执行。

---

① 王刚、唐曼:《理论验证与适用场域:多源流框架的理论分析:基于14个案例的检验分析》,载《公共行政评论》2019年第12卷第5期,第28-46页。

在过去的多年间,每年全国两会上都有代表提议启动学前教育立法的草案。2010年,温家宝对北京两所幼儿园调研,就学前教育的问题指出需要逐步解决学前教育推广过程中所遇到的各种问题,同时也将相关立法纳入未来的发展规划当中[①]。2011年,全国人大常委会会议上明确提出,完善学前教育立法工作的必要性和重要性,这对于未来教育的健康开展是非常有利的。此外,教育部也将学前教育立法工作当作重点项目来推动,在该领域投入了大量的人力和物力。2012年,我国在教育事业的"十二五"规划当中也提出了要加快学前教育立法工作的进程,完善学前教育工作开展的各项制度。2013年,由全国人大教科文卫委员会组织挑选的考察组考察了包括四川、安徽在内的各大省份学前教育的现状以及目前所遇到的问题,并将考察结果形成一份完整的报告。2015年,全国人大常委会正式修改了《学前教育法》的草案,并且增加了一些更为详细的规定,为规范学前教育工作打下了良好的基础。2017年,面对突然暴发的红黄蓝幼儿园事件,教育部主要负责人认为目前在学前教育环节中依然存在监管不力的问题,各项制度也不够完善,因此,未来依然将立法工作作为重点项目来予以推进[②]。同年,学前教育立法工作也被全国人大当作一项必不可少的项目纳入未来计划当中。在2018年的一类立法项目当中,我们就可以见到学前教育的身影。2019年,在十三届全国人大常委会第十二次会议上,教育部负责人专门对学前教育改革做了专题性报告,并明确指出教育部将集中力量加快对草案的修改工作,将其纳入2020年的完成计划中。2020年,在北京师范大学举办了学前教育立法的草案讨论会议,社会各界人士对草案提出了不同的意见。同年9月7日,《学前教育法》草案开始公开在社会上征求各界人士的意见。可以说,从开始编制到现在的成形,学前教育的立法工作经

[①] 《把发展学前教育摆到重要位置——温家宝在北京调研学前教育工作纪实》,见《中国青年报》,2010年11月3日(http://zqb.cyol.com/content/2010-11/03/content_3437981.htm)。

[②] 《教育部回应红黄蓝虐童事件:将采取五项措施推进幼有所育》,见中华网新网(https://news.china.com/domestic/945/20171130/31742762.html)。

过了 20 多年的征程，历尽艰辛，终于有所收获。

此前的学前教育发展不符合我国教育现代化发展，集聚了很多亟待解决的问题。从《学前教育法》的立法过程中，可以辨析出以政治源流为中心的各源流交错发力的过程，从中透析源流内部的网络行动者是怎样发挥作用的。由政策圈内的全国人大教科文卫委员会进行立法调研程序，表明政府的注意力已经偏向学前教育。我国最高权力机关的关注开启了政治源流的闸门。

经过长时间的调研，权力机关掌握了更多的实际情况，并组织圈内的专家学者进行科学的论证，提供更多的佐证材料，并在国家中长期教育规划纲要中，明确学前教育的立法事宜。而后政策决策者的讲话，使立法进程又往前快速推进了一步，议题圈层高度活跃并且行动一致。这引起了政策制定者的高度关注，"催化"了立法进程，最终形成立法程序的最后公示。我国的政治源流位于权力的中心，在学前教育立法议程的过程中，"政策圈发起—议题圈催化—政策圈发力"，在整个过程中，议题圈层国民情绪得到了政策圈层的高度识别，这推进了议程的加速形成。由此可见，在我国，政治源流是向心聚合的以政策制定者为核心圈，并且对政策源流、问题源流发挥"虹吸效应"，将两者紧紧吸纳在周围，控制两源流的流向[①]。

3. 政策源流内政策网络要素

在我国的政治制度中，政策联盟和利益集团的概念相对比较弱。尽管这其中也有不同政见的团体，但是都属于同一个政治制度大框架，受政治流影响的因素非常大。在我国政策源流形成的核心要素中，政策企业家大部分是由专家学者以及人大代表、政协委员担任，他们有些人兼于有两种身份而构成了专业圈。另外，还有地方圈内的是地方官僚和基层的行政官僚，以及生产者圈内的教育局、体育局和幼儿园。这三类团体圈层共同构建了一个政策网络体

[①] 文宏、崔铁：《中国决策情境下的多源流模型及其优化研究》，载《电子科技大学学报（社会科学版）》2014 年第 5 期，第 12–19 页。

系，他们不断地在"政策原汤"中发起对政策议程的讨论，阐述自己对某些问题的看法，在政策议程的审议过程中，不同的思想开始对抗和逐渐融合，最终形成了一个由政策流产生的"政策原汤"。一些具有技术性、价值可接受性、公众默认以及预算约束等合理的方案在里面汇总，其作为可行性的备选方案，加大了问题进入政策议程的可能性。

政策源流中的核心要素是政策企业家，他们就像是一根纽带把问题源流和政治源流串联在一起，或者说是两股源流中间的必然交汇之处。从两个方面可以解释政策源流的枢纽作用。一方面，当问题源流中的焦点事件被决策体系识别后进入决策过程时，政治源流中的执政高层会直接促使官僚阶层中的政策企业家和专家学者对焦点问题进行专业的分析并提出意见，从而成为政策制定的前决策环节。另一方面，当政策源流中的利益集团或者是专家学者从问题流的焦点事件看到符合自己的政治信仰和价值时，会主动把所关注的政策经过谏言、提案等形式把问题推到"政策原汤"中，然后经过不懈的努力使问题浮出原汤，受到最高决策层的关注，进入议程设置的环节。我国的《学前教育法》在立法阶段，经过了一个漫长又曲折的过程。依照多源流的理论，在中国的现实中，政策源流存在着独立困境，不能单独作为推动政策进入议程的力量，这是由我国独有的政治体制决定的。因此，问题、政策和政治的源流在实际政策的进行过程中是很难甚至完全无法相互独立，其必然受到其他源流的影响。

二、政策网络行动者要素分析

政策网络行动者彼此之间存在着不同的行为逻辑，在内在动力和行动策略方面也各自不同，但相互之间又存在着紧密的联系。各部门之间存在着资源边界，政策网络中各个行动者之间有着相互牵动的关系，对一项议题的影响力各不相同，彼此的资源配置决定了其一定的能力边界。表5-1呈现了各个行动者拥有资源的情况，主要从权威、经费、合法性、信息、组织5个方面对资源高低进行衡量。从资源对比中可以发现，政策圈层拥有最高的权威、经费、合法性、组织，是政策的最强保障；专业圈层拥有的最多的资源是信息资源，这是因为专业圈层作为专家学者和人大代表、政协委员的主要阵地，与政策相关的信息研究最多，也最具有评判政策的客观性；地方圈层拥有的最多的资源是合法性和信息，这是因为地方政府可以出台符合当地发展现状的幼儿体育政策，并对与本地相关的幼儿体育教育信息掌握最为全面；生产者圈层主要包括教育局和幼儿园，是幼儿体育政策的主要执行者，因此，该圈层拥有较高的合法性；议题圈层主要指家长和大众媒体，这部分行动者虽然掌握了相对较多的有关幼儿体育教育的信息，但是在权威、经费、合法性、组织方面的资源均较为欠缺，难以形成统一的行动策略。下文对构成不同圈层的主体，包括中央政府、专家学者、人大代表及政协委员、地方政府、教育局及幼儿园等基层执行机构以及家长与大众媒体进行了具体的行动者行为及其要素分析。

表5-1 政策网络行动者拥有的资源分析

类型	政策圈层			专业圈层			地方圈层			生产者圈层			议题圈层		
程度	高	中	低	高	中	低	高	中	低	高	中	低	高	中	低
权威	√				√			√			√				√
经费	√				√			√			√				√
合法性	√				√		√			√					√
信息		√		√				√		√				√	
组织	√				√			√			√				√

（一）政策的决策者：中央政府

我国的各级政府是制定幼儿体育政策的主体。其中，中央政府的绝对优势是具有权威性、经费、合法性和组织四大方面的资源优势，而相对劣势在于信息资源仅处于中等水平。除信息资源之外，中央政府的网络资源是绝对的资源拥有者和输出方，特别在权威与资金的持有方面有着不可替代的资源优势，使其占据政策网络的核心位置。中央政府作为最高领导层级和网络资源的输出方，能影响地方政府的执行方向，规划和统领全局，还可以通过适量授予自由裁量权的手段，给予地方政府权力，使地方政府在有限的范围内制定因地适宜的政策。鉴于此，中央政府作为全局其他网络行动者的领导者和管理者，自学前教育、幼儿体育问题被纳入政府议程以来，从全局上层设置发布总规性的纲领文件。我国从筹备2008年北京奥运会开始，对学龄前3~6岁幼儿健康的关注度明显提升，关注度的提升促进了幼儿体育教育的发展。中央政府与地方政府的行为详见图5-2。

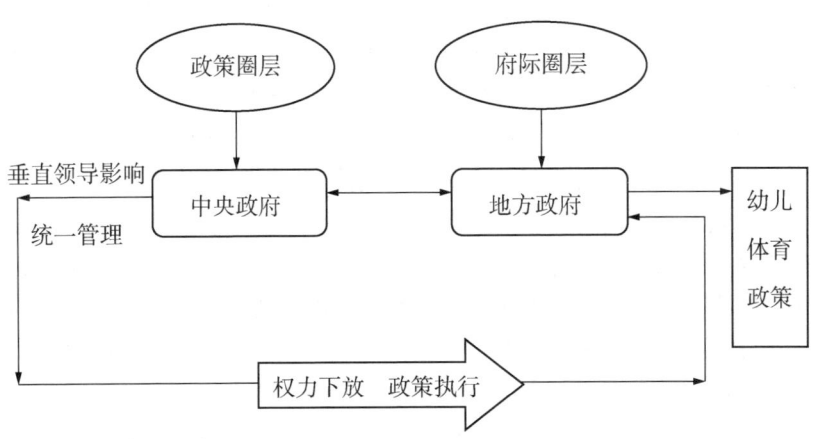

图5-2 政策圈层与地方圈层的协同模式

我国的地方圈层属于一种高效的模式，政策圈层与地方圈层的协同模式促进了政策圈内的政府政策重点转移，新的政策方针和宏观发展计划的实施，或是由焦点事件引发的国民情绪，直接形成政治源流打开"政策天窗"，政策议题形成政策。通过中央的权力下放到地方圈地方政府实施反馈，根据反馈条件不断调整完善。政治源流的产生可使政策议程高效推进。

（二）政策的推动者：专家学者、人大代表及政协委员

本研究发现，专家学者和人大代表、政协委员在内的专业精英在推动政策议题的过程中，扮演的角色和发挥的作用基本一样，即都是致力于推动学前教育、幼儿体育改革方案的尽快出台。因此，将他们归并为同一类行动者进行分析，在整个网络行动中处于资源中等偏高的位置，与地方政府的地位差别不大，但通过深入的研究分析发现，两者之间存在着显著的差异。对于地方政府来说，其网络资源主要受自身职能定位的直接影响，但是对专业精英来讲，其网络资源则与自身的身份地位息息相关。尽管两者的级别类似，但是具体的内涵与外延存在着明显的区别，这点需要重点关注。学前教育中的专家学者有一部分人具有多重身份，他们既是人大代表又是高校教授，在行业内的影响力非同一般，在人民代表大会中有建议权和提案权，可以通过自身在专业领域的声誉获得更多的政治资源。幼儿体育也有多位国内知名的专家学者一直在倡导，通过学术会议、学科建设、新闻媒体、人大提案、产学研联盟等方式，为幼儿体育四处游说倡议。

专业圈层与议题圈层的互动关系属于效率低下的模式，即专业圈层与议题圈层的合力推动模型，议题圈层能使议题引起专业圈的关注，并通过专业圈层的继续推动引起核心圈层的关注。从源流构成的要素分析，在专业网络中主要包括专家学者、人大代表以及政协委员，这也是整个系统当中的核心要素。在专业网络形成之后，还要考虑在推进政策议程的时候，往往会存在问题源流等影响的力量，如果没有这些力量，那么政策源流就无法顺利前进，对社会的影响也就波澜不惊。所以在此模型中，缺少了核心的源流推进，效率就会低下，所提案的议题将会流入"政策原汤"，与诸多的政策上下漂浮，等待核心要素和源流形成而浮出水面并得到关注。但另一种情况是，在政策网络中的专家或人大代表的谏言通过"两会"这样的"政策天窗"，能使关注的议程引起关键领导的注意，议题的走向将会发生改变，政治流议程的效率也会加快。所以，在此模型当中，网络互动者

的影响力是不确定的因素。(如图5-3所示)

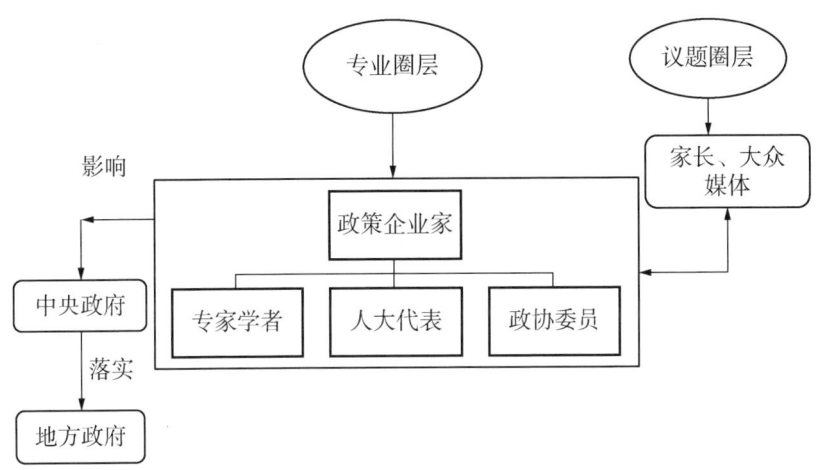

图5-3 专业圈层与议题圈层的互动关系

在此模式中,议题圈层首先通过媒体放大了自身的诉求,从而引起专业圈层中有着共同政治偏好的政策企业家关注从而与其达成共识。在议题的推动过程中一般有两个阶段,第一阶段是专业圈凭借自身的资源优势,按照符合技术可接受的政策诉求途径,将议题圈层中符合自身利益诉求的问题进行提案,使其进入"政策原汤"当中。第二阶段,提案最终能否引起执政者的注意,仍然需要一个比较复杂的过程。简单来说,提案的专业圈层内需要具有行政权力级别比较高或者是行业内的代表人物,在关键的时间节点上(比如"两会"中)进行提案,这能大大提升问题进入议程的概率,然而,这是一个相对漫长的过程。

(三)政策的实施者:地方政府

在我国,中央政府和地方政府属于垂直纵向的管理模式,这一管理模式使地方政府缺乏积极性和主动性,尤其是对待学前教育和幼儿体育的问题时表现明显。相比中央政府,地方政府参与感不强烈,主动性匮乏,往往需要中央政府进一步做出指令后才采取行动,大部分时候持观望的态度，比较被动。地方政府的政策网络资源的整体占有在整个网络中位列次序，整体的资源良好。虽然地方政府与中央政府存在权威或是资金的巨大差距，不过从实际的占有水平来看，地方政府还是存在一定的优势。除此之外，不管是地方政府，还是中央政府，其合法与组织的水平都相对较高，这些优势是网络行动者所不具有的。需要明确的是，对于多数地方政府来说，其在信息资源的获取渠道上要比中央政府更为通达。在幼儿体育案例里面，目前关于幼儿教育的政策文件比较少，专门针对幼儿体育教育的文件更是欠缺，整体上幼儿教育政策没有形成体系。

以上海市为例，2012年国家出台《3~6岁儿童学习与发展指南》以后，幼儿园组织幼儿教师对指南展开学习，但是由于指南关注幼儿的"学习与发展"，涉及范围较广，体育教育相关内容只是指南中的一部分，专业针对性不强。同时，由于不同地区幼儿体育教育观念的差异（例如，南方地区的幼儿园习惯将运动加入游戏之中，而北方的教育观念是只要运动就可以），《3~6岁儿童学习与发展指南》需顾及全国范围内的普遍适用性，因此难以具体适用于上海地区。因此，虽然上海地区的幼儿园组织学习了该指南，但是具体实施过程中还是需要根据上海幼儿教育的观念、条件等做出变动。

在北京市，除了1996年国家教育委员会出台《幼儿园工作规程》，以及北京市出台的有关加强幼儿体育或身体素养方面的一些文件，没有其他专门针对幼儿教育的、系统性的文件。而在2010年出台的国家教育改革2010年到2020年规划当中，就指出需要"重视素质教育的全面落实，加强德智体美育"这一涉及体育和身体素养的观点。随着时间的流逝，多年前制定的政策已经难以适应现代幼儿体育教育发展的需求。其他关于幼儿体育教育的文件还有《中小学幼儿园安全管理办法》，以及北京市颁布的幼儿卫生保健蓝皮书，但没有专门针对幼儿体育教育的政策。海淀区在幼儿教育方面较为重视，2019年5月29日召开全区教育大会，制订了《海淀区提升教育现代化水平建设教育强区行动计划（2019—2022年）》，明确了未来4年的主要发展任务，提出以健康为本，推行各种各样的体育活动，加强幼儿体格锻炼，发扬传统体育文化，比如武术、足球等；并提出要为迎接北京冬奥会加强身体健康素质教育，以课程建设为主，全面推进，全面落实①。

显然，出台更多幼儿体育教育政策的任务迫在眉睫，需要落实到地方政府的行政权力中，利用其自身较高的合法性、权威性推进管理范围内政策的制定及执行。教育局及幼儿园等执行单位与中央政府、地方政府之间的互动关系如图5-4所示。中央、地方政府与教育局、幼儿园的互动关系是一种渗透模式，生产者网络中包括教育局、体育局、幼儿园等行政主管部门，在形成多源流的3条源流要素当中都不是核心的构成要素，并且推动的主体不是构成三源流的主要力量。一方面，教育局与体育局以及幼儿园的专家学者直接向地方政府提出议

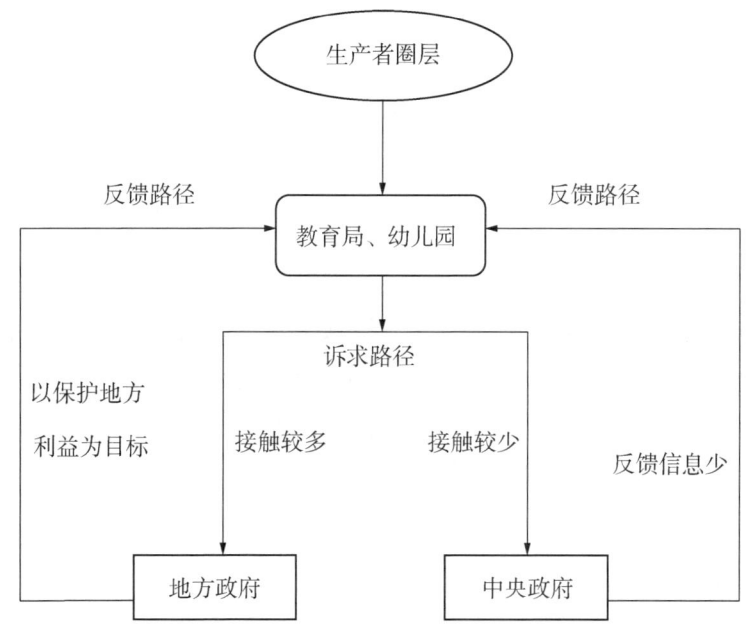

图5-4 中央、地方政府与教育局、幼儿园互动关系

---

① 《海淀区教育大会列出未来发展任务单》，见中国网教育（http://education.news.cn/2019-05/30/c_1210147737.htm）。

案，地方政府会根据地方治理目标来衡量识别问题议案。另一方面，生产者圈内的行动者也会直接向中央政府提出议案，但由于缺少关键的时间节点，生产者圈的影响能力不足以及中央与地方不同的政策识别体系，识别系统的核心要素不完备，导致源流无法形成，政策推进的力度和效率非常缓慢。

（四）基层执行机构：教育局及幼儿园

在整个政策网络中，教育局和幼儿园是直接利益的诉求者，对于幼儿体育，幼儿园与教育局是需求者，权威和资金的占有情况处于中下水平。合法性在于教育局有一定的行政权力，幼儿园也是通过教育局的授权许可并受到监管才可能开办。因为依靠财政拨款，二者的资金相对缺乏，组织能力很强，具有协调执行的资源优势。教育局和幼儿园领导的重视程度及专业程度，是执行政策的关键。幼儿园领导或者园长对体育教育是否重视，以及体育教育的观念和理念，会深刻影响其所在幼儿园体育教育课程的开展和实施；同时，幼儿园领导是否具备体育教育方面的专业知识也会影响课程设置和器材配备、体育教学开展等专业性游戏与体育之间的关系。本研究在幼儿园管理者园长进行的问卷调查中提出政策在执行过程中的问题。

如前文所述，2021年，调研团队通过"问卷星"对幼儿园的园长及教师发放了800份问卷，回收768份，回收率达96.1%。对教育局负责人发放了80份问卷，回收51份，回收率达63.7%。

其中，对幼儿园园长及教师问卷描述统计区分了公办及民办的幼儿园。由于回收的问卷绝大部分来自公办幼儿园（768份中的752份问卷），对后续的数据分析可能产生一定的影响。

表5-2对幼儿园硬件条件相关的两个问题做了分析。可以发现，大部分幼儿园认为政府对其户外场地硬件设施的投入是不足的，没有任何一家幼儿园对此感到非常满足。将近三分之二的幼儿园认为政府的硬件投入是"一般"或是"不满足"的。与此同时，幼儿园又认为本身的条件适合开展幼儿体育课程，将近三分之二的幼儿园认为他们是"满足"条件的。由此可以看出，幼儿园在室内

等条件上做了很多努力，达到了体育课的要求。然而，由于城市空间日益拥挤，幼儿园的户外设施等硬件条件受到很大的挤压，造成了供给不足。

表5-2 对幼儿园硬件条件的满意程度

问题	非常不满足	不满足	一般	满足	非常满足
当地政府部门对您幼儿园的户外场地硬件设施的投入能满足体育课程的需要吗	9（1.2%）	52（6.8%）	452（58.9%）	255（33.2%）	0（0%）
您认为现在幼儿园硬件条件适合开展幼儿体育课程吗	6（0.8%）	46（6.0%）	239（31.1%）	10（40.4%）	167（21.7%）

表5-3对"教育管理部门要求您幼儿园对孩子的体质进行有计划的测查和记录保存吗"的问题进行了分析。

表5-3 对幼儿体质进行有计划的测查和记录保存

答案	人数（占比）
不清楚	28（3.6%）
没有要求	46（6.0%）
很少要求	86（11.0%）
要求	545（71.0%）
强制要求	63（8.2%）

大部分幼儿园（将近80%）清楚这是一项"要求"及"强制要求"的政策，因此在执行过程中比较明确。从问卷中可以反映出上级部门对幼儿园入园儿童身体素质指标测查是有一定要求的，大约71%

的幼儿园所在的当地教育局对幼儿的体质健康数据有做定期的核查并要求幼儿园存档记录,另有11%的幼儿园表示很少有要求,8.2%的幼儿园有强制性要求,没有要求和不清楚的各占6%和3.6%。这一结果说明,大多数的上级部门对幼儿园在幼儿体质测查方面是有要求的,这也促使了幼儿园对幼儿体育教育的重视,把幼儿体育教育课程作为常规教育内容。但是也有小部分幼儿园的上级部门没有要求,这可能是对幼儿体育教育理念和对上级文件解读的地域性差别。

目前,以游戏作为体育活动开展的课程已经变得越来越普遍,同时也是幼儿园进行体育教学的特色所在。在国家教育改革的过程中,我们需要改变原先单一的体育教学模式。体育教育作为幼儿园课程的一部分,也要遵循游戏教学的基本原则。但是,如何界定游戏与体育之间的关系将影响幼儿体育教育的质量。在访谈中,上海教育局的一位专家表示,上海教育局与其他地方不同,上海的幼儿课程不叫课程,强调的是游戏或是发展计划。上海幼儿的运动强调玩游戏,玩游戏本身没有错,但是不要忘记也要玩出意义和价值,某些运动过于关注游戏本身,而忽略了游戏中运动的价值,或者说上海越来越多的幼儿园把户外游戏变成户外活动的一个导向,而户外运动会有更多的"玩"的环节,比如很多老师直接把许多游戏器材、积木等交给幼儿,让幼儿自主摆玩。这种教学方式不易在其中加入运动环节,因此让户外活动的运动价值打了折扣。

表5-4记录了幼儿园是否要求家长在家中与孩子一起参与体育活动,回应了"家校合作"的问题。可以看出,有超过80%的幼儿园至少"有时会"要求家长在家中与孩子一起参与体育活动,已经意识到"家校合作"的重要性。

表5-4 是否要求家长在家中与孩子一起参与体育活动

答案	人数(占比)
不会	15 (2.0%)
基本不会	19 (2.5%)
偶尔会	102 (13.0%)

(续表 5-4)

答案	人数（占比）
有时会	320（42.0%）
经常会	312（41.0%）

同时，幼儿园为了提升体育课程的效果，也逐步开始采取与事业机构合作的形式（见表5-5）。总体看来，与商业机构开展合作的情况并不普遍，有超过一半的幼儿园"不清楚"或者"从来没有"与商业机构开展合作。和商业机构合作过的幼儿园占48.2%，从来没有合作过的占30%，有22%的幼儿园不清楚是否可以与商业机构合作幼儿体育服务。从结果分析，近一半的幼儿园是有合作意识的，但是这其中27%的幼儿园只是偶尔有合作，经常合作的幼儿园只有8.2%，定期合作的占13%。不难看出，很多幼儿园已经开始尝试引入校外商业机构合作，并且有五分之一的幼儿园有定期和经常性的合作。这表明幼儿园对幼儿体育体系资源的需求是旺盛的，但是还有大部分幼儿园对合作并不热衷，这可能与幼儿园自身的资源和政策引导有很大的关系。造成这种现象的原因是多重的，包括开展合作的机制不够明确，相关政策未能保障合作参与方的权益以及合作的标准不明确等，在下文有关市场化调适的分析中将对此现象做进一步的讨论。

表5-5 幼儿园与商业机构合作幼儿体育课程

答案	人数（占比）
不清楚	168（22.0%）
从来没有	230（30.0%）
偶尔合作	210（27.0%）
定期合作	97（13.0%）
经常合作	63（8.2%）

综合以上6个主要变量，针对幼儿体育政策落实效果的总体情况进行了多变量显著性的交叉分析。由于在768份回收的问卷中只有

16份来自民办幼儿园,因此,幼儿园的性质是唯一不显著的变量。其余的5个变量均通过单变量的卡方检验,显示了高度的显著性,因此可以进行有序logistic模型分析。可以发现,政府对户外场地的硬件设施投入、幼儿园自身的硬件条件、对幼儿体质进行有计划的测查和记录保存、要求家长在家中与孩子一起参与体育活动以及与商业机构合作幼儿体育课程,这些因素都推动了幼儿体育政策落实效果的提升,显示了上文的多源流分析中,由幼儿园、家长、政府、社会和市场组成的政策网络,能显著地推进幼儿体育政策的落实和实施,为分析结果及进一步的讨论提供了实证的数据基础。

在此基础上,政策的执行问题是考察幼儿园是否具有自主教研的能力,理解贯彻政策文本的意义和要求,根据文件内容作出相应的执行方案,分析结果详见表5-6。

表5-6 幼儿体育政策内容执行

答案	人数(占比)
按照文件	575(34.0%)
没有想法	14(0.8%)
自由发挥	138(8.2%)
询问上级部门	286(17.0%)
集体教研	664(40.0%)

从表5-6中可以看出,有34%的幼儿园会依据文件的内容执行幼儿体育的各项要求,另有40%的幼儿园选择集体教研,根据自己园内的情况落实政策开展幼儿体育课程,17%的幼儿园会根据上级部门的要求执行,另有9%的幼儿园没有依照政策也不做集体教研而是选择自由发挥或无所适从,依照文件内容执行的幼儿园占1/3,有近一半的幼儿园是自主教研为主。这充分说明,政策的细化有待加强,对于执行还需要更为清楚的指导路径和内容。目前,在幼儿体育中,与幼儿园的相关体育工作都是在《幼儿园工作规程》的引领和指导下开展的。《幼儿园工作规程》是1996年颁布的,该规程首次

把体育放到幼儿教育中的第一位。从问卷中可知，各幼儿园对该规程是特别重视的。此外，幼儿教育行业内部理念包括生理学和医学的一些常识，幼儿教育相关工作者普遍意识到，幼儿这个阶段的健康教育是非常重要的，包含的多种体育活动与运动，是实现幼儿健康一个非常重要的维度。表5-7提供了幼儿园对相关政策的遵循和文件的落实情况。

表5-7 相关政策的遵循和落实情况

答案	人数（占比）
《3～6岁儿童学习发展指南》	750（34%）
《园中自设课程指导》	358（16%）
《学龄前儿童（3～6岁）运动指南（专家共识版本）》	353（16%）
《幼儿园工作条例》	444（20%）
《当地教育局相关文件》	305（14%）

从结果中得知，遵循和落实《3～6岁儿童学习发展指南》和《幼儿园工作条例》的幼儿园占到了一半以上，原因在于：一是这两项文件发布的时间比较久远，幼儿园对政策文件的熟悉度很高；二是这两项文件均由教育部发布，其作为行政直属部门阶位较高，幼儿园执行的动力也较足。另外，2019年由国家体育总局与国家体育科学研究所、北京体育大学等高校多部门联合发布的《学龄前儿童（3～6岁）运动指南（专家共识版本）》是专为幼儿体育提供指导的专项文件，其涉及多个幼儿体育教育中的专项指标和要求，指导性更强，但是由于发布的时间短并且发布的机构不是教育系统的权威部门，幼儿园对该文件的领会传达和执行力度显得比较薄弱。

然而，在落实幼儿体育教学的整体过程当中，对于开展体育课程的重视程度依然有所不足。各级学校虽然按照国家的要求开展了体育教学，但是在考核过程中却仍然大搞形式主义，一些没有达到考试要求的学生或幼儿依然可以蒙混过关，与有着鲜明的考核方式和严格成绩要求的文化课截然不同。并且某些幼儿园将体育课程作为幼儿园特色进行宣传，实属本末倒置，体育教学是幼儿园的基础课程而非特色。不重视这一点，就会导致对幼儿体育的态度未能发生观念上的改变。从上面的案例可以看到，幼儿园服从教育局的安排，虽然同属于一个政策网络但还是有明显的等级差异，而幼儿园在自身教育理念的认识上还存在不足，教育局也没有实施监控加以引导。教育局、幼儿园与家长、媒体的互动关系如图5-5所示。

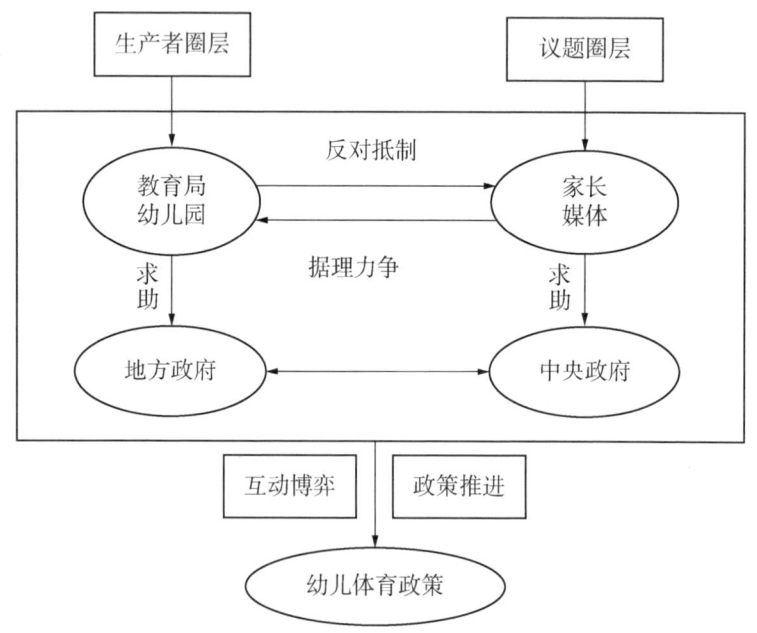

图5-5 幼儿体育政策制定中的各主体互动关系

教育局、幼儿园与家长、媒体的互动模式效率低下。在生产者圈和议题圈的共同作用下的协同模式，因其目标和政策价值的不同，需要通过政策系统辨别后才能形成必要的政策目标和核心要素，在源流的构成中由于议题网络未能引发焦点事件，且生产者圈的反馈效率低下，导致问题源流无法形成；议题网络直接对话决策机构缺乏必要的途径，由于议题的不聚焦或诉求不确定又与生产者网络进行互动博弈，无法形成问题源流，"政策天窗"无法开启，议程难以推进。

（五）公共舆论的制造者：家长与大众媒体

学前教育、幼儿体育议题的形成离不开议题政策网络中的幼儿家长，这一群体对学前教育、幼儿体育方案的确定有着直接作用，也是学前教育、幼儿体育体制改革过程中不可或缺的推动者。从政策网络资源占有比例的角度进行分析发现，对于他们来说，其资源占有量显著较低，因此经常会被边缘化对待，以至于他们的意见要通过媒体才能进行扩散，但是媒体的扩散要进入议程是非常困难的，至多只能引起当权者的注意力。幼儿家长作为议题网络圈的重要群体，他们在权威和资金两个方面占有水平较低，这些核心资源的缺乏使他们对整体政策网络资源的占有水平更低，也使他们在整体政策网络环境中处于劣势地位。

从上一章对家长进行的问卷分析中可知，很多家长对我国体育政策缺乏了解。一部分家长虽然自认为可能对我国幼儿体育教育的相关政策有所了解，但是被进一步提问时，并没有深入的想法。即使对现在所实行的政策表示较为满意，但也缺乏对其具体的建议和看法。认为需要增加幼儿可以选择从事体育的运动种类，同时应提高体育运动趣味性的家长占10%。他们希望以后的体育活动可以丰富些，同时增强幼儿的体能训练，甚至可以多组织户外拓展，让幼儿快乐地完成体育锻炼，增强自身的体魄。从这里可以知道，幼儿的家长觉得体育教学内容目前是欠缺的，体育量则有所不足，需要注意不同类型体育课的同时开展，这有助于提高幼儿各方面的身体机能。还有一些家长觉得老师的观念需要改变，其各项素质也应该提升。

其他的看法涉及内容较为广泛，主要包括3个方面。一是幼儿的全面发展，关注体育课中幼儿安全、体育课程内容要符合幼儿身心特点并因材施教、个人项目和集体项目相结合、细化体育课内容、促进幼儿身心健康、按年龄段进行体育教育、体育课时间一定要不被占用、德智体美劳全面发展。二是合理配备幼儿体育课教师，聘用专业人员对教师进行培训，提高幼儿教师资质。三是完善幼儿园整体设置，幼儿园活动场所面积要达到一定的标准，为幼儿提供合理的膳食营养。

还有家长提出要让幼儿体育教育政策落到实处,并且认为公立幼儿园太少,私立幼儿园价格过于昂贵等。我们从以上调查可以发现,家长群体对于学前教育中教育理念和教育内容都有不同层次的诉求,对于幼儿体育政策的认知度并不高,诉求也比较松散,处于一种疏离的网络圈层状态。幼儿家长、媒体与政府部门的互动关系如图5-6所示。

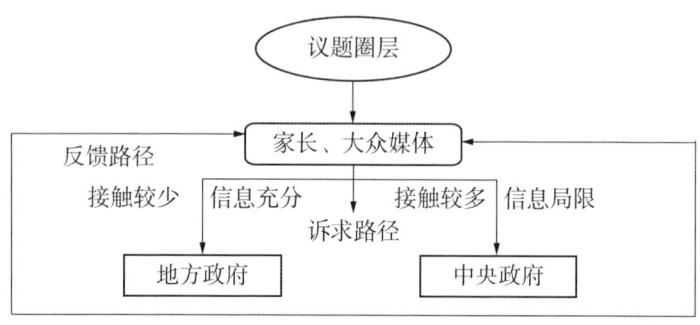

图5-6 教育局、幼儿园与家长、媒体的互动关系

在教育局、幼儿园与家长、媒体的互动关系中,议题网络中的互动者内在的集群影响力通过媒体的放大发酵,直接使议题成为焦点问题,使问题源流触发政策圈的关注,直接打开"政策之窗",使议题快速地进入议程。议题圈中的媒体是整个模式的关键变量,能否形成焦点问题、激发更多的民众情绪,将会是形成问题源流的关键,也是引发政治源流的核心要素。这是相对高效的政策议程推进模式。

政策网络圈层中的各个行动者,构成了多源流形成的核心要素。在上述的5种互动模型当中,根据不同行动者的互动模式,可以推断是什么因素引发了多源流。在多源流框架的应用中,政策制定者注意力的分配是决定议题形成的关键,也是问题流与政治流被赋予较高权重的必要条件。在设置相关政策议程的过程中,常常需要推动力来引起政府部门或其决策者对相关问题的关注[①]。因此,政策制定者与政策制定者的注意力都是围绕这个核心基础。在学前幼儿体育政策的形

---

① 赵德余:《政策共同体、政策响应与政策工具的选择性使用:中国校园公共安全事件的经验》,载《公共行政评论》2012年第3期,第7—29页。

成过程当中,"问题天窗"和"政策天窗"的开启需要特定的时机。在构成要素中,幼儿体育不具备焦点事件那样的关注度,家长教育理念的"重智轻体"现象依然存在。幼儿自身的身体健康指标已显示出事实性的下滑,但是并没有出现巨大的健康风险,民众对幼儿体育的关注表现出认可但不积极的程度。议题圈、政策圈内都没有源流形成的必要条件,直接打开"政策天窗"的要素还不完备,这时需要专业圈中的政策企业家,通过自身的调查和自身经历的焦点事件,从自己的角度给出相关的治理建议,直至推动相关政策的出台。

三、政府部门行为的协同机制

在分析了政策网络行动者的特点之后,通过政策落实后生产者圈的反馈,分析形成问题源流的必要条件,为后续政策的实施效果和问题的解决提供了现实情境的视角。这些与政策有着密切关系的机构,因为其背后所代表的不同利益群体以及相关政策问题的复杂性,常常会形成冲突与合作兼具的关系。本书以行动者中影响力相对较高、掌握资源较多的政府部门为抓手,重点分析政府间的跨部门协作,以期厘清我国行政部门在幼儿体育政策方面跨部门协同的问题。首先,本节从国外政府跨部门协同的相关研究和实践进行分析,以对比的方式找到我国跨部门协同所存在的问题。

(一)幼儿体育政策执行中的协同现状和问题

跨部门协同起源于西方的政治体系,在西方,国家机构从日渐完善到兴盛有一个相当长的过程,这方面我国起步较晚,在实践中还处于"摸着石头过河"的状态。再加上西方特有的政治经济文化制度与我国的巨大差异,对跨部门协同在文化和制度上的差异较大,共同点较少。西方的跨部门协同对我国的理论有借鉴的意义,但是在实践中要有自身的发展道路。我国在跨部门协同当中的制度建设、文化建设、法制建设等存在不足,笔者试图就幼儿体育政策涉及的多部门合作来挖掘一些问题原因,旨在提供一些改进的思路。

对于我国政府来说，是要把全部的经济事物和社会事物纳入标准的职能体系中，肩负起社会发展的重任。以"全能型"政府为例，其自身存在的历史地位以及发挥的重要作用毋庸置疑，不过也需要关注处于"全能型"政府监管背景下存在的问题，比如人员"臃肿"、政府组织机构林立、效率低下、人浮于事等。"有限"政府与"全能型"政府相对存在，作为政府，应该严格依据相关的发展原则，对政府职能进行重新划分，实现良好的合作分工，在实践过程中不断提升政府的管理效能。

对我国体育行政主管部门长期以来的改革情况进行分析可知，政府一直关注"服务"职能的体现，对其进行反复的强调。作为体育行政主管部门，务必把"公共体育服务"职能的发挥作为重要任务，明确自身的职能与地位。在社会主义市场经济和民主政治的要求之下，面对人口与经济的日益增长，社会形态随之发生着变革。公共事务和公共服务在多元化社会发展中，原先单一部门的职能服务已经不能解决一些复杂的问题。

如果从公共管理的角度来考虑问题，那么所有的资源其实都是指战略性的信息或者资本，这些是可以被成功调用的，主要是为了提高绩效。另外，公共组织对资源的控制也有着非常重要的影响。在这种情况下，需要对有效的替代方法进行创新，或是基于创新对资源进行充分的利用，将其作为当前阶段发展的紧要目标。在现实生活中，不存在任何一个政府仅凭资源的利用，就能妥善地解决复杂的公共问题，这是不可能实现的任务和目标。由此可见，政府应该与外部的其他组织进行良好的合作，相互影响，相互制约，相辅相成。

无论是学术研究还是实践经验，合作治理能发挥重要作用，经过实践的验证，其逐渐演变为新的治理理念，得到不同层级政府管理者以及诸多学者的肯定。单一化的管理型政府早已不适应当前发展的需求，其对社会治理权力进行垄断的管理模式也必定会被淘汰，现今转向对多元化新模式的追求，治理主体相互协作，通过合作互动等友好方式实现的社会治理新模式。以政府转型为契机，我国公共体育服务供给也有相关的理论架构和操作方式。对我国来说，在现行的基本公共服务体系中，公共体育服务发挥着非常重要的作用，应该得到政府以及相关部门的支持与保障，在实践中完成管理模式的创新。

随着改革开放和经济建设的加速，我国政府部门权力机构的数量也逐渐增多。深化政府机构改革是必然的，为了推进国家治理体系现代化，有关部门提出了一揽子的政策。这也说明我国的行政部门正由单一化职能向多元化职能发展，又要求向着相互跨部门职能的转变发展。在我国的政府部门，跨部门协同的经验还不够系统成熟。尽管我国已品尝到初步成果的甜头，但还有很多问题亟待解决，主要是因为中国长期以来在跨部门协同方面存在文化的显著匮乏，其具体的合作组织一直没有得到规范，导致自身的合作能力持续下降，无法将先进的技术加以有效的利用。

我国是行政主管部门中央集权的、自上而下的管理模式。在部门合作上，首先应从主管部门职权归属上厘清幼儿体育的定位。学前教育包含幼儿体育，主管部门一般是三级职能管理部门，即教育部、各省（自治区）教育厅、各地市教育局。在幼儿体育中，体育也是属于学校体育的管理范畴，体育部门是协同单位，这里有明显的职能管辖界定。行政单位领导的行政级别同级，即厅级、处级、科级。研究中，笔者进行了有关幼儿体育政策制定的访谈。在与 G 省体育局肖副局长访谈时，他说："我们体育部门主要的直管上级部门是国家体育总局，在学校体育工作上主要也是中华全国体育总会，与国家体育总局是平行单位。管理中小学体质健康的地方部门一直是教育局、卫健委、国民素质健康中心协作联合。我们的主要工作是制定体质健康测查的标准和实施办法，提出改进意见。抽检数据由我们直接上传到国民体质健康管理系统，包括幼儿园的体质健康数据的采集与上传等工作，常规采集工作则由教育局完成。"

体育部门在幼儿体育、青少年体育当中的职能是配合教育部门的工作，虽然管理界限分明，但是效果不好。更多的时候，体育局动员不了学校和幼儿园进行有效的体育课程的实施，教育局在这个方面"既是裁判员，又是运动员"。行政主管意识强硬，即便合作也只是在某一个方面的局部合作，没有形成合力型的合作，缺少内涵与合作机制。另一位体育部门的领导说道:"我们与教育局从业务上来看就是比较简单的体质监测,但是在改进方案时我们只提建议,实施部分内容不负责监督,完全由教育局管理。学生体质健康的下降,我们的要求是体育课上足和有效率的课外运动时间结合。"

笔者在与 G 省教育局副局长访谈时做了如下记录:"教育部门在学校体育方面接收国务院教育部下发的文件,根据文件精神,我们制定了适合当地情况的政策,比如幼儿园每天的户外活动时间不少于两小时等。中小学课业压力是比较大的,我们在向学校要升学率的同时,还要保障体育运动的时间。但各地的学生课业压力与教师的绩效直接挂钩,教师的压力巨大。国民健康测查的标准是由体育部门进行监督。体育课的开设情况各地方的实施情况略有不同,但基本都可以达标。体育课专业程度方面由于师资等问题都有待解决。"

进行分析后可以发现,教育部门以升学课业表现为主,对于体育的执行效果地区差异较大,资源好的地方基本能满足活动量和时间,资源匮乏的地区相对薄弱,数据的上传也缺乏一定的真实性。因为抽检由体育部门负责,常规还是由各个学校自行上传,缺少有效的监督机制。卫生部门就提到一些建议,通常是与流行疾病和健康发展相关的,在具体的职务中应该起到的是监督作用。但在上面的例子中,卫健委只是传阅单位而没有太具体的工作职责。在与 G 省学前教育教研员的访谈中笔者了解到,"上级教育局对幼儿体育没有什么政策,都是执行指南中的内容,教育局组织开的关于学校体育的会议我们学前不在传阅单位名列,只有中小学才有通知参加。幼儿体育还没有受教育局的关注,更不用说体育局这种协作单位了"。可以看出,目前我国跨部门协同缺少法律法规的监督。

近几年的中考体育用摄像头进行监督,是为了杜绝弄虚作假现象,但在部门间的协调工作上还是以会议通知行政命令的形式,没有对协作单位的权责履行设置问责机制。合作机制欠缺让各部门的合作意愿和行动维持艰难,主要是职权范围内的壁垒仍然存在,从中央以及管理机构到地方始终划一,没有交叉履责空间。多数是临时就某一问题的短期合作,比如召开大型的学生运动会或体育节等,部门间的合作分工才把职权范围打开,试行灵活机制调控。因此,各级政府部门之间的协调失灵引发合作艰难。由于多个行政部门职权交叉,幼儿体育政策的制定和执行涉及体育、教育、卫生等,职责不清以及机构设置的不合理,很多合作无法顺利开展。在教育部门内部,幼儿体育问题与中小学体育的工作安排和协调统筹大有不同,这时就必须依靠跨部门的协调机制来解决问题。由此可见,我国在这一方面还是存在着很多问题的。

(二) 幼儿体育行政管理部门的合作问题

幼儿体育在学前教育国家重点发展中得以发展,在学前教育五大领域中处于第一位。换句话说,体育在学前教育中的作用举足轻重。但是,对于幼儿体育,国家高级别的政策没有给予准确的定位,这使幼儿体育属于一种虽然重要,但是政策却执行不力的状态。在对以往政策进行文本分析的过程中发现,在国家出台的一系列关于学前教育规划纲要中,对于幼儿体育都有提及,但是并没有专门为幼儿体育制定相关的细则。2007 年,国务院出台了推动学校体育教学的相关意见,支持学生每天保持一定时间的体育锻炼,同时号召全国学生进行"阳光体育"运动。这是目前级别最高的青少年专项体育政策。此项政策的颁布对于学校体育的指导有着非同凡响的意义,但是在政策中并未对幼儿体育从细则上给予支持,仅供参考实行而并未单列。在本节中,主要是对教育局领导展开的问卷调查进行数据分析。由于总样本量为 51,不足以支撑多变量的统计模型分析,因此,下文对各个问题进行了描述统计分析,以期找到基础信息,为研究提供数据支撑。

同是国家教育体系内的体育政策,为什么青少年体育政策在政策执行上的协同机制比较完善且有具体规定,但是,学前教育的幼儿体育政策就没有呢?首先,我们要考虑幼儿体育在多部门协作中存不存在优势互补,这对在此领域内形成协作机制是一个逻辑起点。在对教育部门负责人的问卷访谈中发现,他们对于合作互补的认同感很强(见表 5–8)。调研结果显示,有 55% 的基层领导觉得在执行过程中部门间的合作有互补性,并且有 12% 的认为互补性很强,另有 31%

觉得一般,认为互补性不强的仅占2%。这说明幼儿体育跨部门协作是一个整合优质资源、互动性很强的运行机制,可以充分发挥不同部门的优势。进一步说明只要有很好的协作机制,充分调动和平衡各个协作方的资源,协作的融合度就会进一步地加强。

表5-8 幼儿体育跨部门合作的优势互补性

答案	人数(占比)
不互补	1(2.0%)
中等	16(312.0%)
互补	28(552.0%)
非常互补	6(122.0%)

幼儿体育与青少年体育的区分始于教育部在2012年10月15日下发的相关指南,其具体的内容仅仅涉及健康领域,规定幼儿每天要有不少于2小时在外面活动玩乐的时间,其中,体育锻炼时间不少于1小时,并且不受季节天气的影响。这两份重要的文件在体育方面虽说没有对幼儿体育政策给予细则上的规定,但是在促进幼儿体育发展的过程中起到了推动的作用。另外,从政策发布的权力机关来看,都是国务院下达总体纲要性指导文件,教育部再下发总体规划中的细则文件,对于教育系统的各类文件都是遵照最高行政部门的纲要以及指导意见,鲜有体育部门的直接参与。总结我国幼儿体育政策执行过程中缺乏推进合作的主要因素,主要包括3个方面,即幼儿体育政策实施主体间的分立、部门间协同管理机制不健全、部门间执行目标分立。

1. 幼儿体育政策实施主体间的分立

幼儿体育政策在形成的过程中,对于上位政策的指导和贯彻遵循的指导方针主体不明确。管理主体在一方面是由教育部体育卫生与艺术教育司管理,从体育方面来讲,应该对国务院办公厅提出的相关精神有效地进行贯彻与落实,拟定一定数量的、关系到青少年幼儿的体育政策。另一方面,幼儿体育在学前教育体系中,属于教育部的管理职权范围。在体育部门管理范围中，幼儿体育从属于大众体育，这两个行政部门对幼儿体育都有一定的管理权限。与中小学体育不同的是，教育部将幼儿体育归类在学前教育的健康发展领域当中，并没有单列为体育课程建设范畴。从教育部的权属关系来判断，在相关《推进学校体育工作的意见》中主要涉及3个层面，具体的内容共计20条，针对青少年自身体质的增强意义、价值、保证以及措施等展开论述，并做出详细的规定，该政策具有重要的实践价值，可以理解为处于当前环境下青少年的体质表现出持续下滑，国家政府做出的有效应对。从职权管理的角度来讲，负责青少年体育的部门主要为国家体育总局青少年体育司。我国体育机构组织详见图5-7。

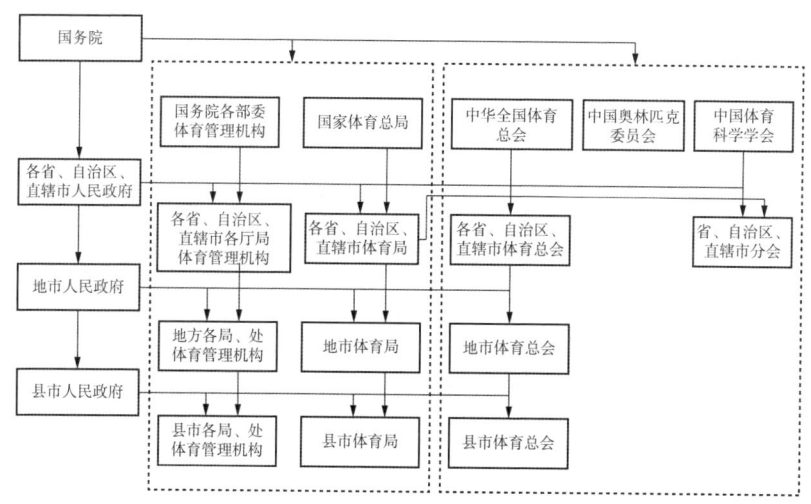

图5-7 中国政府体育组织结构①

从体育行政部门职能划分和组织机构来看，体育部门的行政管理是从上到下的层级关系，职权部门（国家体育总局、中华全国体育总会、中国奥林匹克委员会）三权统一，青少年及幼儿体育的直

---

① 柳鸣毅、王梅、徐杰等：《我国青少年体育重点工程建设与创新发展对策》，载《体育科学》2018年第38卷第11期，第17-27页。

属管理是由国家体育总局青少司负责,青少年体育司主要职能详见表5-9。在教育部的机构设置当中,一个部门是基础教育二司,其下还设立了专门的学前教育管理机构;另一个部门是体育卫生与艺术教育司,主要分管学校体育、卫生、艺术等方面的工作,详见表5-10。从教育部基础教育二司和体育卫生与艺术教育司两个部门的职责比较,基础教育二司主要是制定学前教育政策的部门,而在体育这块则属于体育卫生与艺术教育司的职权范围。幼儿体育各管理部门之间都有业余涵盖,国家体育总局青少年体育司在青少年的体育运动和竞赛中权力和职责范围最大,在一些幼儿的体育赛事中也在作为主办或主要负责单位行使权力。教育部的行政权力在学校体育中贯穿整个学段,当然也包括学前教育中的体育,并由教育部体育卫生与艺术教育司进行直接管理。从权力范围来看,这两个部门对幼儿体育或者是青少年体育都有涉及,容易造成横向结构上的紊乱,权责不明确,教育部门和体育部门之间权力分立,各级组织权责不明等情况。

表5-9 青少年体育司主要职能

序号	职能内容
1	指导和推进青少年、幼儿体育工作,拟订青少年、幼儿体育工作的有关政策、规章、制度和发展规划草案
2	指导和监督学生体育健康标准的实施和学生体质监测
3	指导和推动青少年体育组织服务体系建设
4	组织开展青少年体育工作检查监督和评估表彰
5	指导竞技体育高水平后备人才培养工作
6	拟订青少年业余训练管理制度,完善青少年业余训练体系,指导全国各级各类体育运动学校、体育传统项目学校、青少年体育俱乐部、各运动项目后备人才基地建设和有关学生文化教育工作
7	参与指导全国青少年体育竞赛工作,参与审核全国青少年比赛计划和竞赛规程,参与指导青少年运动员注册和运动技术等级管理

(续表 5-9)

序号	职能内容
8	组织协调重大综合性青少年体育比赛和体育交流活动
9	指导开展青少年体育工作研究和相关培训《国务院办公厅关于强化学校体育促进学生身心健康全面发展的意见》

表 5-10 教育部相关部门主要职能

部门	基础教育二司	体育卫生与艺术教育司
职能	承担普通高中教育	指导大中小学体育
	学前教育和特殊教育的宏观管理	卫生与健康教育、艺术教育、国防教育
	拟订普通高中教育、学前教育、特殊教育发展政策和基础教育基本教学文件	拟订相关政策和教育教学指导性文件及规划
	组织审定基础教育国家课程教科书,推进课程和教学改革;指导中小学教学信息化、实验教学和图书馆应用	指导相关专业的教材建设以及师资培养、培训工作;协调大中学生参加国际体育竞赛和艺术交流活动

2. 部门间协同管理机制不健全

学校体育政策与执行能否长期健康发展,除了会受体育部门相关工作人员自身思量的直接影响外,还和教育部门存在密切关联,同时也是教育部门应该重视的关键问题。应该与相关的教育部门之间建立一个多方参与的协调管控机制,以促进学校体育健康有效地发展。我们通过访谈,了解到教育部门的协同管理的主要协作方是一个密集度很高的联动机制,详见表 5-11。

表 5-11 幼儿体育政策执行协同部门

答案	人数（占比）
企业行业协会	2（1.9%）
体育部门	35（34.0%）
俱乐部	3（2.9%）
教育部门	49（48.0%）
文旅部门	14（14.0%）

在对教育部门的主管领导进行问卷调查后发现，教育部门在执行落实幼儿体育政策的过程中存在多部门协同的情况。其中，教育系统内部的协同占了将近一半，在教育系统以外的单位协同中有34%是与体育部门的合作，和文旅部门进行协同的比例很低。可见，幼儿体育是一个对专业度要求很高的行业，需要与业务熟悉的单位一起进行合作。这再一次证明，在幼儿体育执行过程中主要是在教育部门和体育部门两个部门进行。这对研究幼儿体育政策执行的主要部门协作有了更为清晰的定位，进一步明确了协作的各部门间的运作机制。

在学校体育中，围绕一些特定的项目开展工作部署是一个上层建构的问题，主导部门对体育项目在学校中的推广起着统揽全局的作用。2009年，国家体育总局联合相关机构设立了"全国校园足球领导小组"，希望能对足球进行大范围的推广，历经多年的实践与发展，获取一定的成绩，但是，该项目在实际的贯彻与落实过程中也开始出现一些问题。一是在开展的规模上，5年的时间从小学、初中到高中共有5000所学校参与，与之相比，邻国日本的一届高中联赛参赛队伍就能涉及4000所学校。二是项目的参与程度非常低，尽管每个参与校园足球项目的学校都有足球队，但是足球队之外的其他大多数学生并没有参与这项运动，这与引导学生参与其中的初衷相背离。三是在开展校园足球等活动的过程中，体育部门并未和对应的教育部门进行密切联系，合作松散，无法实现有机的协同，导致最终的管理效果不尽如人意。2015年，相关部门响应党中央、国务院发起的号召,由教育部负责整体的协调规划,与相关部门进行牵头后,设立有代表性的全国青少年校园足球工作小组。需要明确的是,体育部门应该负责技术的支持与服务的提供,并和其他部门进行有机的协同与监督,在管理的权属主次上重新洗牌,使管理学校的直接部门行使行政权力。校园足球是周密和协同布控下的管理模式的产物,在主管部门的协调下,主要的资源配置主次分明才会更加行之有效地推进政策的落实。从主体间的治理模式来看,幼儿体育也应该是由教育部门牵头制定相关的政策文件,在体育部门的协助推动下协同治理共同推进。

3. 部门间执行目标分立

教育部门和体育部门在行政管辖中的目标设置,导致各自在执行过程中的目标不同,当遇到彼此都涉及的项目时,目标的调整和重设显得格外的重要。在具体的合作形式上也有很多的形式,尤其是在一些体育赛事上的主办和承办或者是联合主办上。其中,主体间的合作形式对执行机构幼儿园的影响也大不相同,主要表现在体系内和体系外的绩效及成绩的认定方面。(见表5-12)

表5-12 部门间的合作形式

答案	人数(占比)
业务指导	36(29.0%)
主办协同	28(23.0%)
协办协同	34(27.0%)
招标代理	3(2.4%)
授权	7(5.6%)
联合发起	16(13.0%)

在与教育部门领导访谈探讨该项问题时,由于牵涉多种可能性因素,故采用多项选择的问答形式。从调研结果分析可以看出,以业务指导的方式进行合作的占29%,这表明教育部门在幼儿体育跨

部门协作中发挥着很大的作用。另外，在主办协同和协办协同方面各占23%和27%。教育部门始终是各种协作形式的主要推动者，但是在具体的主办方来看这样的推动并不是很积极。联合发起的项目仅占13%，说明在各部门协作的各个环节中还存在着不少问题，导致联合发起项目的机会很少。这主要与行政管辖权和目标设置有很大的关系，也说明在执行的目标上共识性还有待进一步的确认。

比如校园足球，国家推行校园足球的初衷有多个方面，一是通过校园足球的普及来增强幼儿、中小学生的体质，遏制青少年身体素质下降的情况；二是以校园足球为媒介，拓展竞技体育足球后备人才的培养途径；三是使校园足球重获活力的同时使足球文化在中国获得长足发展，使足球运动有更多的参与者和追随者。但在教育部门一贯的工作中，学生的学业成绩考核是排在第一位的，"在主课面前其他学科统统让路"的情况已是一种"惯例"。由于应试教育的大背景，学校掌控着学生的学习时间。在"唯分数论"的现实情况下，教育部门的工作目标和中心都是围绕着这个概念。对于体育部门来说，大众健身、学校体育是重要的工作，但是竞技体育才是体育部门的工作重点，在经费支持和工作部署上，竞技体育在体育部门的工作中有周期性的重点部署，如奥运计划、亚运计划等。当两个部门在学校体育上有很多交集的时候，主要的牵头部门是学校管理的直接行政部门及教育部门，体育部门只是作为辅助和协助单位。部门之间的沟通联动是项目推进的效率基础，从校园足球的推广情况来看，两个部门间的沟通是缺失的，彼此未能达到一致行动目标，各自为战。

在学前教育中同样面临着这一问题。学前教育的情况和中小学学校体育的情况还有所不同，不同点在于教育部还没有把学前教育纳入学校管理的范围，学前教育是独立出来的"特殊系统"。在下达的有关学校体育的文件或召开的会议都没有把学前教育纳入其中，评价体系和保障监督体系中也没有学前教育的位置，这导致在同一个系统中的子系统之间的沟通缺失、机制缺失、政策缺失。

四、市场嵌入下的多源流框架调适

(一) 幼儿体育市场的兴起

2021年7月24日,中共中央办公厅、国务院办公厅印发《关于进一步减轻义务教育阶段学生作业负担和校外培训负担的意见》,在此之前,教育部成立了校外教育培训监管司,全面推进义务教育阶段学生作业负担和校外培训负担"双减"工作,大力压缩学科类校外培训机构的发展空间,还青少年以阳光的成长环境,促进其德智体美劳全面发展。这一系列中央政策的出台,为青少年及幼儿参加体育锻炼、促进幼儿体育的发展提供了战略指引与政策支撑。

为了对我国当前市场嵌入下的幼儿体育政策进一步分析,首先需要对体育政策的类型进行划分。结合差异化的标准划分体育政策的类型,通常包括:基于级别进行类别划分,常见的形式为国家政策以及地方政策等;基于体育产品的基本性质进行类别的划分,主要涉及事业政策以及产业政策等形式。体育政策和产业政策两个方面的侧重点不同,体育政策分为竞技运动、群众运动、社会体育福利等方面,是体育事业单位运行的基本准则,其目标是建设体育的事业化体系,确保体育行政部门的工作顺利开展。产业化的相关政策包括在体育产业的范围当中,不但含有主流的体育制造业,同时还包括与体育相关的表演业甚至博彩产业等,这是公共服务类市场化导向的政策,也是国家第三产业发展的重要一环。在教育阶段的体育政策,按照学制的不同注重培养的目标也不同。在总体政策方针上,学校体育政策以"健康第一"为主,从幼儿园到大学,各个阶段全部涵盖,在幼儿园阶段尚未形成系统的政策文本和内容规定,中小学和大学阶段都有系统大纲、课程要求、课程计划、考核标准、监督机制,相对于幼儿体育更加完善。总体来看,我国的幼儿体育政策相对较少,各种类型的政策更是亟待完备。因此,对幼儿体育政策开展研究是十分必要和迫切的,具有重要的现实意义和理论意义。

政策过程是政策系统内部存在的各项活动，比如政策问题的发现与明确、议程的制定与实施等。政策建议的设计与执行需要表现出合法化和合理化的特征属性。以我国为例，当前阶段的政治制度以及政治生态环境中具体主要包括制定、决策、执行、评估等方面。我国体育政策的每个过程阶段的具体内容如表5-13所示。

表5-13 我国体育政策过程阶段具体内容

过程阶段	内容
体育政策制定	确定体育的属性和社会功能，在政策制定上体现国家的总体发展布局和战略方针
体育政策的决策	可分为体育发展因素、社会因素、科学技术因素、人文因素等，一些重大的国际性事件，如奥运周期、加入WTO等也产生明显影响
体育政策的执行	主要集中在政策执行过程中存在的执行不畅、执行偏差、政策失真、政策规避等政策执行阻滞现象以及导致这些现象的原因
体育政策的评估	由政策执行机关单位，对一线实际执行部门的执行过程进行绩效考核，对于绩效的设定和反映出来的问题进行调研和修正的过程

利益相关者的理论框架是构成企业政治参与研究的主要理论基础[1]。从参与行为动机的角度而言，一方面，被动防御机制是企业参与公共政策的逻辑，是企业面临困境时的后备方案防御机制；另一方面，企业家在进行政治决策的时候对于一些较为突出的问题会利用政治活动来给出解决方案，从而为企业节省成本[2]。在我国，企业作为

---

[1] SHAFFER B. Firm-level responses to government regulation: Theoretical and research approaches. In *Journal of management*, 1995, 21 (3): 495–514.

[2] HILLMAN A J, KEIM G D, SCHULER D. Corporate political activity: A review and research agenda. In *Journal of management*, 2004, 30 (6): 837–857.

市场经济的核心部分，市场经济体系与政府关系、资源有着千丝万缕的联系。在地方政府官员绩效考核中，提高本地区 GDP 指标成了治理地方的一个重要的指标，这使地方政府与当地管辖区内的企业在经济指标上有着共同性，即"政府看成长，企业看业绩"的双向互惠。地方政府在中央政策的规定下紧守"红线"框架，给予当地名企更多的政策优惠和方便，企业也在获得更多政府资源的前提下，提高产能、扩大经营、创造更大的价值。围绕这样的政企关系逻辑，可以推断，企业在获得政府利益的同时想要更多的扩充资源，势必会在政策上提出更符合自身发展的行业崛起建议。政府则会把更多的注意力放在行业翘楚的企业上，他们的建议会得到"特别关注"，继而推动了整个行业的发展。企业参政的要素还可以参考自身在市场上的影响力，目前在中国的商业巨头企业中，互联网企业的影响力不可小觑，这些互联网企业与地方政策议程设置形成了协同回应模式[①]。

2021 年 5 月 31 日，中共中央政治局召开会议并指出，为进一步优化生育政策，实施一对夫妻可以生育 3 个子女政策及配套支持措施（俗称"三孩政策"）。这有利于改善我国人口结构、落实积极应对人口老龄化国家战略、保持我国人力资源禀赋优势。近年来，随着《"健康中国 2030" 规划纲要》的实施和《体育强国建设纲要》的发布，以及政策的利好和人口规模的增长，幼儿体育产业市场正迎来政策红利和人口红利空前的绝好时期。在此期间，从事幼儿体育教育、培训、生产型的机构如雨后春笋般地涌入市场，其中不乏一些上市公司。市场的繁荣和产业的发展为幼儿体育的发展提供了巨大的发展空间。企业为了谋求自身的发展，在利益的驱使下，不断地向当地政府提出更多符合自身产业和行业利益的政策诉求。幼儿体育产业内的企业，从规模数量、工业人员、市场份额等方面正在形成市场巨大影响力，同时也逐步成为基层政府制定政策议程的影响因素。幼儿体育产业的崛起有 3 个方面的特点。

---

① 王春福：《论公共政策议程的协同回应模式》，载《浙江社会科学》2013 年第 7 期，第 60 - 65 页。

1. 幼儿体育培训机构暴发性增长逐步形成行业影响力

2017年，也被业内称为幼儿体育培训行业开启的第一年。根据所收集到的资料我们可以发现，2017年年底，国内从事儿童体育运动培训的组织已经超过了300家，并且仍然保持着高速的增长趋势。到了2018年，已经突破了800家。2019年，这些机构超过了1600家。截至目前，该行业所表现的主要形态有球馆、培训中心以及专门的幼教工作室，同时也包括一些多元化的机构。数据显示，2020年国内从事儿童体育培训课程开发的组织已经有将近3000家，几乎每年都以超过80%的速率在增长（如图5-8所示）。

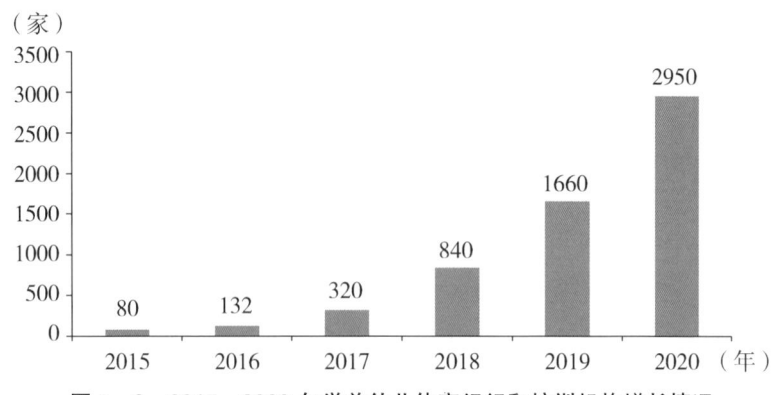

图5-8 2015—2020年学前幼儿体育组织和培训机构增长情况

2. 幼儿体育用品展销、博览会与年俱增

我国体育用品和产业推广展会一直是行业的风向标，幼儿体育相关的器材、设施、用具的会展主要包含在体育用品和幼儿教育的会展中。近5年，全国涉及幼儿体育用品的展销会、博览会共举办了164场[①]。体育会展是以体育为核心载体举行的专题会议和商业展览展

---

① 王凯珍、王晓云、齐晨晖：《当前我国幼儿体育的热点现象、问题与建议》，载《北京体育大学学报》2020年第43卷第5期，第30-38页。

销,对促进经济效益和社会效益有着巨大的作用,同时具备带动产业、发展经济、推进体育管理体制改革等功能,详见表5-14①。

表5-14 我国幼儿体育产业会展数量与区域分布(2013—2018年)②

时间特征	地域与分布特征	主办方类型特征
2013—2014年 21场	6~9个省(自治区、直辖市)、6~10个城市	商业机构69场,占比42%;政府部门38场,占比23%;协会57场,占比35%
2015—2016年 57场	9~15个省(自治区、直辖市)、13~16个城市	以市场、民间力量为主,政府为辅
2017—2018年 86场	14~18个省(自治区、直辖市)、18~21个城市	以市场、民间力量为主,政府进行审批和监管

3. 幼儿体育赛事的兴盛

幼儿体育产业的兴起掀起了全国各地举办形式多样的幼儿体育赛事的热潮,赛事的举办需要整合大量的资源,需要如政府、企业、协会等多方的参与,同时借助官方媒体和自媒体的宣传,使幼儿体育得到了大力推广。各个参赛的单位积极备赛,由于学前教育的特殊教育方式,对于亲子形式的活动,家庭的参与度很高。这直接提高了家庭的幼儿体育参与及带动了社区的幼儿体育活动。近年幼儿体育全国赛事详见表5-15。

---

① 王先亮、张瑞林:《体育会展经济发展研讨》,载《体育文化导刊》2013年第11期,第81-84页。
② 王凯珍、王晓云、齐晨晖:《当前我国幼儿体育的热点现象、问题与建议》,载《北京体育大学学报》2020年第43卷第5期,第30-38页。

表 5-15 2017—2018 年我国市级以上幼儿体育赛事举办情况①

序号	赛事类别	数量/场	赛事地点数量	主要主办/承办单位
1	大型综合性赛事	2	1 个省（浙江）	体育局、体育协会、基金会
2	棋类赛事（5、6 岁）	44	14 个省、自治区、直辖市	体育局、教育局、棋院、棋类协会或俱乐部、少年宫
3	体操类赛事	41	24 个省、自治区、直辖市	体操协会、关心下一代工作委员会、体育局
4	足球赛事	30	12 个省、自治区、直辖市	体育局、足球协会、关心下一代工作委员会、青少年体育俱乐部等部门
5	篮球赛事	28	15 个省、自治区、直辖市	篮球协会、幼儿体育企业
6	轮滑赛事	23	11 个省、自治区、直辖市	体育局、轮滑协会、幼儿/少儿体育企业
7	武术赛事	20	13 个省、自治区、直辖市	关工委、武术协会、幼儿/少儿体育企业
8	游泳赛事	11	4 个省、直辖市（浙江、江苏、北京、贵州）	游泳协会、体育局

从统计的赛事数据来看，全国 2017—2018 年共举办市级以上幼儿体育赛事 199 场，其中，2017 年 98 场、2018 年 101 场。依照举办

---

① 王凯珍、王晓云、齐晨晖：《当前我国幼儿体育的热点现象、问题与建议》，载《北京体育大学学报》2020 年第 43 卷第 5 期，第 30-38 页。

数量排序为棋类（44）、体操类（41）、足球（30）、篮球（28）、轮滑（23）、武术（20）、游泳（11）七大项目，遍布24个省（自治区、直辖市）[①]。从主办方的构成来看，以体育部门牵头的赛事为主，各项目由单项行业协会与俱乐部、企业协办，教育部门主办的赛事很少。这说明在幼儿体育赛事中，行业协会、俱乐部、企业的参与度很高。幼儿园在幼儿体育产业兴盛的市场环境中也在寻求一些与商业机构合作的机会，以期提高或者改善幼儿体育资源不足的现状。商业机构也在合作的过程当中有机会进入公共教育体系的内部，继续扩大市场的份额来提高服务质量，这两者双向互动的供需关系构成了对幼儿体育产业的巨大推动力。随着市场的扩大，进入的企业会越来越多，复杂性也会越来越高，为了幼儿体育健康有序良性地发展，我们需要更多的政策支持和引导。以下就"您所在的幼儿园与幼儿体育商业机构合作过幼儿体育课程吗？"这一问题进行问卷调查，研究结果从侧面显示了目前幼儿园与商业机构的几种合作方式和参与程度。在幼儿体育课程和师资人员上，各地方幼儿园普遍因地制宜地利用现有的资源开展不同类型和不同风格的体育教育活动，也有很多幼儿园为了弥补体育课程资源的不足，除了自身的集体教研外，还与市场上的商业机构合作，采取"引进来"的方式，建立本园的幼儿体育课程体系。

近几年，随着国家人口战略的部署和"健康中国"战略的实施，全民的健康意识水平进一步提升。幼儿体育政策的不断出台，带来了幼儿体育产业的蓬勃发展和高速增长，无论是企业规模还是赛事数量，都是空前的。但必须注意，幼儿体育作为一种新的形态，刚刚起步，尚未形成自己的体系，也无专门政策。虽然行业发展良好，各类型企业数量激增，但政府在完善行业规范政策法规方面的工作还是欠缺的。在市场当中也充斥着一些不规范经营的企业，将"成人化""应试化"的教育渗透在幼儿体育教育中，违背

---

① 王凯珍、王晓云、齐晨晖：《当前我国幼儿体育的热点现象、问题与建议》，载《北京体育大学学报》2020年第43卷第5期，第30-38页。

了学前教育幼儿体育的基本育人理念。为应对新兴行业因势利导，政府出台了专门的政策法规予以保障。从这一现象本身引发了更深层次的思考，行业的兴盛并未有突出的或者说更为强大的影响力引起政府的关注，这造成了"市场先热，政府慢热，基层先动，高层滞后"的现象。幼儿体育产业中，还未有龙头标杆性的企业能代表行业参与幼儿体育政策的制定，政企之间的对话机制尚未形成。虽然相比之前的幼儿体育产业状况已有了巨大的转变，但还未有核心的要素开启"政策天窗"。然而，议题圈消费者的不断壮大，他们对幼儿体育的认知和理解逐步加深，作为消费者对幼儿体育本身就有了主动的诉求和关注，加之媒体报道形成的热点效应，幼儿体育的"问题之窗"正在逐步开启。

（二）典型案例分析——"华蒙星"体育的发展历程

下文重点从幼儿体育市场化嵌入的角度，明确在市场环境下企业推动幼儿体育教育行业的原因，了解幼儿体育的市场需求。从供求双方利益相关者的角度探究幼儿园与商业机构的需求关系，进一步讨论幼儿体育企业在市场化过程中所扮演的角色，并通过对企业的成长历程与创始人独特经历的描述，讨论企业在市场供需环境下，如何成为幼儿体育政策的有力推动者，发挥着政策制定和执行当中的调适功能。

1. 大健康时代吹响体育教育集结号

近几年，我国大力推动青少年健康以及体育教育的发展。2019年，我国出台了《健康中国行动（2019—2030年）》等相关文件，并印发健康中国行动组织实施和考核方案，宣告全面推动和实施"健康中国"战略，响应2016年发布的《"健康中国2030"规划纲要》，积极营造了全民健康的社会氛围，提升了民众的健康意识。学校、政府和社会对儿童健康的关注度日渐提高，儿童体育教育行业不断升温。在严控应试教育培训的政策下，素质教育俨然成了当下以及未来教育行业的重要蓝海，素质教育与应试教育的平衡与融合是教育的未来出路与大方向所在。儿童是祖国的花朵、未来的希望，是重中之重的基础教育对象，而体育培训教育作为素质教育中的重要一环，对儿童的身心健康成长是不可或缺的。在这样的大环境下，儿童体育行业涌现出一批优秀的企业，这些企业凭借美好的愿景目标、创新的商业模式、先进的经营理念、高效的资源整合，正在刺激行业高速发展，优化市场质量结构，为儿童体育的发展贡献源源不断的动力。在这其中，想要打造"中国儿童CBA"、专注幼儿篮球的"华蒙星体育发展有限公司"（以下称"华蒙星"）成了儿童体育教育行业的标杆，以公司自身之力打造各有特色的生态系统、基础平台，由市场、客户、行业而生，又反哺市场、客户、行业；受政策影响而发展，又反过来影响政策，推动了行业整体的发展与成熟，实属乘风破浪的行业开路先锋。接下来，笔者将从华蒙星的发展历程中，探索其中的公共政策意涵，并从中得到政策分析的启示。

"在中国，幼儿篮球几乎等于华蒙星。"这句话源于业内，毫不夸张地反映出华蒙星在儿童体育教育行业的细分领域中的头部位置。华蒙星体育发展有限公司2016年创立于体育氛围浓厚的广州，将产品以及服务专注在3～8岁的幼儿篮球体育项目上，主营业务包括了幼教体育的教学研发、幼儿篮球体育的培训和相关体育器材的开发等。经过几年的高速发展，该公司将市场拓宽到全国，目前拥有超过200家的加盟商和合作伙伴，并在多地设立了子公司和办事处，业务遍布全国30个省级行政区域，与超过15000所幼儿园合作，影响超过450万的孩子，与国际篮球联合会（FIBA）、姚基金、中国职业篮球联赛（CBA）、李宁、长隆、卓雅教育等大品牌建立战略合作伙伴关系。下文以华蒙星的创立和发展过程，探索和分析国内幼儿体育的现状，以及以幼儿园的体育教育发展为时间轴，从华蒙星的发展历程与幼儿体育市场的逐步兴起，解剖我国幼儿体育政策的市场化背景。

2. 幼教体育的"三教"痛点——企业的资源配置作用

在 21 世纪初，纵观当时的行业，公办幼儿园的体育教育存在严重的不足并缺乏系统性的"良药"供给，面临着"三教"（即教师、教材、教法 3 个方面）的问题。首先是幼儿教师人才不足，幼儿体育行业人才的缺乏源于培养机制的不成熟，主要表现在师资的培养机制还不够具有针对性。其一，在培养学前教育教师的时候通常会引入大量的师范生，而幼儿师范在国内很多都是专科学校，培养层次不高。其二，幼儿师范中设立幼儿体育专业的屈指可数，大多是以学前教育中的音乐、语言、艺术类为主，导致专门从事幼儿体育教育的师资严重不足。其三，设立幼儿体育专业的体育院校也是凤毛麟角，这就造成了幼儿园中普通幼教专业毕业的教师不懂专项体育科目，体育院校毕业的教师不懂学前教育内容的"双盲境地"。此外，幼儿体育相关的师资培养体系缺乏产教融合机制，使教育体系的培养目标与市场需求不相适应[①]。其次是幼儿体育课程设置与教育体系缺乏科学化和专业化的指导标准，幼儿园的体育课大多是"放养型"。一方面，幼儿体育教育中无"标"可依。幼儿体育课程国家教育部门没有制定统一的教学大纲，缺乏科学性、实操性，并且各个地区幼儿园幼儿体育配套设施硬件参差不齐，政府部门也未对幼儿园体育场地条件进行规划要求。软硬件的缺失对于幼儿体育教育来说无疑是"雪上加霜"。另一方面，幼儿体育教育无"尺"可量。幼儿体育教育的评价体系未形成，现有的评价也仅作为孩子生长发育的成长记录，关于孩子身体运动能力的测试缺失，国家也无统一的标准，严重影响了幼儿体育教学评估。更突出的问题是对孩子的运动技能评价的缺失，这导致对幼儿身体素质的监控成为空谈，提升幼儿体质健康水平成了"海市蜃楼"[②]。最后，在缺少幼儿体育教师和专业教材的条件下，幼

[①] 吴一鸣：《我国高等职业教育政策演进、动力与调适（1996—2015 年）》，载《教育发展研究》2015 年第 19 期，第 7 – 13 页。

[②] 刘献国、贾俊杰：《国外幼儿体育研究进展及其启示：基于共词分析视角》，载《体育学刊》2020 年第 27 卷第 4 期，第 127 – 133 页。

儿体育教育对孩子"因材施教"和"因龄施教"将无从谈起，幼儿园管理者幼儿体育教育理念的滞后，未能科学掌握运动量、运动强度、体育游戏设计、趣味创造等教法也导致体育课程出现了无章、无法、无效、无趣的现象。幼教系统中的三大困境制约了幼儿体育的发展，如何破旧立新、拨乱反正成为我国幼儿体育教育的重大课题。

经过多年的实践与考虑，华蒙星创始人温大治看到了幼儿体育是一片蓝海市场，可以围绕着幼儿篮球这一重要的运动项目来开展服务产品，系统地研究适合幼儿参与的篮球活动规则、器材以及教学方式。幼儿体育行业，包含的体育教师缺乏、政策支持缺乏、资源条件缺乏这些行业痛点，在温大治看来都是机遇，他立志为孩子们做一番事业，同时为幼教体育开辟新的天地。2012 年，温大治毅然辞去编制内的"铁饭碗"，投身"华蒙教育"（"华蒙星"的前身），组成了华蒙体能的初创团队。华蒙教育在开展幼儿体育课的同时，也开始探索业务的生存方向。团队尝试承接其他园所的普及课、兴趣班，并在同年 8 月，开设自营的华蒙少儿篮球俱乐部。温大治在实践中发现，教练培训能力有限，让幼儿园教师掌握幼儿篮球并将其融入幼儿园的日程，才是最有效的普及方法。因此，华蒙教育从 2014 年开始落实政策，在全国各个省市举办培训，开发出一套针对幼儿教师开展篮球培训的课程。该课程能让教师快速上手，结合实际情况开展教学活动。华蒙教育团队还专门出版了一套幼儿篮球指导手册，作为篮球教学的专业用书。由于幼儿篮球取得了非常好的成效，越来越多的幼儿园想要植入幼儿篮球课程。2015 年，华蒙教育创立了全国首届幼儿篮球特色打造的指导教师认证培训班，从此团队开始成长，并逐渐有了其他地区的合作伙伴，共同踏上普及幼儿篮球的征程。

3. 幼儿体育推动的两难境地——企业的桥梁互通作用

在公共政策的大环境背景下，宏观环境是决定行业发展的根本条件。2012 年，全国学前教育宣传月活动开启，并且教育部还在此时颁发了 3～6 岁儿童体育学习的指导文件，希望能为幼儿终身发展打下良好的基础，从而促进幼儿各个不同方面的进步和发展，并将体育教学放到重要的位置上。政策利好给幼儿体育行业带来了更好的发展平台，提供了更多的人力和物质资源。2015年，教育部重新修订了《幼儿园工作规程》，并从2016年3月开始落实。这份规程明确了幼儿进行户外活动的时间要超过2个小时，促使幼儿园教师更为重视体育运动。同年，国务院还出台了"健康中国"的战略规划，希望能进一步加大在体育教育方面的力度，并且把"健康教育"的理念纳入体系当中，作为一项重点内容来考虑，围绕中小学开展健康教育，提高学生的身体综合素质。通过"大众创业万众创新"政策激发市场潜力，沉寂已久的幼儿体育产业市场被激活，掀起了创业热潮，加之大健康产业的助推，使得先进入者尝到了政策利好①。

幼儿体育市场发展的良好趋势吸引了大批的创业者，在体育培训和体育赛事上也涌现出一批优质的企业开拓创新了幼儿体育课程内容，这些课程资源为广大幼儿园的体育教育带来了蓬勃生机，但同时也陷入了两难境地。从供给方面来看，校外培训机构的课程在设计理念、经营模式、服务质量等方面能够提供幼儿园校外课程服务，但缺少进入幼儿园的渠道，特别是进入公办幼儿园的渠道，其主要原因在于公办幼儿园属于统一政府性财政支出，缺乏可用的自有资金渠道购买服务。从需求方面来看，幼儿园要按照《幼儿园工作规程》中规定的对儿童的户外活动时间和体育运动时间的执行，但在执行过程中由于上级部门对幼儿体育课程缺乏监控和教培督导，加之幼儿园体育师资力量缺乏，专业技能缺失，幼儿园相关领导体育教育意识理念滞后等问题，使幼儿体育拘泥于形式，大多数仅有户外的游戏，没有体育运动的核心素养要求，更不用说体育的技能培养。此外，幼儿体育市场体系发育还未成熟，与终身体育的其他学龄段相比，幼年体育相关的机构、俱乐部等市场主体数量不足，体系发育不成熟，这导致了供求之间存在供需不平衡。

需求与供给主要受制于两个方面。一方面，幼儿体育政策内容比

---

① 马岗峰：《大众创业万众创新背景下幼儿篮球运动的发展研究》，载《当代体育科技》2019年第9卷第30期，第224-225页。

较模糊，国家只有纲要性指导文件，地方政府未能形成地方行政指导文件，政策内容含糊不清、无具体规则制定标准、互有冲突等都会导致政策执行不力、贯彻不实，政策规制能力的低下会造成执法不严、执行效果不佳的局面①。另外，行业内的政策倡导者和行业联盟内缺少权威型的政策企业家推动政策提案，政策源流缺位导致行业发展"有章无序"的幼儿体育专项性政策提案游离于"政策原汤"中，无法引起高层的注意。另一方面，在执行过程中没有细则可依，幼体项目缺失安全性要求高保障性的文件，对学前教育中的体育运动无统一的标准体系，行业陷入"盲人摸象"的尴尬境地。华蒙星在市场和公办学前教育体系间构筑起一座桥梁，因势利导地发挥市场机制作用，合理有效地配置资源，在满足自身利益的同时，大量的幼儿体育资源流动到基层一线幼儿园，利用合理的商业模式较好地解决了市场与体制内幼儿体育资源的配置问题。华蒙教育的主要理念是优化改良幼儿体育教育，并在教学标准化、规范化方面走在了市场的前列，为市场主体优势的发挥树立了行业典范。为了服务更多的幼儿园，商业化、规模化专业运营，华蒙教育对品牌进行升级优化。2016年，幼儿教育品牌"Walmonos华蒙星"创立，成了中国第一个商业化推广幼儿篮球项目的体育公司。以公益推进、教培带入、赛事组织、亲子运动、体育博览一步步拓展，既解决了公办幼儿园的体育教育"三教"缺失问题，又为民办幼儿园增加了创收项目，还满足了家长对孩子体育培训的需求。此系统成了幼儿体育教育的有效补充，使市场、行业机构和政府互通有无，加强联动，为有利于幼儿体育行业发展的政策的出台铺平道路。

4. 幼儿体育资源的配置——企业的社会推动作用

从2015年开始，"二孩政策"带来的人口红利更加刺激了学前教育资源的快速扩张，本就庞大的基数加上政策刺激，潜在的体育教育

---

① 吴庆：《中国青年政策执行过程的初步研究：史密斯模型的一个解释》，载《中国青年政治学院学报》2001年第20卷第6期，第6–10页。

适龄儿童数量未来将呈上升趋势。政府鼓励生育与人口素质战略,将促使更多的社会资源向学前教育倾斜,幼儿体育将迎来更大的发展机遇。全民健康是国家战略,幼儿的身体健康是人生基石[①]。幼儿园里"小胖墩""小眼镜"的增多,反映了儿童肥胖和近视已成了大问题,电子设备的普遍使用、静坐时间的延长,成了儿童健康成长的隐患。政府的关注点和关注程度发生了转变,对部分公办幼儿园的课外机构合作也逐步放开;家长健康教育理念的转变,对孩子体质健康的关注引发了对体育培训的强烈需求。一方面,华蒙星通过课外兴趣班培训以及各种各样的活动,与家长建立起了可靠互信机制,解答关于幼儿体育中的疑难问题,普及幼儿体育相关的专业知识。除了线下丰富的交流空间,华蒙星的教师团队还可以通过线上和家长开展多渠道互动,包括微信上的实时反馈、公众号上的内容分享、抖音上的动态发布等,都让华蒙星的客户关系管理和品牌管理积累了卓越的声誉。另一方面,幼儿园也参与了华蒙星体育组织的师资培训计划,培养幼儿园有潜力的教师,帮助其获得体育教育的实操经验和专业技能。华蒙星还定期在幼儿园组织生动有趣、专业度高的亲子运动会,华蒙星成了家园互动的纽带桥梁,这也体现了体育运动带来的社会效应和巨大的凝聚力,在市场的助力下推动了幼儿体育公共政策的执行。作为幼儿体育行业的龙头企业,华蒙星在不断开拓市场的同时为幼儿体育教育体系化贡献了巨大的力量。不仅在幼儿篮球领域,在整个幼儿体育行业都陆续出现了许多优秀的新星企业,掀起市场主体教育的热潮。市场主体以强大的灵活性、对市场的灵敏度、资源的串联性、无限的想象力和创新力,开发了一批批优秀的教育产品。公办幼儿园体育教育与市场化儿童体育俱乐部教育体系互相结合,公益性推广幼儿篮球项目进入更多的幼儿园,并不断输出优质的幼儿体育教育资源,完善幼儿体育教育资源配置,使儿童享受更加优质的体育教育,产生了广泛的社会效益,形成了市场力量与公共政策的有机结合和系统推进。

---

① 柳鸣毅:《健康中国背景下全民健身公共政策分析》,载《中国体育科技》2017年第1期,第38–44页。

5. 幼儿体育行业联盟成就商人政策企业家

华蒙星的创始人温大治在20世纪90年代从广州体育学院毕业后，成了一名从事幼教工作的体育学院体教专业毕业的男教师。他认为，男教师本身就有很强的感染力，课堂活跃，因此，园里的孩子们则非常喜欢他的上课风格。因此，温大治怀抱着对于幼教事业的热爱，在幼儿体育领域深耕了十几年。在这个过程中，他尝试将篮球、游泳等体育项目融入幼儿教学中，并取得成效。业务的发端，只是在几个幼儿园举办以交流为主的篮球赛事。2006年，温大治组织举办了广州市第一届幼儿篮球花会，这一办就是8年，参与园所从一开始广州市的3家，扩展到全省100家。赛事的创新模式吸引了家长、机构、企业等群体，积累了一定的资金和口碑，越来越多的私立幼儿园开始与其合作。

华蒙星团队还会定期组织个性化培训，不同阶段培训的内容和形式也有所不同。例如，刚开始的时候是进行新进教练培训，然后是针对潜力管理层等更高级别的培训。在培训过程中，教师会根据不同员工的特长来设置不同的职业发展计划，采取相应的培训手段来发挥员工的潜能。除了对内部团队进行专业管理，对外的人才培训也同样用心负责。幼儿篮球教育对教练的综合素质要求高，除了要有篮球技能，更要有学识，懂得幼儿成长心理。"师者，所以传道受业解惑也"，教练对幼儿的成长影响重大。华蒙团队针对幼儿的身心特点来开发幼儿篮球运动项目的规则、配置装备以及选择场地等，从而使这项运动更加适合3～6岁的幼儿参与。例如，该团队专门开发了直径更小的4号篮球以及配套的篮球筐，同时还设计了一些保护防护装置，以提高幼儿参与篮球运动的可操作性和安全性；此外，还在目前篮球比赛标准规则的基础上优化幼儿比赛规则，使篮球运动更具趣味性。

2016年，华蒙星举办亚洲幼儿体育交流研讨会，之后成了每年定期举办的业内峰会。华蒙星的战略合作伙伴有FIBA（国际篮球联合会）、CBA（中国职业篮球联赛）、姚基金、广东省篮球协会、李宁品牌等，可见其认可度之高。华蒙星也是"小小CBA"官方赛事指定运营机构,小小 CBA 是隶属于 CBA 的幼儿篮球品牌赛事系列,涵盖培训与赛事等一系列丰富的内容。官方机构是赛事、标准、制度、政策的制定者和执行者,华蒙星与他们的深度合作,意味着华蒙星肩负着更重大的社会责任,同时也意味着其正式以民营企业的身份参与公共体育资源建设。华蒙星提供基础资源、建设基础架构、创立平台体系、携手官方机构和各方利益相关者,推动了幼儿体育市场的发展。

综合以上案例的描述,可以看出幼儿体育市场从小到大,从市场的"散兵游勇"到大企业的正规经营,从体育培训行业的"鸡肋"到"蓝海"市场,从独创公司到产业联盟,这一系列的转变透露出幼儿体育培训行业的市场潜力与价值,也反映了幼教行业对幼儿体育资源的巨大需求。政府在幼儿体育政策实施中的空白地带得到了市场的有力补充,企业在整个行业中不仅仅受"看不见的手"的驱动[①],而且企业通过市场的力量不仅改变了公共政策,并在扩大规模经营的过程中寻求更多的政策支持与建议输出,成了政策制定和执行中间的调适变量。

根据政策企业家理论,这些政策推动者是使"政策原汤"中的目标政策引起政府高层注意的关键人物。他们擅长运用个人优势以及公共舆论等积极资源是影响政策变迁的方式和策略,政策企业家参与政策过程的主要途径包括提出新的观念、明晰问题、影响议程以及监督执行结果等[②]。在这个案例中还可以看到政策企业家为了克服政策创新的障碍,会自主选择从"体制内"到"体制外"的跨越[③]。政策企业家在从"体制内"到"体制外"的角色转变中,所处的环境和获得的机会不同,对待政策的建议方式和推进能力也截然不同。

---

① 吴跃文:《市场机制的对向改造与展望》,载《特区实践与理论》2020 年第 2 期,第 49 – 53 页。

② 李兆友、姜艳华:《政策企业家推动我国基础研究政策变迁的途径与策略分析》,载《科技管理研究》2018 年第 38 卷第 24 期,第 46 – 50 页。

③ 周凌一、李朔严:《跨体制流动与政策创新:制度环境约束下政策企业家的身份选择:以西南省公益金融创新为例》,载《公共行政评论》2016 年第 9 卷第 5 期,第 45 – 63 页、第 204 – 205 页。

"体制内"的教师身份更能关注到政策执行过程中所遇到的难点,发现政策缺陷和漏洞;"体制外"的企业家利用强大的商业资源和行业话语权直接对话政府部门,提供政策建议,策动政策创新。

(三) 市场调适机制下的政策企业家共同体

从上文的数据和案例分析可以看出,企业的发展与行业和政策供给密切相关,企业本身不能做决策,真正做决策的是企业的高级管理者或者是管理团队。他们构成了企业决策的主体,也在多重动机的驱使下逐渐转变为政策企业家。企业决策者在转变为政策企业家的过程中与外界的多元互动关系是本节讨论的重点。对政策企业家的研究一直是西方学界主流研究的焦点。这些政策企业家被视为推动政策创新的关键变量。政策企业家通常是指那些为了推销自己的政治主张,在政策过程中表达自身利益的个人或者团体,他们为了将自身的政治理念和政治偏好纳入政府方案中,全力投入人、财、物力以及他们的社会资源和政治资本[①]。同时,体制外的企业决策者与体制内的行业行政官员,受多重动机的驱使合作,成了政策企业家共同体,在多源流框架中的政策网络中,与各个行动者复杂互动,形成政策推进与创新(如图5-9所示)。

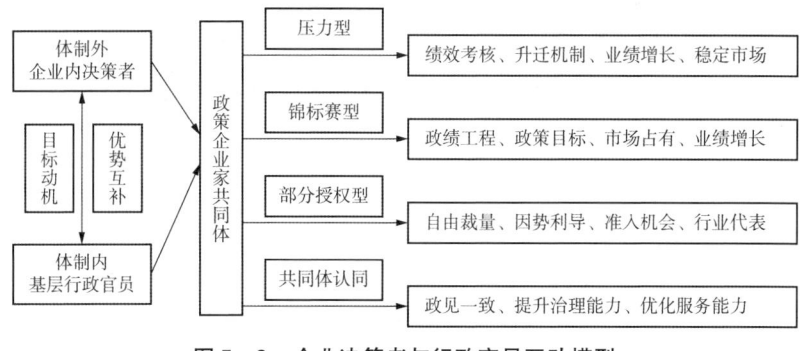

图5-9 企业决策者与行政官员互动模型

---

① POLSBY N W. Political innovation in America: The politics of policy innovation. Yale University Press, 1984.

政策企业家的政策创新和政策推进是由其多重动机催生的行动结果[①]。这里所描述的政策企业家基于身份和所处行业大致被分为"体制内"行政官僚和"体制外"企业决策。"体制内"身处一线的行政官员为了安全有效地完成上级安排的指标任务,使用其掌握的权力根据具体情况进行自主裁量和决策,可以利用多种不同的执行策略来达到战略规划当中的要求,完成自己所承担的相应任务,主要的策略有"选择服务""互惠合谋"等[②]。

本研究中的行政官员泛指主管幼儿园的直属管理部门即市教育局,然后是管辖区域内的区教育局,更细分的对应岗位则是区教育局学前教育科室内的教研员。他们的具体工作主要是根据教育局对学前教育的规划和行动方案,执行政策指导管辖区域内的幼儿园。职权范围包括专项经费的审核、教育课改的申报、行政命令的监督等。工作方式主要是下沉到基层一线调研执行的进度和定期召开座谈会了解幼儿园在运行当中所遇到的情况,做好备案记录并上报教育局高层。"体制外"的企业决策者是指在市场上针对幼儿教育板块做市场产品推广体育服务的企业,如上一节提到的"华蒙星体育"就是其中比较有代表性的一个,其早期是与公办幼儿园进行幼儿体育及相关业务的合作。幼儿园以政府购买的方式与其开展幼儿体育的相关业务,这种模式构成了企业与政府之间的关系结构。从"体制内"和"体制外"的关系中,可以发现他们在目标、过程、结果三要素中有共同的多重利益诉求并相互影响,以下是笔者结合前人研究的基础总结出4种体制下的动机驱动模式,以期能从4种多重动机关系中,从横向到纵向勾勒出企业决策者和行政官员的互动关系结构。

[①] ARNOLD G. Street-level policy entrepreneurship. In *Public management review*, 2015, 17(3): 307-327.

[②] HENDERSON A C. Examining policy implementation in health care: Rule abidance and deviation in emergency medical services. In *Public administration review*, 2013, 73(6): 799-809.

1. 压力型体制下的任务驱使和行业生存

体制内身处一线的行政官员,面对的是上级部门的各种任务和考核指标[①]。在面临上级部门定期或不定期且次数频繁、类型繁多的检查和评估时,在压力型体制下,基层的行政官僚在工作中会选择性地想尽办法解决政策执行和公共服务中的各种问题[②]。有时为了更有效率地达成目标,不得不在政策允许的范围之内,变通行为方式或是以创新探索的思维方式寻求解决之道,从而推动政策的创新。当地的教育局通常在幼儿园健康体育文化与亲子社区活动方面有任务指标,下放到以区为单位的教研员,具体就是要通过一系列的体育趣味运动会来加强社区、家庭、幼儿园的和谐共建,并对幼儿体育资源比较缺乏的幼儿园做业务上的指导。

体制外的企业决策者为了能让企业拥有稳定的市场和业绩,则会在商业上寻求更多的资源与合作。在教育行业的合作对象通常是公办幼儿园以及中小学。企业只有靠优质的服务和公道的价格(这里的价格通常是经过政府部门招标程序后的官方定价),并具有行业认证的资质才能与公办机构进行商业活动。所以,维护与政府公办机构的市场也是企业的一大压力。

2. 锦标赛体制下的政绩亮点与市场占有

基层官员处在"行政末梢",位于官员层级的最底层,同级数量巨大。在巨大的竞争压力之下,只有打造比较有亮点的政绩并高效完成工作,才能在"锦标赛"式的同级竞争中脱颖[③]。在此逻辑下,他们会主动寻找工作业绩机会打造亮点,在工作中主动寻求突破推动创新。幼儿园体育项目的开展和一些课题项目的立项研究,也是突出基层官员业绩的一种形式,所以,有项目立项的资深幼儿园会很容易得

[①] 杨雪冬:《压力型体制:一个概念的简明史》,载《社会科学》2012年第11期,第4-12页。
[②] 周雪光:《中国国家治理的制度逻辑》,生活·读书·新知三联书店2017年版。
[③] 周飞舟:《锦标赛体制》,载《社会学研究》2009年第3期,第54-57页。

到政府有关部门的专项资金投入。项目成果对幼儿园的评级和教研员的绩效考核都是重要的指标。而企业因为本来就生存在"弱肉强食"的完全的市场竞争环境之下,不去开拓市场保有一定的市场份额,业绩就会下滑,生存会受到严重的威胁。所以,在市场"丛林法则"的逻辑下,企业要保证有稳定的市场份额和增长率,就必须不断地优化服务、创新商业模式、提升质量。

3. 部分授权型自由裁量权获得资源与行业的准入门槛

部分授权基层官员获得资源的动机,在上级赋予基层官员部分权力履行职责时,没有给予更多的人、财、物的资源投入。在实际的基层工作当中,需要投入的资源远远超出他们被赋予的权力,比如人力和物资就是比较紧要的资源投入,在服务公共事务中,很多情况下需要多部门的合作,人力的短缺会极大影响基层工作的进展。因此,他们经常会陷入"巧妇难为无米之炊"的尴尬境地①。为了破局,基层官员只能另求他法、"各显神通"。② 通过创新活动和政策,利用被部分授予的权力联络外部的关系重新组织资源,其中,政策企业家组织或者是利益相关的市场行业都在其列。在企业与政府公办机构合作的模式下,企业需要被官方认可的行业资质,这是一个双向保证的机制。一方面,官方会考虑企业的行业口碑和安全保障;另一方面,设立准入的门槛,企业只有获得官方授权才能在这个市场环境下进行商业活动。因此,企业也会想方设法与主管部门寻求一定的合作机会,进行资源的投入以获得官方的认可和支持,并获得准入资质,占得市场先机和份额。

4. 共同体认同的情感强化和增强黏性服务

基层官员由于长年驻扎在基层一线,服务对象与其形成了紧密的

---

① 朱亚鹏、刘云香:《制度环境、自由裁量权与中国社会政策执行:以 C 市城市低保政策执行为例》,载《中山大学学报(社会科学版)》2014 年第 6 期,第 159 – 168 页。

② [美] 安东尼·唐斯:《官僚制内幕》(第二版·中文修订版),中国人民大学出版社 2017 年版。

关系。在工作中稳定的信任感和亲切感有利于工作的开展，也容易获得服务方的认可和合作。这种情感上的链接和关系，为基层官僚勤政为民的工作、提升公共服务能力和政策创新提供了强大的动力[1]。企业在稳定的营商环境中通过与客户建立诚信关系，取得了广大客户的积极认可，才能使其继续产生消费行为。老客户的维护一直是企业长久发展的战略方式。由此，企业与客户从信任开始，通过时间的积累形成稳定的客户关系，促进业务的持续开展，同时也要求企业要有创新意识并不断提供更为优质的服务。

综上可以了解到，企业与基层官僚是在多重动机的趋势下结成了政策企业家共同体。政策创新的实践往往都是以这种集体的形式出现，而这种形式是通过3个方面的有机结合，即目标、观念一致和优势互补[2]。这种资源的互补说明了在幼儿体育教育的现实场景中，需求与供给是可以依靠行政指导或是以政府购买的方式，由具有行业资质、官方认可的企业提供服务。更进一步说明在政策创新的关键中，企业与基层官员结成的政策企业家有很重要的策动作用，在政策创新方面，企业扮演了一个非常重要的角色。

企业在"体制内"市场内与行政官僚基于行动目标、观念和资源互补组成了政策企业家联盟，同时，形成了与政策网络互动者之间紧密的合作关系，影响着各源流中关键性指标的产生，推动源流的形成，打开"政策天窗"。对于幼儿体育政策网络中关键互动者与企业之间发生的互动关系，本文将从以下3个方面的情景因素，分析企业如何在多源流框架内部与政策网络行动者互动，并不断对多源流框架进行调适（如图5-10）。

---

[1] DUROSE C. Revisiting Lipsky: Frontline work in UK local governance. In *Political studies*, 2011, 59 (4): 978-995.

[2] BAKIR C, GUNDUZ K A. The importance of policy entrepreneurs in developing countries: A systematic review and future research agenda. In *Public administration and development*, 2020, 40 (1): 11-34.

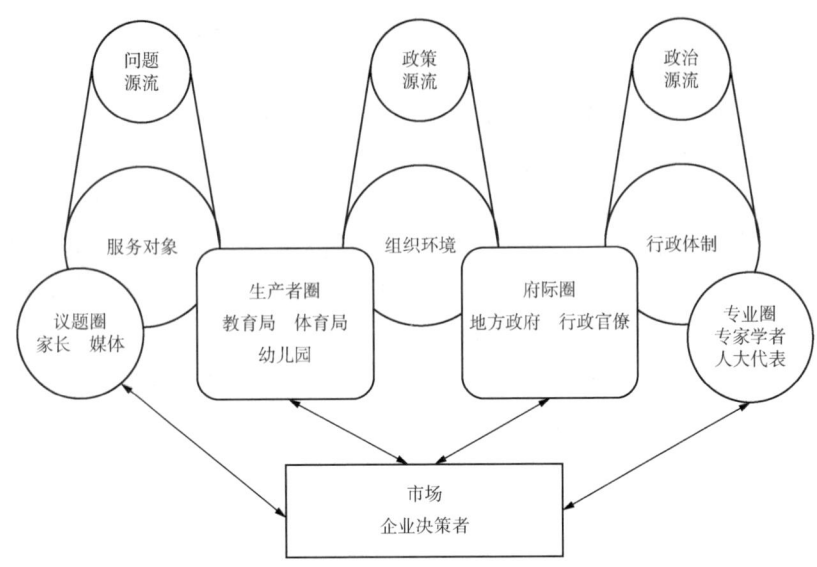

图 5-10 市场调适下的政策网络嵌入多源流系统

第一,问题流主要是对重大事件或者是焦点问题的关注,信息反馈是关键要素之一(如图 5-10 所示),在政策网络的互动关系中,议题圈内的家长和媒体,生产者圈里的教育局、体育局、幼儿园构成了服务对象成为问题反馈的主要行动者。在信息的反馈中,信息的直接传达关系着问题的真实性,因此,基层官员需要与服务对象进行直接交流识别出普通问题①。企业在议题圈、生产者圈的关系互动中发挥着调适的作用。一方面,幼儿园与家长对于孩子的体育课程缺失这一问题已经开始关注,一线幼儿园深感幼儿体育资源匮乏,自身没有解决之道,或者向上一级的部门反映情况,要么在市场上寻求合作。企业的逐利行为促使其对需求有求必应,先以公益免费的模式快速进入,提供优质的体育服务;待家长与幼儿园形成了良好的正反馈后,可申请作为体育示范幼儿园,进一步得到上一级教育局的关注;

---

① 吴成峡、邓正阳:《农地产权政策演进的多源流理论分析:以家庭联产承包责任制为例》,载《社会主义研究》2017 年第 6 期,第 50-56 页。

形成了焦点事件的信息反馈后,教育局通过试点对企业进行官方授权,以政府购买服务的方式与企业合作。在"华蒙星体育"案例中,幼儿园体育课程资源缺乏的问题没有形成焦点事件,得不到上级部门的关注,问题源流尚未形成。企业对幼儿园进行课程、师资的免费培训服务,帮助幼儿园成为体育特色园,组织家长来幼儿园参与亲子体育趣味活动,收到家长与园方积极的正向反馈后,通过与基层官员的政策企业家联盟推荐给教育局,作为试点园参观,使这一问题成了焦点事件问题流,并促成了区教育局的政策创新,采取政府购买服务的形式引入企业为公办幼儿园服务,从而缓解了体育资源不足导致的不利影响。

第二,组织环境酝酿政策源流。企业在竞争激烈的商业市场环境中通过发展和创新不断地成长。企业面对的市场也有很多细分的领域。在幼儿体育培训行业市场中,各种办学性质的幼儿园是各路商家的必争之地。由于公办性质的幼儿园带有浓厚的行政色彩,并不是完全竞争市场,政府树立了各种门槛,要求企业通过一定的授权和资质才能进入商业合作环境中,政府对企业的准入实际上是一种"象征性的授权"的存在①。政策源流对应的是问题源流开启后,随着服务需求的逐步扩大,获得授权后的企业进入公共教育体系内提供体育服务。随着范围的扩大,企业需要获得更高规格的授权才能进入更广阔的公办性教育体系当中,企业决策者往往会通过身份叠加来扩大影响,通常企业家也会被赋权成为人大代表、政协委员的身份②。生产者圈内的教育局、体育局赋权企业进入幼儿园提供服务。同时,企业通过自身的优质服务获得了极大的社会影响力,又通过企业决策者的身份叠加认同,直接与地方圈内地方政府与行政官员形成良好的互动,争取到更大的支持。例如,"小小 CBA"的掌门人姚明就是通过上海市政协常委与中国篮协主席的身份,与地方圈内的各地方政府、

---

① 朱亚鹏、刘云香:《制度环境、自由裁量权与中国社会政策执行:以 O 市城市低保政策执行为例》,载《中山大学学报(社会科学版)》2014 年第 6 期,第 159-168 页。

② 易小琴:《多源流视角下街头官僚向政策企业家的角色转变:以 H 省胶农帮扶政策为例》,载《统计与管理》2020 年第 35 卷第 8 期,第 80-81 页。

行政官员推广幼儿篮球项目,并在很多社会公开场合指出,幼儿是我们国家的希望,如果能从小让孩子参与篮球活动,不但可以增强他们的体魄,同时还可以提高他们团队的合作意识,培养他们的意志品德,从而取得了更多的支持也占有了更大的市场。可见,企业获得"象征性授权"是实现政策创新的重要渠道,可以进一步激励其在问题源流发展后,获得发表意见看法的平台,提出相应的政策建议从而形成政策源流。

第三,行政体制激发政治源流。政治源流内共识的形成是通过一种"讨价还价"的方式形成的[①]。在情景因素中政治源流对应的是行政体制,地方圈与专家圈共同作用影响问题的重要程度,引起政府高层的关注并推动政治流形成,这种辩论的过程存在着很多的不确定性。企业决策者与地方政府在具体的合作项目上得到了支持,地方政府在政策的推广和创新时还需要联合具有权威性的专家型政策企业家一同推进,有时他们的目标和理念一致,有时又不尽相同。在幼儿体育政策中,一些专家代表非常肯定政策的推进和创新选择,先进的行政体制使企业作为扎根在一线的服务提供者,对资源的配置起到了很大的作用,直接推动了幼儿体育的发展。同时,通过企业决策者身份的叠加以及与基层官员形成的政策企业家联盟,可以使幼儿体育得到地方政府的认可,进而联合专家型政策企业家一同触发政治流。企业一步步与政府各级官员合作,扩大自身的影响力,这个过程促成了"三源流"汇合,顺利打开"政策天窗",是实现政策创新或者政策拓展的一种理想模式。

五、本章小结

本章对政策网络理论中各圈层内部核心要素进行分析,进一步探究政策网络中的要素如何嵌入多源流理论框架当中,对多源流理论进

[①] 吴成峡、邓正阳:《农地产权政策演进的多源流理论分析:以家庭联产承包责任制为例》,载《社会主义研究》2017年第6期,第50-56页。

行补充、修正以及调适。具体在对政策网络理论适用性分析之后，采用英国学者罗茨的研究模型对我国幼儿体育的议题进行了具体的案例分析，从政策网络行动者的角色定位和分类上，将政策网络行动者分为 5 类：政策网络圈层、专业网络圈层、府际网络圈层、生产者网络圈层和议题网络圈层。根据权威、经费、信息、合法性和组织 5 个维度逐个分析各类别网络行动者的资源占有情况，并进一步分析他们在网络中行为的动因和互动带来的影响，结合案例的实证内容，分析在学前教育和幼儿体育整个政策网络体系中的互动模式。

从 5 个维度整体的资源配置上，政策圈层及中央政府的资源毫无疑问占有绝对的资源，但中央集权垂直化的管理模式在信息资源的占有上并不占优势，这也是中央集权制机构庞大、层级较多，阻碍信息直接流通的弊端。府际网络中的地方政府在贯彻中央政府的政策纲要的过程中，权威性、合法性得到了授权，经费也比较充足。信息方面由于得到管辖权的代理而使信息通道更为畅通，但在执行过程中会遇到障碍。障碍来自对中央政策纲要精神的解读和贯彻。由于地方政府有较大的自我裁量权，政策的制定带有很强的"地方主观性"，对于中央政府清晰的文件有很好的执行能力；但如果中央只有方针纲领，没有细化内容，对于此类政策的执行，地方政府往往比较谨慎小心，采取观望的态度。

精英网络在整个政策网络中是一个游说集团，他们在某一领域有很强的专业能力，在政治上有一定的号召力和影响力。精英网络的合法、权威两个维度在整个网络行动中处于资源中等偏高的位置。精英团体是国家许多大政方针的智囊团，在经费上较为有限，这也限制了他们在推动过程中的效率。组织上不够紧密，因为在精英集团中各自为政的情况时有发生，也就是小团体的流派现象，可能在同一政策议题的推动当中，由于利益、政见、观点等方面的不统一，精英集团中团体的多元化在无形之中限制了议题推动的效率。

生产者圈层在网络中处于终端的位置，具有合法性，资金有限，组织严密，信息通达，在问题的发出端和解决端都能见到他们的身影。各种信息由上至下都汇集到生产者网络中，在幼儿体育问题上，教育局幼儿园在教育理念和行动计划上完全有自主的权利。最后一个类别是由家长和媒体组成的议题政策网络。首先这是一个比较松散的组织，各方面的资源都相对匮乏，在政策网络中属于"弱势群体"。然而，这一"弱势群体"正是政策网络中议题产生的源头，代表的群体非常庞大但是也最为复杂的。在前文的研究中，家长对幼儿体育的认识有较大的差异，但是他们对幼儿健康的认识持有高度的统一性，并对体育政策和体育课程说法不一，其根本原因在于价值文化理念具有差异性。媒体在整个网络中有"催化剂"的作用。随着互联网时代社交媒体和自媒体的高速发展和运用，媒体对公众的影响力与日俱增。媒体通过价值取向倡导优良风向，塑造社会公众意识。媒体的价值取向来自各种价值观的汇总，包括主流与非主流的、官方与非官方的。在我国，媒体的定位和行为属性也是特殊的。换言之，媒体可以作为官方推行价值理念的有力工具。媒体也有自身的生态规则，对人们所关注的热点与热点本身的操作是媒体生存的底层逻辑。对上述的政策网络行动者在幼儿体育中各自的价值定位、互动模式行为动因的分析，更能明晰政策推进过程中的每个环节，对幼儿体育政策在推进发展中的关键节点有了理论与实践上的直观判断，也使幼儿体育政策在推进发展过程中的路径得以呈现。

本章分析了我国当前所面临的行政部门之间的合作，对多个主体间存在的问题进行了剖析。我国在跨部门协同中常常表现出缺乏合作意识，出现大量的问题和矛盾，不利于合作的有序开展。总的来讲，对于某一特定的行政管理项目，作为相关的行政主管领导，需要牢牢把握制定决策的权力。在实践过程中，经常会出现管理层自身偏好影响行政组织效能的现象，其自身的行政方式、行政理念、行政价值等因素都会对结果产生显著的影响，从而使预期效果与实际效果之间存在着显著的差异，产生矛盾和问题。

此外，受合作意识相对缺乏的影响，各方会产生互不妥协的现象，长期保持僵持状态，导致行政组织间出现不必要的冲突。不仅如此，作为不同的组织，其归属差异也会影响资源的竞争，从而出现不同规模的跨部门冲突，不利于整体的稳定发展。在我国教育部门与体育部门的协调工作中，这样的状况较为普遍，例如，在校园足球等行政项目上，出现了部门之间目标设定不一致、部门之间工作人员追求的价值和方向背离问题。两个部门间的沟通与协调工作受阻，在推行国家最高权力机关下达的行政命令时，出现合作机制不健全、政策制定不全面、保障机制欠缺等诸多问题。在同一部门的不同机关也同样出现了这样的问题，学前教育中对幼儿体育的管理也存在权属不清、执行不利的现象。

从政策制定的过程来看，在政府部门推动公共政策的过程当中，政策共同体之间的合作与博弈结果，直接会导致这项议题的产生是以何种方式和主体被提及。他们彼此之间会产生分裂的情况，正如我国的教育部门与体育部门在学校体育这个行政项目中，彼此之间形成了政策的共同体，但是在各自的管理区域内产生了分歧。教育部门在学校的管理中除体育外还有很多其他的内容，并且在中国的教育中，体育不是主要的科目。在教育部门的内部就产生了分裂，表现在官员的偏好和行政办事人员的沟通不畅。同样地，在体育部门中也因为竞技体育与学校体育有着不同的追求目标和资源投入，而产生同样的问题。只有当横向部门间及政策共同体内，跨部门协同的机制形成良好全面的设计，彼此形成紧密的合作关系，政策共同体推行的政策建议才会进入到政策原汤中，进而引起高层的重视，并有机会推上政策议程。在中国的政策决策过程中，需要加强多方面的合作，才能对公共治理复杂性的问题形成良好的运行机制。

体育一直是我国的一项公共服务，覆盖全体国民。在体育行政管理权上，国家设立了体育管理的直属部门——国家体育总局，其根本职能是负责竞技体育、群众体育、学校体育等重要的方面。管辖的业务范围巨大，但职能权力较低。对管辖权以外又涉及的业务范围，如奥运会、亚运会、世锦赛等竞技体育重大赛事项目的筹办时，动员能力和协调组织能力弱。我们对国外跨部门协同成功经验进行借鉴分析，对其模式和可行性进行研究。进入20世纪之后，传统的官僚科层制管理模式长期占据主导地位，各国政府一直沿用至今，将其纳入主流的管理模式，基于命令自上而下的传递，对不同部门之间的职能进行合理的分工,保证不同部门的工作人员能对自身的职责与义务进行明确,接受上级部门的监督与管理,通过层级的上传下达形成管理权责的链条,从而进行较为高效的管理和服务。

随着全球化进程的加快和多边贸易体系的日益庞大,公共事务开始表现出显著的复杂化、全球化、多元化等特征属性,世界范围内的多个国家政府需要针对当前的公共事务进行科学管理,应该摒弃传统的单一管理模式,对管理模式进行创新与升级。以此为基础,应对当前存在的诸多矛盾和难题,实现自身的和谐发展。需要通过政府部门间的相互合作,对职权范围的重新分配达成共识。我国在政府部门间的合作模式与实践基础还较为薄弱,政府部门间长期处于一种分立的状态。这种状态与上层官僚体制的设置关系紧密,从上而下,无论机构部门重要人事的任免进行行政权力划拨,都遵照上级政府部门的决定,地方和各级政府没有自行更改、独立管理的权力,这也使我国在改革开放中,在公共事务,尤其是那些涉及面比较广、牵涉领域部门庞大的项目工程管理方面的成本很大,效率偏低。为了适应新时代国家建设的步伐,完成各级政府设定的国家战略目标,在充分厘清西方政府职能部门跨部门协同的运行机制和合作内涵的基础上,对比优劣、取长补短,促进跨部门的合作,弥合部门间的分立状态,研究建立适应我国国情的部门间合作机制已迫在眉睫。

在幼儿体育政策多源流框架的形成中,除了传统意义上的三源流要素,形成源流耦合、打开"政策天窗"的模式外,会发现地方企业或生产者圈基于自身利益和为了争取更大的行业发展空间,积极参与基层地方政府的政策议程决策,并通过自身的影响力促使政策的"倾斜"。多元主体政策参与的政治逻辑是多源流理论在中国政治生态背景下的一种补充模式,也是中国基层政策具体情境的真实写照。以生产者圈为代表的企业在介入基层政策议程的源流之后,就会对相关的政策问题以及解决的方案进行更加准确的界定,通过一些可以引起民众关注的焦点事件,来创造时机和制造相关的舆论,促使决策过程发生"软化"并通过自身的影响力介入决策机构甚至参与决策过程。在这一过程中,他们会使政策向对自身有利的方向变革。然而,因为在基层政策当中，议程的设置会涉及非常复杂的元素和内容，所以企业只能借助源流汇聚来寻求政策的窗口，让一些议题获得政府的重视，并最终完善和优化相关的法律。同时，在这个获得过程中还需要平衡各方的利益关系，这样才能够让政策议程发挥出真实有效的作用。

第六章 结论与展望

一、研究结论

本书研究从问题入手,聚焦3~6岁学龄前幼儿这一人群。幼儿阶段带来生物意义和教育意义是人的一生发展的重要基础。同时,关注每一个儿童的健康成长也是国家人口战略的具体表现,结合当下儿童青少年体质健康连续下滑的现实场景,分析了幼儿体育和学前教育之间存在的政策关系,深层次地探究国家对幼儿体育政策的供给与社会需求之间的不平等与矛盾关系,充分认识幼儿体育的公共政策属性。对我国学前教育及其中最重要的幼儿体育政策在新中国成立以来多个时期的发展进行了系统的梳理,并总结政策规律。改革开放后的40余年,是我国幼儿体育政策变化最多、调整最大、影响最为显著的历史时期,体现了幼儿体育政策的重要政策意义。

在此基础上,聚焦公共政策设置的过程理论视角,深入探讨学前教育与幼儿体育政策的相互关系,从幼儿体育执行的现状映射出执行不力、内容不清、保障缺失等一系列深层次的问题,从而追溯幼儿体育政策在制定过程中缺失的关键性因素。在理论分析中,基于多源流理论框架的构建,结合我国特有的公共政策和行政体制,就多源流框架研究幼儿体育政策这一问题进行了理论分析。幼儿体育政策在制定过程中反映出问题源流缺失、政策源流缺位、政治源流无力等情况。问题源流是打开"政策天窗"最为直接的途径,在研究中发现,幼儿体育的关注度远不及义务教育阶段的中小学体育,媒体、家长、教育部门、体育部门等对幼儿体育一直没有形成足够的政策关注。在中国人口大健康、全民体育和"三孩政策"等国家政策的倡导下,体育的政治源流虽然已经形成,但是幼儿体育还缺少国民具体的关注度和关键性的指标。通过对家长、幼儿园教师和专家等相关主体开展的问卷调查及访谈发现，家庭和幼儿园这两个幼儿教育中最重要的主体，对幼儿体育政策的设计及执行问题都有较高程度的认识，然而，对其中的具体根源却缺少共识，对问题流中形成推动政策事件的指标还未能达到。对幼儿体育的关注，跳出对老旧教育理念的"怪圈"，利用幼儿园、公众媒体、官方新媒体等传播手段，对新一代的家长重塑学前教育的现代理念，对幼儿体育的育人根本性问题进行引导，才可能推动问题源流的持续上升，形成政策制定的基础。

在政治源流的分析中，从对我国人口政策的变迁及学前教育的立法等角度切入。中共十九大报告将"幼有所育"纳入了"民生七有"之一，推动了幼儿体育政策的政治源流的涌现。同时，通过人民网政府留言板中有关幼儿体育教育问题的关键词检索及政府部门会议，对2008—2020 年的数据进行了聚类分析，可以发现，在涉及重大民生或者是国家战略议题时，焦点问题是引发政治流的关键变量，引起政策制定者的关注并且最终变成覆盖整个社会和国家的政策，成了重要的政治源流，这就是焦点问题发挥的作用。

继而分析政策源流中的政策企业家，对幼儿体育的研究和倡导，目标关注度等方面尚在一个逐步转变的过程。"政策原汤"中关于幼儿体育的政策逐步增多，有影响力的政策企业家也进一步增强，幼儿体育政策在关键时间点的提案也在增加。我国的教育领域的政策企业家，大多是以推进高等教育为主，基础教育中与学前教育相比的中小学教育次之，学前教育的推动者是近 10 年才逐步增多的。这从一个侧面反映出学前教育在我国的起步较晚、关注度一直不高等情况。但随着我国人口政策的调整，以及中共十八大以来对中国特色社会主义核心价值观等一系列人民生活和社会环境的价值重新定位，学前教育获得了前所未有的发展机遇，推进学前教育的政策企业家从单一的教育部门工作者到高校的专家学者再到有行政级别的专家学者，这个政策企业家权力递进的过程，也正是推动幼儿体育政策迈向政策议程的重要一步。"三源流耦合"的局面正逐步形成。

本研究在此基础上发现，与经典的多源流框架不同点在于，我国的公共政策结构需要更加多元化的主体进行参与，在治理结构当中并不是层级分立的状态，多源流的产生与影响也并非独立的状态。为了进一步深入研究，本书结合政策网络理论，将其理论逻辑嵌入多源流理论框架中，并对多源流内部产生的动力和关键性指标进行分析，发现其具有外在联系和内在相关要素，进一步在微观的层面上分析该问题，并对政策网络行动者之间的协作方式做了探讨。从三源流各自相对独立的视角，自下而上和自上而下地对政策过程进行纵向研究，并从政策网络理论出发，对政府部门合作的机制与现状问题进行了论证，揭示了教育部门和体育部门等在学前教育幼儿体育主管部门的协作模式的运行机制现状，并根据调研的结果结合现状做出了回应。

嵌入政策网络对多源流要素及其中各个行动者主体进行相互关系的系统分析，政策网络影响了问题源流、政治源流、政策源流的形成，改变了多源流的走向。研究进一步论证了多源流中各源流在政策形成过程中并不是相对独立的结构，而是相互交错并有先后的出场顺序。在幼儿体育"政策天窗"期逐步打开之后，多源流内部要素的形成成了深入研究的关注点。幼儿体育政策在政治流的策动下正在逐步得到高层的关注，但从政策执行的实际情况来看，政策源流的无力导致针对幼儿体育管理的政府行政部门之间协作机制还未能完善，部门间未能形成长效的联动机制，对于行政部门跨部门协作的动力机制和政策机制还需要顶层设计的合理布局。从现象本身反映出政策制定中缺乏可执行的具体细节，这需要形成有价值型的问题指标，并得到政府部门的识别，再经过教育部门，使问题成了可以被决策层识别接受的指标，从而形成良性的互通机制。研究还发现，在政策源流内部要继续加强政策企业家的群体类别，争取到更多的有巨大能量的政策企业家，形成由政策企业家组成的倡议联盟，推进学前幼儿体育的政策演进。

由于我国幼儿体育市场的逐步兴起，及其对国家政策的灵敏反应，在幼儿体育公共资源有限的情况下，作为市场机制的经济结构，自然适配了市场与公共政策的对接。通过具有代表性的案例可分析出，企业决策者是如何从"体制外"整合资源供给"体制内"的幼儿教育体系，其中重要的核心变量是与行政官员组成的政策企业家联盟。研究发现，内部结成联盟的动机是基于压力型、锦标赛型、部分授权型与共同体认同4种特征而形成的。这个联盟是在政策网络环境下，生产者圈、专业圈、议题圈、地方圈共同推动了多源流中各源流的互动与形成，使原来未能形成焦点指标的问题，通过资源的互动和重组得到重点关注，成了可以开启"政策天窗"的问题源流。这进一步验证了在多源流框架内部的政策网络中，不同的利益团体进行互动会产生影响源流形成的重要力量。市场的调适成了幼儿体育教育的重要力量，为研究幼儿体育政策开辟了新的研究视角，同时也成了多源流理论框架的有力补充。

二、未来展望

本研究构建了政策网络嵌套下的多源流分析框架，并对我国幼儿体育政策中的市场化调适进行了针对性分析。从近几年国家出台的相关政策来看，我国的学前教育正朝着普惠性、公益性的方面积极推进，其中，对于幼儿体育教育的关注度在持续地升温。但是，由于缺乏制度、法规上的顶层设计，《学前教育法》至今还未出台，幼儿体育在政策执行过程中的监督仍然无法可依。同时，随着复杂而强大的市场力量对幼儿体育教育的介入，政府公共政策缺位失位等问题更加显著。这就需要研究者进行中长期的跟踪与分析，并找到公共政策和市场力量的优化组合，形成公共资源和市场资源的最优配置。

近年来，我国义务教育中体育政策的外溢性明显延伸至幼儿园的课程教育中，在教育理念衔接问题导向上推进了政策的制定。通过健康和体育领域的两份重要文件（即《健康中国2030规划纲要》和《体育强国建设纲要》）的颁布，提供了国家战略宏观下的正确指导，进行了政策顶层设计，政策的外溢性集中表现在对幼儿体育的高度关注。本研究提出的框架在推动幼儿体育进入政策议程的过程中，对政策企业家发挥的作用提供了多角度的分析，从政策企业家的类型，政策企业家行动的动力与影响力，到推行政策的利益团体如何影响政策推进，都形成了系统的研究。从各网络行动者有着不同的角色定位开始,对于幼儿体育政策这个议题,每一个网络圈层都在行动上出现不同的特征表现,其影响是相互的,并呈现出从内到外,再从外到内的互动关系。以体育为媒介,幼儿体育推进家、园、社区共育原则,为幼儿的身体健康发展提供更多的政策能量。对于这些政策网络行动者的分析,可能会随着时间的推移和地域的变化而产生不同的模式,形成不同的变量,这是值得进一步跟踪和对比研究的。

  本研究的理论和现实意义,在对我国人口政策及家庭发展中日益重要但又缺乏足够研究的幼儿教育领域进行了开拓。在公共政策的分析框架下,提出了从宏观视角切入具体的问题中,由于对历史经验材料以及更为细致的政策文本和实际案例进行系统性分析,对幼儿体育政策形成更深层的学理性理解,跳出以往以体育与教育研究为主的局限。虽然本研究对公共政策理论进行了深层次的解构与应用,但在事实经验层面上还缺少更多的案例作为研究的结论支撑。本研究在该领域属于探索性的研究,在研究方法和分析工具上还有一定的提升空间。未来的研究应当密切关注我国幼儿体育政策的发展动向,并以此为基础,多角度、多方面,更具创造性地探索更为系统的分析方法,聚焦政策的最新发展,深入研究幼儿体育政策领域的问题,在我国人口政策和学前教育迎来历史机遇的时刻,通过理论和实践的创新,推动幼儿体育政策的发展。

参考文献

一、专著

[1] AGENDAS K J. Alternatives, and public policies [M]. Boston: Little Brown, 1984.

[2] BARRY R. Statehouse and greenhouse: The stealth politics of America climate change policy [M]. Washington, D C: Brookings Institution Press, 2003.

[3] BAUMGARTNER F, JONES B. Agendas and instability in American politics [M]. Chicago: University of Chicago Press, 1993.

[4] COBB R, ELDER C. Participation in American politics: The dynamics of agenda-building [M]. 2nd ed. Baltimore, P A: The Johns Hopkins University Press, 1983.

[5] DEARING J, ROGERS E. Agenda-setting [M]. Thousand Oaks, CA: Sage Publications, 1996.

[6] EASTON D. The political system [M]. New York: Knopf, 1953.

[7] HECLO H. Issue networks and the executive establishment [M]. Washington D C: American Enterprise Institute, 1978.

[8] JONES C O. An introduction to the study of public policy [M]. 3rd ed. Monterey, California: Brooks/Cole Publishing Company, 1984.

[9] LASSWELL H D. The decision process: Seven categories of functional analysis [M]. Maryland: University of Maryland Press, 1956.

[10] MANTERE S, KETOKIVI M. Reasoning in organization science// TAVORY I, TIMMERMANS S. Abductive analysis: Theorizing qualitative research [M]. Chicago: University of Chicago Press,

2014.

［11］ OSBORNE D, GAEBLER T. Reinventing government：How the entrepreneurial spirits transforming the public sector［M］. Reading, MA：Addison-Wesley, 1992.

［12］ POLSBY N W. Political innovation in America：The politics of policy innovation［M］. New Heaven and London：Yale University Press, 1984.

［13］ SABATIER P, JENKINS-SMITH H. Policy change and learning：An advocacy coalition approach［M］. Boulder, Colorado：Westview Press, 1993.

［14］ SABATIER P, WEIBLE C. The advocacy coalition framework：Innovations and clarifications//SABATIER P A, WEIBLE C A. Theories of the policy process［M］. 2nd ed. Boulder, Colorado：Westview Press, 2007.

［15］ SABATIER P A, WEIBLE C M. The advocacy coalition framework：Innovations and clarifications//SABATIER P A, WEIBLE C M. Theories of the policy process［M］. Boulder, Colorado：Westview. 2007.

［16］ WILKINSON D, APPLEBEE E. Implementing holistic government：Joined-up action on the ground［M］. Bristol：Policy Press, 1999.

［17］ YEHEZKL D, Public policymaking reexamined［M］. Scranton, Pennsylvania：Chandler Publishing Company, 1966.

［18］ 阿尔蒙德, 鲍威尔. 比较政治学：体系、过程和政策［M］. 曹沛霖, 等, 译. 上海：东方出版社, 2007.

［19］ 安德森. 公共决策［M］. 唐亮, 译. 北京：华夏出版社, 1990.

［20］ 巴达赫. 跨部门协同：管理"巧匠"的理论与实践［M］. 周志忍, 张弦, 译. 北京：北京大学出版社, 2011.

［21］ 陈明达, 于道中. 实用体质学［M］. 北京：北京医科大学中国协和医科大学联合出版社, 1993.

［22］ 储朝晖. 中国幼儿教育忧思与行动［M］. 南京：南京师范大学

出版社,2008.

[23] 国家体育总局群体司.2000年国民体质监测报告[M].北京：北京体育大学出版社,2002.

[24] 何东昌.中华人民共和国重要教育文献1991—1997[M].海口：海南出版社,1998.

[25] 金登.议程、备选方案与公共政策[M].丁煌,方兴,译.北京：中国人民大学出版社,2004.

[26] 联合国教科文组织.学会生存[M].上海：上海译文出版社,1979.

[27] 林崇德.发展心理学[M].北京：人民教育出版社,1995.

[28] 刘扶民,杨桦.中国青少年体育发展报告（2016）[M].北京：社会科学文献出版社,2017.

[29] 刘伟.当代中国政策议程创建模式发展研究：探寻一种政治社会学的分析框架[M].北京：国家行政学院出版社,2012.

[30] 庞丽娟.中国教育改革30年：学前教育卷[M].北京：北京师范大学出版社,2010.

[31] 日本学校保健会.学校保健动向[M].财团法人,2011.

[32] 萨巴蒂尔.政策过程理论[M].彭宗超,等,译.北京：生活·读书·新知三联书店,2004.

[33] 沙夫里茨,等.公共政策经典[M].彭云望,译.北京：北京大学出版社,2008.

[34] 申毅,王纬虹.幼儿教师专业发展[M].重庆：西南大学出版社,2008.

[35] 孙绵涛.教育政策学[M].武汉：武汉工业大学出版社,2009.

[36] 唐斯.官僚制内幕[M].2版,中文修订版.北京：中国人民大学出版社,2017.

[37] 万鄂湘.人类社会追求的共同目标：评《世界人权宣言》[M]//邵沙平,余敏友.国际法问题专论.武汉：武汉大学出版社,2002：157-160.

[38] 王书彦.学校体育政策执行力及其评价指标体系实证研究

[D]. 福州：福建师范大学，2009.

［39］韦伯. 经济与社会：下卷［M］. 林荣远，译. 北京：商务印书馆，1997.

［40］杨莉君. 学前教育政策法规概论［M］. 长沙：湖南师范大学出版社，2008.

［41］姚国辉. 中国学前教育政策史系统分析研究［M］. 西安：陕西师范大学出版社，2008.

［42］袁振国. 中国学前教育发展战略研究［M］. 北京：教育科学出版社，2010.

［43］中国学前教育研究会. 中华人民共和国幼儿教育重要文献汇编［M］. 1 版. 北京：北京师范大学出版社，1999.

［44］周雪光. 中国国家治理的制度逻辑［M］. 北京：生活·读书·新知三联书店，2017.

［45］朱桂梅. 我国幼儿教师聘任制度的研究［D］. 武汉：华中师范大学，2010.

二、论文

［1］ADEGBOYEGA O, JANOWSKI T, ESTEVEZ E. Whole-of-government approach to information technology strategy management：Building a sustainable collaborative technology environment in government［J］. Information polity，2011，16（3）：243－260.

［2］ARNOLD G. Street-level policy entrepreneurship［J］. Public management review，2015，17（3）：307－327.

［3］BARKIR C, GUNDUZ K A. The importance of policy entrepreneurs in developing countries：A systematic review and future research agenda［J］. Public administration and development，2020，40（1）：11－34.

［4］BJARSHOLM D. Networking as a cornerstone within the practice of social entrepreneurship in sport［J］. European sport management quarterly，2019，19（1）：120－137.

参考文献

[5] BROWER R S, ABOLAFIA M Y. Procedural entrepreneurship: Enacting alternative channels to administrative effectiveness [J]. American review of public administration, 1996, 26 (3): 287 – 308.

[6] BRUNNER S. Understanding policy change: Multiple streams and emissions trading in Germany [J]. Global environmental change, 2008, 18 (3): 501 – 507.

[7] CHALIP L. Critical policy analysis: The illustrative case of New Zealand sport policy development [J]. Journal of sport management, 1996, 10 (3): 310 – 324.

[8] CHRISTENSEN T, PER L. The whole-of-government approach to public sector reform [J]. Public administration review, 2007 (6): 1059 – 1066.

[9] CYNTHIA L O, MARGARET D C, BRIAN K K, et al. Prevalence of childhood and adult obesity in the United States, 2011 – 2012 [J]. JAMA, 2014, 311 (8): 806 – 814.

[10] DEONIS M, BLÖSSNER M, BORGHI E. Global prevalence and trends of overweight and obesity among preschool children [J]. American journal of clinical nutrition. 2010, 92 (5), 1257 – 1264.

[11] DOWDA M, BROWN W H, MCIVER K L, et al. Policies and characteristics of the preschool environment and physical activity of young children [J]. Pediatrics, 2009, 123 (2): E261 – E266.

[12] DOWDA M, PATE R R, TROST S G, et al. Influences of preschool policies and practices on children's physical activity [J]. Journal of community health, 2004, 29 (3): 183 – 196.

[13] DOWNS A. Up and down with ecology: The issue attention cycle [J]. The public interest, 1972 (28): 38 – 50.

[14] DUROSE C. Revisiting lipsky: Frontline work in UK local governance [J]. Political studies, 2011, 59 (4): 978 – 995.

[15] GIRGINOV V, SANDANSKI I. The politics of sport sponsorship:

A policy network perspective [J]. European sport management quarterly, 2004, 4 (3): 123 – 149.

[16] HEILMANN S. From local experiments to national policy: The origins of China's distinctive policy process [J]. The China journal, 2008, 59 (1): 1 – 30.

[17] HENDERSON A C. Examining policy implementation in health care: Rule abidance and deviation in emergency medical services [J]. Public administration review, 2013, 73 (6): 799 – 809.

[18] HILLMAN A J, KEIM G D, SCHULER D. Corporate political activity: A review and research agenda [J]. Journal of management, 2004, 30 (6): 837 – 857.

[19] HOULIHAN B, HANSTAD D V. The effectiveness of the world anti-doping agency: Developing a framework for analysis [J]. International journal of sport policy and politics, 2019, 11 (2): 203 – 217.

[20] HOULIHAN B. Public sector sport policy: Developing a framework for analysis [J]. International review for the sociology of sport, 2005, 40 (2): 163 – 185.

[21] HOULIHAN B. Sporting excellence, schools and sports development: The politics of crowded policy spaces [J]. European physical education review, 2000, 6 (2): 171 – 193.

[22] JORDAN G, SCHUBERT K. A preliminary ordering of policy network labels [J]. European journal of political research, 1992, 21 (1 – 2): 7 – 27.

[23] KLAG M, LANGLEY A. Approaching the conceptual leap in qualitative research [J]. International journal of management reviews, 2013, 15 (2): 149 – 166.

[24] LEEUW E, HOEIJMAKERS M, PETERS D T J M. Juggling multiple networks in multiple streams [J]. European policy analysis, 2016, 2 (1): 196 – 217.

[25] LINDBLOM C E. The science of "Muddling Through" [J]. Public administration review. 1959, 19 (2), 79 - 88.

[26] LINDSEY L. Local partnerships in the United Kingdom for the new opportunities for PE and sport programme: A policy network analysis [J]. European sport management quarterly, 2006, 6 (2): 167 - 184.

[27] MACINTOSH A. Characterizing E: Participation in policy-making [R]. The proceeding of the 37th Hawaii international conference on system sciences, 2004: 3 - 6.

[28] POLLIT C. Joined-up government: A survey [J]. Political studies review, 2003 (1): 34 - 49.

[29] PROVOST C. Entrepreneurship, and consumer protection in the new federalism [J]. The journal of federalism, 33 (2), 37 - 53.

[30] RHODES R A W, MARSH D. New directions in the study of policy networks [J]. European journal of political research, 1992, 21 (1 - 2): 181 - 205.

[31] ROBERTS N C. Public entrepreneurship and innovation [J]. Policy studies review, 1992, 11 (1): 55 - 74.

[32] SABATIER P A. Policy-oriented learning, and policy change, knowledge. An advocacy coalition framework [J]. Knowledge, 8 (4): 649 - 692.

[33] SCHULTZ T W. Capital formation by education [J]. Journal of political economy, 1960, 68 (6): 571 - 583.

[34] SHAFFER B. Firm-level responses to government regulation: Theoretical and research approaches [J]. Journal of management, 1995, 21 (3): 495 - 514.

[35] SWINBURN B, VANDEVIJVERE S. WHO report on ending childhood obesity echoes earlier recommendations [J]. Public health nutrition, 2016, (1): 1 - 2.

[36] WAARDEN F V. Dimensions and types of policy networks [J].

European journal of political research, 1992, 21 (1-2): 29-52.

[37] 毕丽华, 李灿林. 基于政策网络治理模式下的区域政府间合作 [J]. 当代经济管理, 2009, 31 (8): 27-30.

[38] 毕亮亮. "多源流框架"对中国政策过程的解释力: 以江浙跨行政区水污染防治合作的政策过程为例 [J]. 公共管理学报, 2007 (2): 36-41.

[39] 陈潭. 公共政策变迁的过程理论及其阐释 [J]. 理论探讨, 2006 (6): 128-131.

[40] 陈天祥, 李仁杰, 王国颖. 政策企业家如何影响政策创新: 政策过程的视角 [J]. 江苏行政学院学报, 2018 (4): 111-119.

[41] 陈伟芬, 郭际. 国内外学生体质健康评价标准发展研究综述 [J]. 中国科技信息, 2009 (24): 198-201.

[42] 陈莹, 王凯珍, 王沂. 建国以来我国幼儿体育教育的发展历程运动 [J]. 2011 (5): 3-6.

[43] 崔保师, 曾天山, 刘芳, 等. 基础教育服务对象满意度实证研究 [J]. 教育研究, 2019 (3): 80-89.

[44] 崔传奇. 论我国公共政策议程设置的实现路径 [J]. 管理观察, 2019 (24): 99-106.

[45] 丁煌. 发展中的中国政策科学: 我国公共政策科学发展的回眸与展望 [J]. 管理世界, 2003 (2): 27-57.

[46] 段颖立. 中国高等学校扩招政策分析 [J]. 中国青年政治学院学报, 2007 (5): 130-134.

[47] 范世炜. 试析西方政策网络理论的三种研究视角 [J]. 政治学研究, 2013 (4): 87-100.

[48] 冯婉桢, 吴建涛. 普惠性幼儿园弹性定价机制构建 [J]. 教育研究, 2019, 40 (5): 94-102.

[49] 高迪, 董彦会, 尹杨, 等. 中国2005—2014年中小学生身高体重变化趋势分析 [J]. 中国学校卫生, 2018, 39 (2): 252-268.

[50] 高景芳. 论公民体育权的宪法属性: 一个"半真正未列举权"的视角 [J]. 武汉体育学院报, 2016, 50 (8): 39-43.

[51] 葛新斌,付新琴.多源流视域下学前教育供给侧结构性改革政策议程探析［J］.教育发展研究,2017（24）：43-50.

[52] 顾荣芳.从幼儿健康教育活动目标谈起［J］.幼儿教育,2005（2）：11-13.

[53] 郭小聪,琚挺挺.案例研究与理论建构：公共行政研究的视角［J］.江苏行政学院学报,2014（4）：107-112.

[54] 韩永君.国外体育政策研究演进的可视化分析［J］.上海体育学院学报,2017,41（2）：7-14.

[55] 郝晓岑.我国幼儿体育政策分析［J］.我国体育文化导刊,2013（4）：4-12.

[56] 贺颖清.中国儿童的休闲和娱乐权及其法律保障田［J］.青少年犯罪问题,2006（6）：8-12.

[57] 洪秀敏,马群.区域学前教育公平的权责博弈：基于城乡政府履职的差异分析［J］.北京师范大学学报（社会科学版）,2015（6）：68-79.

[58] 洪秀敏,朱文婷,张明珠.我国学前教育政策研究的回眸与展望：价值取向、研究范式与核心主题［J］.学前教育研究,2020（4）：11-20.

[59] 侯云.流动儿童义务教育政策执行的复杂性：基于政策网络视角的研究［J］.教育科学研究,2012（7）：38-41.

[60] 胡耀岗,张玉暖,王亚丽.我国普惠性学前教育的发展研究［J］.教育探索,2016（5）：49-53.

[61] 黄金荣.《经济社会文化权利国际公约》的中文文本问题及其可能化解途径［J］.法治研究,2018（3）：134-144.

[62] 黄娟娟.学前教育政策研究的新走向［J］.上海教育科研,2019（8）：1.

[63] 黄明涛.我国宪法"体育权利"的文本表述与制度实现［J］.体育文化导刊,2017（4）：11-20.

[64] 黄鑫.作为基本权利的体育权及其双重性质［J］.体育学刊,2016,23（2）：68-74.

［65］黄亚茹. 日本小学生的体质与测试［J］. 中国学校体育, 2006 (10): 66-67.

［66］姜勇, 庞丽娟. 我国普惠性学前教育公共服务体系建设的突出问题与破解思路［J］. 湖南师范大学教育科学学报, 2019 (7): 51-58.

［67］蒋硕亮. 政策网络: 政策科学的理论创新［J］. 江汉论坛, 2011 (4): 80-84.

［68］蒋雅俊. 改革开放以来学前教育政策的变迁: 历史制度主义视角［J］. 教育发展研究, 2019 (8): 33-40.

［69］李芳菲. 我国幼儿身体素质变化的成因分析及对策研究: 基于2005—2014年我国3~6岁幼儿的身体素质测试项目数据［J］. 成都师范学院学报, 2020 (2): 68-74.

［70］李红霞, 张纯华, 张邵军, 等. 普惠性民办幼儿园教育质量保障外部治理机制现状及优化［J］. 教育评论, 2017 (10): 67-71.

［71］李建. 3~6岁幼儿体质研究文献综述体育科技［J］. 2006, 27 (2): 68-78.

［72］李林, 康进东, 朱一力. 我国3~6岁幼儿体质健康现状研究［R］. 第十一届全国体育科学大会, 2019.

［73］李玲, 黄宸, 李汉东. "全面二孩"政策下城乡学前教育资源需求分析［J］. 教育研究, 2018 (4): 113-119.

［74］李文钊. 多源流框架探究模糊性对政策过程的影响［J］. 行政论坛, 2018, 25 (2): 90-101.

［75］李兆友, 姜艳华. 政策企业家推动我国基础研究政策变迁的途径与策略分析［J］. 科技管理研究, 2018, 38 (24): 46-50.

［76］梁平安. 体育强国建设进程中学校体育发展的思考［J］. 教学与管理, 2012: 122.

［77］刘复兴. 教育政策价值分析的三维模式教育研究［J］. 2002 (4): 15-19, 73.

［78］刘国艳, 陈圆圆, 陈玮玮. 教育公平视角下不同家庭背景幼儿教育机会获得研究: 基于深圳市的实证调查数据［J］. 教育与

经济，2016（5）：23-29.

[79] 刘海燕，刘蕊. 国外政策网络研究：概念逻辑、研究内容与研究展望［J］. 中共南京市委党校学报，2010（5）：59-63.

[80] 刘建发，吴传毅. 学前教育财政投入立法的思考［J］. 北京行政学院学报，2012（1）：94-98.

[81] 刘双良，杨志云. 风险积聚、政策网络与合作治理：房地产风险的合作治理模式分析［J］. 中国行政管理，2010（6）：104-107.

[82] 刘献国，贾俊杰. 国外幼儿体育研究进展及其启示：基于共词分析视角［J］. 体育学刊，2020，27（4）：127-133.

[83] 刘小鹏，崔怀坤. 多源流视域下我国学前教育立法的可行性思考［J］. 教育探索，2016（4）：136-143.

[84] 刘焱，李志宇，潘月娟，等. 不同办园体制幼儿园班级教育环境质量比较［J］. 学前教育研究，2008（8）：7-11.

[85] 刘焱. 英国学前教育的现行国家政策与改革［J］. 比较教育研究，2003（9）：11-16.

[86] 柳鸣毅. 健康中国背景下全民健身公共政策分析［J］. 中国体育科技，2017（1）：38-44.

[87] 吕武. 改革开放以来我国学前教育政策嬗变的动力变迁及其优化路径：基于多源流理论的考察［J］. 现代教育管理，2018（2）：45-50.

[88] 马岗峰. 大众创业万众创新背景下幼儿篮球运动的发展研究［J］. 当代体育科技，2019，9（30）：224-225.

[89] 马宣建. 从奥运战略到协调发展战略：中苏有关体育政策的比较研究［J］. 哈尔滨体育学院学报，1990（3）：5-6.

[90] 毛中晗，黄馨平. 我国老年体育政策的执行困境与破解：基于政策网络理论［J］. 天水行政学院学报，2020，21（5）：56-60.

[91] 孟庆光，王惠山. 新中国幼儿体育政策的分析与建议［J］. 北京体育大学学报，2018，41（9）：36-42.

[92] 牛美丽. 公共行政学观照下的定性研究方法［J］. 中山大学学

报（社会科学版），2006（3）：76-79.

[93] 庞丽娟，韩小雨. 中国学前教育立法：思考与进程［J］. 北京师范大学学报（社会科学版），2010（5）：14-20.

[94] 彭勃，邵春霞. 服务型公共政策中的合作机制：以城市安全政策为例［J］. 上海交通大学学报（哲学社会科学版），2007（1）：24-31.

[95] 彭海蕾，王楠，姚国辉. 中国学前教育政策发展历程及其特点研究［J］. 教育导刊，2010（3）：7-11.

[96] 任勇. 政策网络的两种分析途径及其影响［J］. 公共管理学报，2005（3）：55-59，69-95.

[97] 容志. 基层公共决策的多源流模型与特点："网格巡察"政策的实证分析［J］. 晋阳学刊，2012（3）：35-42.

[98] 赛明明. 当代中国主要思想库及其政策咨询功能研究［J］. 南方论刊，2011（3）：4-6.

[99] 沈翔. 体育政策分析的理论运用现状与趋势概观［J］. 武汉体育学院学报，2020，54（9）：16-26，63.

[100] 石凯，胡伟. 政策网络理论：政策过程的新范式［J］. 国外社会科学，2006（3）：28-36.

[101] 孙柏瑛，李卓青. 政策网络治理：公共治理的新途径［J］. 中国行政管理，2008（5）：106-109.

[102] 谭羚雁，娄成武. 保障性住房政策过程的中央与地方政府关系：政策网络理论的分析与应用［J］. 公共管理学报，2012，9（1）：52-63，124-125.

[103] 唐皇凤. "中国式"维稳：困境与超越［J］. 武汉大学学报（哲学社会科学版），2012（5）：17-25.

[104] 唐云锋，许少鹏. 政策网络理论及其对我国政策过程的启示［J］. 中共浙江省委党校学报，2012，28（2）：40-45.

[105] 万旋傲. 网络舆情传播与我国公共政策议程设置［J］. 新媒体与社会，2018（4）：150-166.

[106] 王春福. 论公共政策议程的协同回应模式［J］. 浙江社会科

学,2013(7):60-65.

[107] 王春福.政府执行力与政策网络的运行机制[J].政治学研究,2008(3):82-89.

[108] 王妃,张颖.我国学前体育发展现状及对策研究[J].体育世界,2016(5):81-83.

[109] 王富伟.个案研究的意义和限度:基于知识的增长[J].社会学研究,2012,27(5):161-183.

[110] 王刚,唐曼.理论验证与适用场域:多源流框架的理论分析:基于14个案例的检验分析[J].公共行政评论,2019,12(5):28-46.

[111] 王佳媛,吉军,王西明.1997—2007年我国民办幼儿教育发展状况研究[J].中华女子学院学报,2009(8):85-89.

[112] 王凯珍,王晓云,齐晨晖.当前我国幼儿体育的热点现象、问题与建议[J].北京体育大学学报,2020,43(5):30-38.

[113] 王鹏.论学校体育政策的内涵及延伸[J].内蒙古师范大学学报(教育科学版),2014:159-160.

[114] 王萍.改革开放以来我国发展农村幼儿教育相关政策分析[J].东北师范大学报(哲学社会科学版),2010(4):163-167.

[115] 王先亮,张瑞林.体育会展经济发展研讨[J].体育文化导刊,2013(11):81-84.

[116] 王彦峰.区域学前教育均衡发展:概念释义、问题归因与实现路径[J].湖南师范大学教育科学学报,2015(6):91-96.

[117] 温兆标.从市场需求看幼教师资培养改革[J].教育发展研究,2005,25(11):45-46.

[118] 文宏,崔铁.中国决策情境下的多源流模型及其优化研究[J].电子科技大学学报(社会科学版),2014(5):12-19.

[119] 吴成峡,邓正阳.农地产权政策演进的多源流理论分析:以家庭联产承包责任制为例[J].社会主义研究,2017(6):50-56.

[120] 吴庆.中国青年政策执行过程的初步研究:史密斯模型的一个

解释［J］.中国青年政治学院学报,2001,20（6）:6-10.

［121］ 吴一鸣.我国高等职业教育政策演进、动力与调适（1996—2015年）［J］.教育发展研究,2015（19）:7-13.

［122］ 吴跃文.市场机制的对向改造与展望［J］.特区实践与理论,2020（2）:49-53.

［123］ 夏光,张胜波,黄颖.人力资本内涵与分类的再研究［J］.人口学刊,2008（1）:59-61.

［124］ 谢玉华,刘晶晶."普惠性、基础性、兜底性民生"的内涵及本质特征研究［J］.社会主义研究,2020（4）:78-85.

［125］ 邢利娅,白星瑞.建国后我国学前教育政策价值取向的演变［J］.学前教育研究,2008（3）:13-15,40.

［126］ 徐剑.论公民体育权利的历史演变及其性质［J］.体育研究与教育,2014,29（6）:6-8.

［127］ 徐剑.论"跑男"现象对青少年体育教育的影响与启示［J］.南京体育学院学报（社会科学版）,2016,30（2）:81-83.

［128］ 徐翔.体育权:一项新兴人权的衍生与发展［J］.体育学刊,2020,27（4）:21-28.

［129］ 薛二勇,傅王倩,李健.学前教育立法的政策基础、挑战与应对［J］.中国教育学刊,2019（12）:37-44.

［130］ 阳曼超,孙启进.论当前农村学前教育发展面临的困境与出路［J］.江苏社会科学,2012（1）:11-15.

［131］ 杨代福.西方政策变迁研究:三十年回顾［J］.国家行政学院学报,2007（4）:104-108.

［132］ 杨顺光,李玲,张兵娟,等."全面二孩"政策与学前教育资源配置:基于未来20年适龄人口的预测［J］.学前教育研究,2016（8）:3-13.

［133］ 杨雪冬.压力型体制:一个概念的简明史［J］.社会科学,2012（11）:4-12.

［134］ 杨志军.从垃圾桶到多源流再到要素嵌入修正:一项公共政策研究工作的总结和探索［J］.行政论坛,2018（4）:61-69.

[135] 杨志军,欧阳文忠,肖贵秀.要素嵌入思维下多源流决策模型的初步修正:基于"网络约车服务改革"个案设计与检验[J].甘肃行政学院学报,2016(3):66-79.

[136] 杨志军,支广东.完全还是有限:政策议程建立的型构条件与耦合机理:基于"关键个人"变量的新多源流模型解释[J].中国行政管理.2020(12):104-111.

[137] 易小琴.多源流视角下街头官僚向政策企业家的角色转变:以H省胶农帮扶政策为例[J].统计与管理.2020,35(8),80-81.

[138] 鄞益奋.利益多元抑或利益联盟:政策网络研究的核心辩解[J].公共管理学报.2007(3):43-49,123.

[139] 余章宝.政策理论中的倡议联盟框架及其应用[J].厦门大学学报,2009(1):26-31.

[140] 袁翔,尹小俭,张婷,等.中国日本儿童青少年身高体重发育状况比较[J].中国学校卫生,2019,40(11):1611-1615.

[141] 袁小平.社会责任:幼儿园经营与管理必须担当之重[J].学前教育研究,2006(9):36-38.

[142] 湛中乐.学前教育法(草案)笔谈[J].湖南师范大学教育科学学报,2020,19(6):1-14.

[143] 张程飞,张军霞,刘亚,等.基于Citespace的国际幼儿体质健康前沿热点分析[J].体育研究与教育,2020,35(6):77-86.

[144] 张海柱.信念与政策变迁:倡议联盟框架的应用:以中国婚检政策变迁为例[J].长春大学学报,2010(5):73-76.

[145] 张赫,唐炎.美国2013版《K-12体育教育标准》的特征及启示[J].沈阳体育学院学报,2015,34(2):115-119.

[146] 张康之.走向合作治理的历史进程[J].湖南社会科学,2006(4):31.

[147] 张梦中,马克·霍哲.定性研究方法总论[J].中国行政管理,2001(11):39-42.

[148] 张世贤. 中央与地方政策网络之研究［R］. 第一届公共行政与政策学术研讨会, 2002.

[149] 张曙光. 美国国会通过《健康青少年户外法案》［J］. 体育用品信息, 2011-12-20.

[150] 张文鹏. 国外学校体育改革政策研究的热点及启示［J］. 体育成人教育学刊, 2017, 33 (4): 71-74, 95.

[151] 赵德余. 政策共同体、政策响应与政策工具的选择性使用: 中国校园公共安全事件的经验［J］. 公共行政评论, 2012 (3): 7-29.

[152] 甄志平, 李晗冉, 蓝一青, 等. 北京市不同体态儿童体质发育特征研究［J］. 北京体育大学学报, 2020, 43 (10): 68-81.

[153] 郑凤霞. 绥化市农村学前教育问题研究［J］. 绥化学院报, 2010 (8): 32-33.

[154] 钟秉枢. 体育强则中国强, 国运兴则体育兴［J］. 人民政协报, 2019-01-24 (4).

[155] 周飞舟. 锦标赛体制［J］. 社会学研究, 2009 (3): 54-57.

[156] 周凌一, 李朔严. 跨体制流动与政策创新: 制度环境约束下政策企业家的身份选择: 以西南省公益金融创新为例［J］. 公共行政评论, 2016, 9 (5): 45-63.

[157] 朱春奎, 沈萍. 行动者、资源与行动策略: 怒江水电开发的政策网络分析［J］. 公共行政评论, 2010, 3 (4): 25-46, 203.

[158] 朱春奎, 严敏, 曲洁. 倡议联盟框架理论研究进展与展望［J］. 复旦公共行政评论, 2012 (6): 186-214.

[159] 朱家德, 李自茂. 我国高等教育收费制度60年的变迁逻辑: 基于支持联盟框架的分析［J］. 中国高教研究, 2009 (12): 25-29.

[160] 朱亚鹏. 公共政策研究的政策网络分析视角［J］. 中山大学学报 (社会科学版), 2006 (3): 80-83.

[161] 朱亚鹏, 刘云香. 制度环境、自由裁量权与中国社会政策执行: 以C市城市低保政策执行为例［J］. 中山大学学报 (社

会科学版），2014（6）：159-168.

[162] 朱亚鹏，岳经纶，李文敏. 政策参与者、政策制定与流动人口医疗卫生状况的改善：政策网络的路径［J］. 公共行政评论，2014，7（4）：46-66，183-184.

[163] 朱亚鹏. 政策过程中的政策企业家：发展与评述［J］. 中山大学学报（社会科学版），2012（2），156-164.

[164] 朱宗顺. 美国幼儿教师教育的普通知识标准［J］. 学前教育研究，2006（9）：54-56.

[165] 庄弼，任绮，李孟宁，等. 幼儿体育活动及其内容体系的思考［J］. 体育学刊，2015（6）：64-72.

附录一　幼儿园园长及教师调查问卷

基本信息

1. 您所在幼儿园名称是 _____

2. 幼儿园性质是　○公办　○民办

3. 幼儿园位于_____省_____市_____县（区）_____

4. 您的主要职务是
○幼儿园领导
○班主任老师
○体育课老师
○其他科目老师
○其他 _____

5. 您的性别是　○男　○女

6. 您的年龄段是
○18～25岁　　○26～30岁　　○31～40岁
○41～50岁　　○51～60岁

7. 您的最高学历是
○中专　　○大专　　○本科　　○硕士　　○博士

8. 您最高学历的专业是 _____

9. 您的工作年限是
○3～5 年　　○6～8 年　　○8～10 年　　○10～15 年
○15 年以上

相关问题

1. 当地政府部门对您幼儿园的硬件设施的投入能满足体育课程的需要吗？
○非常满足
○满足
○一般
○不满足
○非常不满足

2. 您认为现在您的幼儿园硬件条件适合开展幼儿体育课程吗？
○非常适合
○适合
○一般
○不适合
○非常不适合

3. 您的幼儿园在开展幼儿体育活动的实践中是遵循哪种政策？（多选）
○幼儿园工作条例
○3～6 岁儿童发展指南
○学龄前儿童（3～6 岁）运动指南（专家共识版）
○当地教育局相关文件
○园中自设课程指导

4.《幼儿园工作条例》中关于幼儿体育活动和游戏的内容您清楚吗？

○非常清楚
○清楚
○一般
○不清楚
○非常不清楚

5. 教育管理部门要求您幼儿园对孩子的体质进行有计划的测查和记录保存吗？
○强制要求
○要求
○很少要求
○没有
○不清楚

6. 您认为已有的幼儿体育活动对相关的幼儿体育政策的落实效果怎么样？
○非常好
○很好
○一般
○不好
○非常不好

7. 您所在的幼儿园与幼儿体育商业机构合作过幼儿体育课程吗？
○经常合作
○定期合作
○偶尔合作
○从来没有
○不清楚

8. 您会怎样执行幼儿体育活动的内容要求？
○按照文件
○集体教研
○第三方合作
○自由发挥
○没有想法

9. 您的幼儿园要求家长在家中与孩子一起参与体育活动吗？
○非常经常
○经常
○有时会
○偶尔
○非常不经常

附录二　幼儿家长调查问卷

您好！本调查是为了了解您对幼儿体育的认可度和专业度，采用不记名方式填写，请您根据实际情况填写答案。

感谢请您在百忙之中填答此问卷。谢谢您的合作！

1. 您孩子所在幼儿园的名称是 ［填空题］*

_____

2. 幼儿园的性质是 ［单选题］*
○公办
○民办

3. 幼儿园位于 ［单选题］*
○城市
○县镇
○农村

4. 您孩子的性别是 ［单选题］*
○男
○女

5. 您是孩子的 ［单选题］*
○爸爸
○妈妈
○其他_____*

6. 您的年龄段是 [单选题]*
○18 岁下（请跳至问卷末尾，提交答卷）
○18～25 岁　　○26～30 岁　　○31～40 岁
○41～50 岁　　○51～60 岁　　○60 岁以上

7. 您的最高学历是 [单选题]*
○初中
○高中
○本科
○硕士
○博士

8. 您目前从事的职业是 [单选题]*
○全日制学生
○生产人员
○销售人员
○市场/公关人员
○客服人员
○行政/后勤人员
○人力资源
○财务/审计人员
○文职/办事人员
○技术/研发人员
○管理人员
○教师
○顾问/咨询
○专业人士（如会计师、律师、建筑师、医护人员、记者等）
○其他

9. 据您所知，近几年我国幼儿的肥胖率、超重率、近视率如何

变化？［单选题］*

肥胖率	○增加	○不变	○下降	○不知道
超重率	○增加	○不变	○下降	○不知道
近视率	○增加	○不变	○下降	○不知道

10. 您认为幼儿参加体育活动的时间和质量如何？［单选题］*

体育活动时间	○很不足够	○不足够	○足够	○很足够
体育活动质量	○很不足够	○不足够	○足够	○很足够

11. 您对幼儿体育课程概念的了解情况如何？［单选题］*
○了解　　○了解一些　　○不了解

12. 您是否对幼儿体育活动感兴趣？［单选题］*
○是　　○否

13. 您支持在幼儿园开展体育课程吗？［单选题］*
○支持　　○不支持　　○不清楚

14. 您参加过您孩子的体育课吗？［单选题］*
○经常　　○偶尔　　○没有

15. 您参加过您孩子的运动会吗？［单选题］*
○经常　　○偶尔　　○没有

16. 您认为您的孩子在上过体育课后，以下各项特征有所提高吗？［单选题］*

耐力	○有	○没有	○不清楚
平衡感	○有	○没有	○不清楚
敏捷性	○有	○没有	○不清楚
独立性	○有	○没有	○不清楚

团结合作精神　　○有　　　○没有　　○不清楚
身体发育程度　　○有　　　○没有　　○不清楚

17. 您认为该幼儿园的体育环境是否与其他幼儿园有所不同？[单选题]*
　　○有　　　　○没有　　　○不清楚

18. 您对幼儿园开设的体育课程是否满意？[单选题]*
　　○满意　　○不满意　　○不清楚

19. 您对孩子的体育老师是否满意？[单选题]*
　　○满意　　○不满意　　○不清楚

20. 您对目前我国幼儿体育教育的相关政策了解吗？[单选题]*
　　○非常清楚　　○了解　　○了解一些
　　○不太清楚　　○完全不知

21. 您对幼儿体育教育相关政策有哪些看法呢？[填空题]*

_____

22. 您认为幼儿园体育课程有哪些不足之处？[填空题]

_____

23. 对于提高家长在幼儿园体育活动中的作用，您有什么建议？[填空题]

_____

附录三 政策相关者访谈提纲

主要访谈、座谈人员：
1. G省学前教育专委会秘书长
2. G市幼儿师范专科高等学校校长
3. G市南明区、云岩区学前教育办公室主任
4. L县副县长
5. L教育局局长
6. L县幼儿园园长
7. S市普陀区教研员
8. S市区位幼儿园体育特级教师
9. B市朝阳区学前教育教研员
10. B市阳光世纪幼儿园园长
11. B市亲子园课程总监
12. B市学前教育委员会幼儿体育专委会秘书长

访谈问题：
1. 现有的幼儿体育相关政策和指导意见的执行情况如何？具体是怎样落实的？
2. 您对幼儿体育教育相关政策有哪些看法？
3. 目前，幼儿体育教育相关政策改革主要围绕哪些方面开展？
4. 您认为是什么因素推动目前的政策改革呢？
5. 幼儿体育教育政策改革遇到的最大问题是什么呢？
6. 您认为教育部与体育总局对幼儿体育相关政策的看法一致吗？
7. 与中小学和大学体育相比，您认为目前幼儿体育教育的政策保障是否充足？

时间	2018年11月5日	2019年1月17日	2019年5月18日	2019年10月26日
地点	山东省利津县	广州市中山大学南校园	北京宋庆龄儿童中心	上海华东师范大学
事件	国家社科基金项目：《我国幼儿体育课程构建》研讨	"悦动身心启智童年"2019年3~6岁幼儿体适能高峰论坛	"活跃教师 健康幼儿"2019未名幼儿体育高层论坛	2019第二届国际幼儿运动与游戏协会会议
人员	专家教授	体育学院院长	教育部青少司司长	师范大学院长
	教育局副局长	体育部主任	国家督学	国家学前教育督学
	幼儿园园长	专家教授	学前教育委员会秘书长	市妇联秘书长
	教研员	学前教育教研员	幼儿体育国际专家	专家教授

后　记

　　首先，非常感谢您能阅读这本书。从本书的标题来看，显然这是一本专业性比较强的作品。书的主体源于本人的博士论文。其次，从文体的结构到阐述的内容再到写作的笔风，本书其实是一个比较晦涩难懂的读物。相比有故事性载体、焦点性问题、史诗性传记的作品，对于本书专业性词汇、学理性结构、学术性表达给您带来阅读的沉闷，我表示抱歉。尽管如此，这本书却是对我国幼儿体育的政策问题进行结构性梳理、科学性论证、实证性分析的著作。在研究中，我运用了公共管理领域的经典理论与体育学、社会学等学科的相关理论，形成了交叉学科的视角，研究本身具有创新性，对相关问题带来别样的视角洞见。

　　儿童发展是世界性的共同话题。儿童是祖国的花朵，民族的希望。儿童、青少年的体质健康是国家人口战略的基本盘。对于这个基本盘，我有3个层面的理解。首先是认知层。对体育教育在儿童及青少年体质健康成长发展、心理健康促进、社会交往融合等方面达成一个共识。体育政策是体育教育推行的强力保障。学前教育缺乏法律保障，幼儿体育缺乏专项政策引导，政策形成和执行两个方面都缺乏有力的治理基础。其次是感知层。儿童及青少年阶段是朝阳，是人生命发展中最为重要的时期，特别是3～6岁的学龄前儿童，他们处于动作技能发展和动作基本模式形成的关键期和敏感期，而运动是大脑对自身与外界信号互动学习的方式。作为父母，在养育过程中可以深切地体会孩子的变化。青少年阶段的孩子们对体育游戏、体育项目、体育竞赛充满激情。最后是现实层。青少年体育课长期得不到重视。不管是学校还是家长，升学分数线是唯一的目标，体育对毕业生来说更是一种奢求。幼儿园的户外活动基本上是以自主游戏为主，在缺乏设施、设备场地的幼儿园，体育游戏和运动量更是少之又少。我国儿

童、青少年体育政策,从公众的认知层面,到儿童、青少年的感知层面,再到学校、家长的现实层面,是一个整体关联但彼此分化的形态。本书有大量的调研数据和案例访谈对这种分层的现状和原因做了翔实的论述。

读到这里,或许您会有一个疑问:"为什么你聚焦幼儿体育这个领域的研究,尤其是幼儿体育政策研究?"容我徐徐道来。环境是塑造人的第一场域,我居住的地方全是专业队的教练员,我自幼就奔跑在田径场上,进入小学更是校田径队的金牌选手。我在三年级时被贵州省羽毛球队的教练发现,成了一名"希望苗子"。随着小学的毕业我面临了人生的第一个抉择:是进入专业运动队还是继续初中的学习?父母的意见各执一词,我的学业成绩在班上拔尖,继续读书是一个很自然的选择。后来,睿智的父母也想到了一个折中的办法,即现在称为"走训制"的模式,就是上午在普通中学上学,下午去运动队训练。这样的模式像极了当下提倡的"体教融合"模式。专业羽毛球运动员的生涯对我来说可谓"乏善可陈",走得是异常的坎坷。除了竞技运动制度化、体系化的训练,羽毛球项目的超长周期成才特点之外,竞技体育中央集权制的层级分化、地方体育局与国家体育总局的行政关系、羽毛球运动的选拔机制等复杂问题,在我年少无知的青春岁月是全然无知的。大学生涯开启了我人生新的篇章,由于未能在学校体制内一直就读,也未有国际级或全国级别的冠军头衔,我只能参加一些成人高考,不管是通过什么样的方式,总要找到一个渠道继续学习,这是我当时最为清晰、最为迫切,现在看起来也最为明智的想法与抉择。我最初就读于北京体育大学运动训练专业,然后全日制就读暨南大学国际政治专业,继而于华南师范大学深造体育硕士。最后,攻读中山大学教育经济与管理博士,并顺利拿下管理学博士学位。一路走来,在工作中学习,在生活中感悟,在求职中历练。

人生在"见天地、见众生、见自己"三重境界中蜕变。人生就像美国作家约瑟夫·坎贝尔所描写的《千面英雄》,我们都需要经历"启程、启蒙、归来"3个阶段,我们的人生或许就是一场英雄之旅。本书在写作过程中一波三折,幸得师长、同事、挚友给予我无私的帮助使其终以成章,在此我一一感谢:中山大学吴少龙副教授、张洁雯副教授、冯增俊教授、叶林教授、陈天祥教授、梁平汉教授、何淼教授、李秀红教授、张新萍教授、华南师范大学李薇教授、北京大学董进霞教授、中国人民大学何艳玲教授、首都体育学院郝晓岑教授、美国春田学院刘展教授(美国)、香港浸会大学刘永松教授(香港)、贵阳幼儿师范高等专科学校翟理红校长、贵州省体育局肖俊副局长、广州市越秀区人民北路幼儿园邓伟老师、许慧妍博士、李萌博士和全体叶门师兄、师弟、师妹,以及中山大学 MPA 羽毛球队全体队员的大力支持与鼓励,和接受访谈调研的各位幼儿园园长、幼儿园教师、教育局负责人等,容我笔墨浅薄就不一一尽数,在此一并感谢!

"知行合一"必是我孜孜以求、心往神驰的处事态度和学术追求。发心始于身体力行,洞见窥于成长经验,成果赖于知识积累。每个人的人生轨迹大有不同,每个人对生命的意义有着各自不同的诠释。我喜欢鲁米的一段诗句:"我们是镜子,也是镜中的容颜。我们品尝此刻,来自永生的味道,我们是苦痛,也是苦痛的救星。我们是甜蜜、清凉的水,也是泼水的罐子。如果你能摆脱与你自身的纠葛,所有天堂的精灵,都会屈尊将你服侍。如果你能猎获你野兽般的自我,你就获得了特权,去掌握所罗门的王国。"与您共勉!

李 寅
2022 年 深秋

图 片

图1 2018年世界第一届幼儿体育与游戏协会大会(美国 春田学院)

图2　2019年世界第二届幼儿体育与游戏协会大会（上海　华东师范大学）

图3　2019年国际学龄前儿童体适能高端论坛（广州　中山大学）

图4 2019年未名幼儿体育高端论坛之一（北京 宋庆龄儿童活动中心）

图5 2019年未名全国幼儿体育高层论坛之二（北京 宋庆龄儿童活动中心）

图6　2020年得到大学幼儿体育公开演讲（广州　得到高研院）

图7　2021年贵州省首届幼儿体育大会（贵州　贵阳幼儿师范高等专科学校）

图8 2021年未名全国幼儿体育高层论坛（北京 赛普总部）

图9 2021年国培项目培训（贵州 贵阳）

图 10　2021 年全国公共管理青年论坛—幼儿体育政策（桂林　广西师范大学）

图 11　2022 年广州市国际城市创新论坛（广州　中山大学）

图 12　北京世纪阳光幼儿园

图 13　广州市番禺区洛浦中心幼儿园

图14　贵阳市南明区至善幼儿园

图15　华蒙星篮球

图 16　山东利津县第二实验幼儿园之一

图 17　山东利津县第二实验幼儿园之二

图 18　上海市徐汇区位育幼儿园